Psychologia SPRZEDAŻY

BRIAN TRACY

Psychologia SPRZEDAŻY

Podnieś sprzedaż
szybciej i łatwiej,
niż kiedykolwiek
uznawałeś za możliwe

Przekład: Tomasz Rzychoń

mt biznes

Tytuł oryginału:
THE PSYCHOLOGY OF SELLING
Increase Your Sales Faster and Easier Than You Ever Thought Possible

Przekład: Tomasz Rzychoń
Redakcja: Anna Żółcińska
Projekt okładki: Wladzimier Michnievič

Skład: EDIT Sp. z o.o.

Wydanie w nowej szacie graficznej, Warszawa 2012

MT Biznes sp. z o.o.
ul. Jutrzenki 118, 02-230 Warszawa
tel. (22) 632 64 20
www.mtbiznes.pl
e-mail: sekretariat@mtbiznes.pl

ISBN 978-83-7746-335-2

Dedykacja

Dedykuję tę książkę moim przyjaciołom, kolegom, seminarzystom i wszystkim praktykującym sztukę sprzedaży: mężczyznom i kobietom, którzy „odważnie podążają tam, gdzie nikt jeszcze nie dotarł" i zamykają transakcje, na których opierają się nasze firmy i całe narody. Jesteście prawdziwymi bohaterami i bohaterkami naszego systemu konkurencyjnych przedsiębiorstw.

Spis treści

Wprowadzenie

Wyobraźnia jest warsztatem, w którym powstają wszystkie ludzkie plany.
– Napoleon Hill

Celem tej książki jest poddanie ci pomysłów, strategii i technik, które będziesz mógł wykorzystać od zaraz, aby sprzedawać więcej, szybciej i łatwiej niż kiedykolwiek wcześniej. Dowiesz się, jak wydobyć z siebie i ze swojej kariery w sprzedaży maksimum swoich możliwości. Poznasz sposoby na to, jak zwiększyć dwukrotnie, trzykrotnie, a nawet czterokrotnie swoją sprzedaż i zysk w parę miesięcy albo i w parę tygodni.

Ta książka jest wersją drukowaną mojego programu szkoleń audio pod tytułem *The Psychology of Selling*, który odniósł sukces na skalę międzynarodową. Od czasu swojej pierwszej publikacji został on przetłumaczony na szesnaście języków i wykorzystany w dwudziestu czterech krajach. To najlepszy w historii trening sprzedaży dla profesjonalistów.

Zostań milionerem!

Badania przeprowadzone wśród eksuczestników moich szkoleń audio wykazały, że trening ten wykreował więcej milionerów – ludzi, którzy wysłuchali moich pomysłów i wprowadzili je w życie – niż jakikolwiek inny stosowany dotychczas zestaw szkoleń handlowych. Korzystając z tego materiału, osobiście przeszkoliłem ponad pięćset tysięcy ludzi na całym świecie. Szkoliłem ludzi z tysięcy firm w prawie każdej branży i wiem, że to naprawdę działa!

Moja historia

Nie ukończyłem szkoły średniej. Zamiast tego jako młody człowiek wyruszyłem w świat. Przez pierwszych parę lat byłem pracownikiem fizycznym, do czasu, aż zdobyłem wystarczająco dużo pieniędzy, aby wyruszyć w podróż. Zaciągnąłem się do pracy na norweskim frachtowcu, który poniósł mnie na północ przez Ocean Spokojny. Rowerem, autobusem, ciężarówką i pociągiem przemierzyłem Europę i Afrykę i w końcu znalazłem się na Dalekim Wschodzie. Choć starałem się korzystać z możliwości smakowania nowych potraw, często wolałem wstrzymać się od jedzenia dziwnych dań.

Gdy nie mogłem znaleźć żadnej pracy fizycznej, zdesperowany chwyciłem się sprzedaży. Wydaje się, że najczęściej nasze życiowe decyzje wyglądają tak, jakbyśmy w środku nocy wstawali z łóżka, wpadali na coś, a potem patrzyli, co to jest. W moim wypadku tym czymś była praca w sprzedaży.

Wydaje się, że najczęściej nasze życiowe decyzje wyglądają tak, jakbyśmy w środku nocy wstawali z łóżka, wpadali na coś, a potem patrzyli, co to jest.

Trening podstawowy

Zatrudniono mnie. Moim wyłącznym wynagrodzeniem była prowizja od sprzedaży. Odbyłem trzymodułowy program treningowy: „Oto twoje wizytówki. To twoje broszury. A tam są drzwi!". Uzbrojony w wiedzę z tego „szkolenia", rozpocząłem karierę w sprzedaży. Sprzedawałem „na zimno": składałem oferty ludziom, których nie znałem i którym nikt mnie wcześniej nie polecał[1]. We dnie pukałem do drzwi gabinetów, a wieczorami do drzwi domów.

Człowiek, który mnie zatrudnił, nie znał się na sprzedaży. Powiedział mi, że sprzedaż to „gra liczb": muszę tylko rozmawiać z wystarczającą liczbą osób, a w końcu znajdę kogoś, kto kupi. My nazywamy tę technikę sprzedaży „rzucaniem błotem o ścianę". (Jeśli będziesz

---

[1] Sprzedaż „na zimno" (ang. *cold calling*) to, jak przekonuje „królowa referencji" Joanne S. Black, najmniej wydajna i najmniej lubiana przez handlowców technika sprzedaży. W swojej książce pod tytułem *Sprzedaż przez referencje* (wydanie polskie: MT Biznes, Warszawa 2006) Black poleca handlowcom inną, bardziej produktywną metodę sprzedaży: „budowanie sieci złotych kontaktów" – *przyp. tłum.*

wystarczająco długo obrzucać ścianę błotem, w końcu w którymś miejscu zdołasz ją zarysować). To nie było skuteczne, ale tylko to wtedy potrafiłem.

Później ktoś powiedział mi, że sprzedaż tak naprawdę nie jest „grą liczb" – że raczej jest to „gra w odrzucanie": im więcej razy twoja oferta zostanie odrzucona, tym większe masz szanse na sfinalizowanie transakcji. Wyposażony w tę poradę biegałem od jednego miejsca do drugiego, żeby częściej słyszeć „nie". Mówiono mi, że „mam gadane", więc korzystałem z tego daru. Kiedy ktoś wydawał się niezainteresowany, mówiłem głośniej i szybciej. I choć odwiedzałem jednego klienta po drugim i mówiłem do nich coraz głośniej i coraz szybciej, ledwie zarabiałem na życie.

Punkt zwrotny

Przez sześć miesięcy harówki zarabiałem tylko tyle, żeby mieć czym płacić za jednoosobowy pokój, który wynajmowałem w niewielkim pensjonacie. W końcu stało się coś, co odmieniło moje życie: poszedłem do najlepszego handlowca w naszej firmie i spytałem go, co robi inaczej niż ja.

Nie bałem się ciężkiej pracy. Wstawałem o piątej czy szóstej rano, przygotowywałem się do rozmów handlowych i o siódmej rano, kiedy moi pierwsi potencjalni klienci przybywali do pracy, ja już czekałem na parkingu. Harowałem całymi dniami, chodząc od biura do biura, od firmy do firmy. Wieczorami, do dziewiątej albo dziesiątej w nocy, chodziłem po domach. Gdy widziałem zapalone światło, pukałem.

Najskuteczniejszy handlowiec w mojej firmie, który był ode mnie zaledwie parę lat starszy, miał całkiem inne podejście. Przychodził do biura o dziewiątej. Parę minut później odwiedzał go potencjalny klient. Doświadczony kolega zasiadał z nim do rozmowy. Po paru minutach klient wyjmował książeczkę czekową i kupował nasz produkt.

Później handlowiec wychodził w teren i finalizował kilka innych sprzedaży, po czym jadł lunch z jeszcze innym potencjalnym klientem. Po południu zamykał kolejnych parę transakcji, a potem – jak sądzę – wybierał się na drinka czy na obiad z następnym potencjalnym kupującym. Sprzedawał od pięciu do dziesięciu razy tyle co ja i każdy inny handlowiec w firmie, a wydawało się, że on prawie w ogóle nie pracuje.

Trening robi różnicę

Okazało się, że kiedy był młodszy, pracował dla pewnej firmy z listy Fortune 500 – listy pięciuset największych korporacji w USA. Firma ta zafundowała mu szesnastomiesięczny intensywny trening profesjonalnej sprzedaży. Z nabytymi umiejętnościami mój doświadczony kolega mógł podjąć pracę w każdej firmie bez względu na branżę i sprzedawać każdy produkt na prawie każdym rynku. Ponieważ wiedział, jak sprzedawać, mógł zataczać koła wokół ludzi takich jak ja, pracując przy tym o połowę krócej albo jeszcze mniej. To odkrycie odmieniło moje życie.

Spytałem, co robi inaczej niż ja, a on na to:

– No dobrze, pokaż mi swoją prezentację handlową. Ocenię ją.

To był mój pierwszy problem. Nie miałem pojęcia, czym jest „prezentacja handlowa". Obiło mi się o uszy, że jest coś takiego, ale nigdy nie widziałem, jak to wygląda.

– Ty pokaż mi swoją – powiedziałem – a ja pokażę ci moją.

Był cierpliwy i uprzejmy.

– Dobrze – odparł. – Oto podstawowa prezentacja handlowa, od początku do końca.

I przeprowadził mnie, krok po kroku, przez prezentację handlową naszego produktu.

Doświadczony kolega nie wygłosił mi „mowy". Nie rzucał błyskotliwych sloganów obliczonych na przyciągnięcie uwagi i pokonanie oporu rozmówcy. Zamiast tego zadał mi serię logicznych pytań, za pomocą których przechodził od ogółu do szczegółu. Pytania te były idealnie dostosowane do profilu potencjalnego klienta. Pod koniec korzyści z naszego produktu musiały już być dla rozmówcy oczywiste. Ostatnie pytanie było po prostu zamknięciem sprzedaży.

Zacznij działać natychmiast

Wszystko to sobie zanotowałem. Przyjmując to nowe podejście do sprzedaży, wyruszyłem w teren nawiązywać kontakty z klientami. Jednak tym razem zamiast o p o w i a d a ć, zadawałem p y t a n i a. Nie wywierałem już na rozmówców presji – nie mówiłem o cechach naszego produktu ani o płynących z niego korzyściach. Skoncentrowałem się na poznaniu sytuacji klienta i zacząłem poszukiwać odpowiedzi na pytanie, jak najlepiej mógłbym mu pomóc. Kiedy wprowadziłem tę koncepcję w życie, moja sprzedaż znacznie się zwiększyła.

Potem dowiedziałem się, że istnieją *książki* o sprzedaży. Nie miałem pojęcia, że najskuteczniejsi handlowcy na świecie zawarli w książkach swoje najlepsze pomysły. Zacząłem czytać wszystko o sprzedaży, co tylko udało mi się znaleźć. Na studiowanie książek i robienie notatek poświęcałem pierwsze dwie godziny każdego dnia.

Później dowiedziałem się, że istnieją *audiobooki treningowe*, czyli książki nagrane na nośnikach audio. Słuchałem ich podczas chodzenia od klienta do klienta. Słuchałem ich rano i wieczorem. Powtarzałem najlepsze słowa i sentencje w ślad za najlepszymi handlowcami tak długo, aż zacząłem mamrotać je przez sen. A moja sprzedaż rosła i rosła.

Potem odkryłem *seminaria z technik sprzedaży*. Myślałem, że umarłem i trafiłem do nieba. Nie miałem pojęcia, jak wiele można się na tych seminariach nauczyć. Uczestniczyłem w każdym seminarium i w każdym kursie, jaki udało mi się znaleźć, nawet jeśli wymagało to dalekiej podróży. Wreszcie mogłem sobie na to pozwolić. A moja sprzedaż wciąż rosła.

Od sprzedawania do kierowania

Osiągałem tak dobre wyniki, że firma mianowała mnie kierownikiem sprzedaży. Powiedziano mi: „Nie wiemy, co palisz, ale znajdź ludzi, którzy chcą sprzedawać i podziel się tym z nimi".

Zacząłem rekrutować do zespołu ludzi z ulicy przez ogłoszenia prasowe. Pokazałem im moją metodę i mój proces sprzedaży. Wychodzili w teren i natychmiast osiągali dobre wyniki. Dziś wielu z nich jest milionerami i multimilionerami.

Bądź najlepszy

> Sukces nie jest przypadkowy. Porażka także nie jest dziełem przypadku. Tak naprawdę sukces jest *przewidywalny*. Zostawia ślady.

Odkryłem „prawo przyczyny i skutku". Ta prosta koncepcja odmieniła moje życie. Prawo to mówi, że każdy skutek ma jakąś przyczynę, więc nic nie dzieje się bez przyczyny. Sukces nie jest przypadkowy. Porażka także nie jest dziełem przypadku. Tak naprawdę sukces jest przewidywalny. Zostawia ślady.

Oto wspaniała zasada:

Jeśli robisz to, co inni ludzie sukcesu, raz za razem, to żadna siła nie powstrzyma cię przed osiąganiem takich rezultatów, jakie osiągają oni. A jeśli tego nie robisz, nic ci nie pomoże.

Pamiętaj, że każdy, kto dziś należy do dziesięciu procent najlepszych ludzi w sprzedaży, na początku był wśród dziesięciu procent najgorszych. Wszyscy, którzy dziś świetnie prosperują, kiedyś ledwie wiązali koniec z końcem. Każdy, kto dziś jest w czołówce, zaczynał na tyłach. Ci wszyscy ludzie uczyli się od ekspertów. Odkryli, w jaki sposób inni najlepsi ludzie budują swoje sukcesy, i zaczęli robić to samo, raz za razem, aż osiągnęli taki sam skutek. Ty też to potrafisz.

Korzystaj z tego, co umiesz

Czasami na moich seminariach zadaję uczestnikom pytanie:

– Co jest najpopularniejszym w Ameryce sprzętem do ćwiczenia w domu?

Po chwili, którą daję im na zastanowienie się, mówię:

– To bieżnia. Amerykanie co roku wydają na bieżnie ponad miliard dolarów.

Potem zadaję drugie pytanie:

– Kupujecie bieżnię i ustawiacie ją w domu. Od czego zależy korzyść, jaką będziecie mieć z bieżni?

– Korzyść zależy od tego – odpowiadają uczestnicy – jak często i jak długo za każdym razem będziemy korzystać z bieżni.

Do tego zmierzam. Bieżnia przyniesie oczekiwany skutek i nie można w to wątpić. To jest pewne. Każdy wie, że jeśli będzie regularnie używał bieżni przez odpowiednio długi czas za każdym razem, osiągnie określone korzyści zdrowotne.

Strategie i techniki, których nauczysz się z tej książki, są jak bieżnia. Nie ma wątpliwości co do tego, czy zadziałają. Z tych technik korzystają wszyscy najlepiej opłacani handlowcy, w każdej branży, na całym świecie. Są to techniki sprawdzone i przetestowane. Im większy użytek z nich zrobisz, tym większe przyniosą ci korzyści, tym większe i szybsze będą twoje postępy. Stosuj to, czego dowiesz się z tej książki, a dołączysz do dziesięciu procent najlepszych handlowców profesjonalistów w twojej branży. Staniesz się jednym z najlepiej opłacanych ludzi na świecie.

Czy to wystarczający cel naszej wspólnej nauki? Jeśli czujesz, że tak, to zaczynamy.

Cokolwiek umysł człowieka może pojąć i w cokolwiek może uwierzyć, może też to osiągnąć.

– Napoleon Hill

ROZDZIAŁ 1
Psychologiczna gra sprzedaży

Zwizualizuj rzecz, której chcesz. Zobacz ją. Poczuj. Uwierz w nią. Zrób jej zdjęcie w swoim umyśle i zacznij ją budować.

– Robert Collier

Nic nie dzieje się, dopóki nie dochodzi do sprzedaży. Handlowcy należą do najważniejszych ludzi w naszym społeczeństwie. Bez sprzedaży bezproduktywnie obróciłoby się ono w proch.

Jedynymi prawdziwymi twórcami bogactwa w naszym społeczeństwie są firmy. Firmy wytwarzają wszystkie produkty i usługi. Firmy kreują całość zysków i bogactwa. Firmy finansują wszystkie pensje wraz z dodatkami. Kondycja firm jest w każdym mieście i kraju kluczowym wskaźnikiem jakości i standardu życia ludzi w danym obszarze geograficznym.

Jesteś ważny

Handlowcy są najważniejszymi ludźmi w każdym przedsiębiorstwie. Bez sprzedaży upadają nawet największe i najmądrzej działające firmy. Sprzedaż jest iskrą zapalającą silnik przedsiębiorstwa. Sukces w sprzedaży jest bezpośrednio związany z sukcesem całego kraju. Im żywiej bije puls sprzedaży, tym większe sukcesy i zyski osiąga cała branża lub cały region.

To handlowcy utrzymują wszystkie szkoły, szpitale, prywatne oraz publiczne instytucje charytatywne, biblioteki, parki i wszelkie dobre rzeczy zapewniające nam obecny standard życia. Handlowcy – zawierając transakcje przekładające się na zyski i podatki płacone przez sprawne firmy – utrzymują administrację rządową wszystkich szczebli i finansują całe bogactwo, zasiłki dla bezrobotnych, osłony socjalne, opiekę zdrowotną oraz inne świadczenia, których jesteśmy beneficjentami. Handlowcy podtrzymują filary naszego stylu życia.

Handlowcy napędzają świat

Kiedyś prezydent Calvin Coolidge powiedział: „Sprawa Ameryki to biznes". Wszystko, co piszą najważniejsze gazety na świecie, od „Wall Street Journal" do „Investor's Business Daily", i czasopisma biznesowe, od „Forbes" do „Fortune", poprzez „Business Week Inc.", „Business 2.0", „Wired" i „Fast Company", jest w jakiś sposób związane ze sprzedażą. Wszystkie rynki finansowe świata – w tym ceny akcji, obligacji i surowców, a także stopy procentowe – są zależne od sprzedaży. Jako handlowiec profesjonalista jesteś siłą napędową naszego społeczeństwa. Pozostaje tylko pytanie: jak dobrze sprzedajesz?

Przez wiele lat sprzedaż była uznawana za zajęcie drugorzędne. Kiedy ktoś mówił innym, że zajmuje się sprzedażą, czuł się zawstydzony. Generalnie, społeczeństwo było źle nastawione do handlowców. Ostatnio prezes jednej z firm z listy Fortune 500 powiedział dziennikarzowi: „My tutaj uznajemy sprzedaż za tę gorszą stronę naszej działalności".

Najlepsze firmy

Złe nastawienie do sprzedaży szybko ulega zmianie. Dziś najlepsze firmy to te, które mają najlepszych handlowców. Firmy prawie najlepsze mają prawie najlepszych handlowców. A firmy drugorzędne znikają z biznesowego firmamentu. Najlepiej prosperujące organizacje na świecie to te, które potrafią najlepiej sprzedawać.

Dziś setki uniwersytetów oferują kursy profesjonalnej sprzedaży. To wielka zmiana w porównaniu z tym, co było jeszcze kilka lat temu. Wielu młodych ludzi zaraz po ukończeniu college'u zostaje handlowcami w dużych firmach. Z działów handlowych wywodzi się więcej dyrektorów zarządza-

> Z działów handlowych wywodzi się więcej dyrektorów zarządzających firm z listy Fortune 500 niż spośród wszelkich innych miejsc w organizacji.

jących firm z listy Fortune 500 niż spośród wszelkich innych miejsc w organizacji.

Do niedawna najpotężniejszą kobietą biznesu Ameryki była Carly Fiorina, prezes i dyrektor zarządzająca firmy Hewlett-Packard. Po ukończeniu historii średniowiecza na Uniwersytecie Stanforda Fiorina podjęła pracę w dziale handlowym AT&T. Tak rozpoczęła się jej droga awansów zawodowych. Od pracy w sprzedaży rozpoczęła również karierę Anne Mulcahy, dyrektor zarządzająca i przewodnicząca rady nadzorczej Xeroxa. Bardzo wiele spośród największych firm na świecie jest zarządzanych właśnie przez byłych handlowców.

Wysokie dochody i bezpieczeństwo zatrudnienia

Jako handlowiec profesjonalista możesz być z siebie dumny. Umiejętność sprzedawania przekłada się na wysokie dochody i bezpieczeństwo zatrudnienia. Bez względu na to, jakie zmiany zajdą w gospodarce, zapotrzebowanie na najlepszych handlowców zawsze będzie wysokie. Dobrzy handlowcy wciąż będą poszukiwani, nawet jeśli wiele firm i branż straci rację bytu i zniknie z rynku. Jeśli osiągniesz doskonałość w sprzedaży, będziesz w stanie zrealizować każdy cel, jaki sobie wyznaczysz.

W Ameryce ludzie, którzy stali się milionerami dzięki własnej pracy, to w siedemdziesięciu czterech procentach przedsiębiorcy, zakładający i budujący własne firmy, wprowadzający w życie pomysły na produkty i usługi nieoferowane jeszcze przez nikogo innego albo takie, które według nich są lepsze od proponowanych przez konkurentów. Dzięki temu, że mają te pomysły, zakładają swoje firmy. Także wśród przedsiębiorców najcenniejszą kompetencją prowadzącą do sukcesu jest umiejętność sprzedaży. Każdą inną umiejętność można pozyskać poprzez zaangażowanie kogoś innego. Umiejętność sprzedaży jest kluczowym czynnikiem decydującym o tym, czy firma osiągnie sukces, czy poniesie porażkę.

W Stanach Zjednoczonych pięć procent milionerów, którzy dorobili się fortuny własną pracą, to handlowcy, którzy przez całe życie pracowali dla innych firm. Dziś handlowcy należą do grupy najlepiej opłacanych ludzi w Ameryce i często zarabiają więcej niż lekarze, prawnicy, architekci i osoby z tytułami naukowymi.

Sprzedaż to intratna profesja. W sprzedaży twoje potencjalne dochody są nieograniczone. Jeśli masz odpowiednie wyszkolenie i umiejętności, a ponadto sprzedajesz odpowiedni produkt na odpowiednim rynku, nie ma czegoś takiego jak górny limit twoich zarobków. Sprzedaż jest jedyną profesją w naszym społeczeństwie, w której możesz zacząć nawet z niewielkimi umiejętnościami, słabym przeszkoleniem i obojętnie jaką przeszłością i w ciągu od trzech do dwunastu miesięcy zarobić na całkiem przyzwoite życie.

Zasada 80/20 w sprzedaży

Kiedy zacząłem sprzedawać, ktoś powiedział mi o zasadzie Pareto, znanej też jako zasada 80/20. Ujął to tak: „20 procent najlepszych handlowców zarabia 80 procent pieniędzy, a pozostałe 80 procent handlowców zarabia jedynie 20 procent pieniędzy".

Szok! Byłem młody i kiedy usłyszałem tę zasadę, otworzyły mi się oczy. Z miejsca postanowiłem, że będę wśród tych 20 procent najlepszych. Później zorientowałem się, że podjęcie tej decyzji było kolejnym punktem zwrotnym w moim życiu.

Powtórzę to raz jeszcze: 20 procent najlepszych handlowców osiąga 80 procent sprzedaży i zarabia 80 procent pieniędzy, a pozostałe 80 procent handlowców zarabia tylko 20 procent. Oto twoje zadanie: postanów, że dołączysz do tych 20 procent, a potem d o w i e d z s i ę, jak to zrobić.

Zasada Pareto jest prawdziwa także wśród najlepszych 20 procent handlowców. W tym przypadku zasada ta mówi, że 20 procent spośród najlepszych dwudziestu procent, czyli 4 procent ogółu, zarabia 80 procent tego, co przypada dwudziestoprocentowej czołówce. Szok! W każdej dużej organizacji handlowej czterech czy pięciu ludzi na stu realizuje tyle sprzedaży i zarabia tyle pieniędzy, ile c a ł a r e s z t a h a n d l o w c ó w r a z e m w z i ę t y c h.

Nigdy nie martw się o pieniądze

Istnieje bardzo dobry powód, by dołączyć do dwudziestu procent najlepszych, a potem do czteroprocentowej czołówki: nigdy więcej nie będziesz musiał martwić się o pieniądze ani o bezpieczeństwo zatrudnienia. Nigdy nie będziesz miał bezsennych nocy z powodu obaw o utratę pracy. Ludzie należący do dwudziestoprocentowej lub jeszcze mniej licznej czołówki to ci najbardziej szczęśliwi spośród nas.

Tymczasem ludzie stanowiący pozostałe osiemdziesiąt procent martwią się o pieniądze. Jedną z największych tragedii naszego społeczeństwa, w czasach największego dobrobytu w historii ludzkości, jest to, że większość ludzi przez większość czasu martwi się o pieniądze. Ci ludzie myślą o problemach z pieniędzmi już rano, kiedy wstają z łóżka. Całymi dniami myślą o tym, jak mało mają pieniędzy. Kiedy wracają wieczorem do domu, rozmawiają o pieniądzach i często kłócą się o to, jak dużo wszystko kosztuje. To nie jest dobry sposób na życie.

Najlepsi zarabiają dużo więcej

Ludzie należący do dwudziestoprocentowej czołówki zarabiają średnio szesnaście razy tyle, ile ludzie przeciętni, należący do pozostałych osiemdziesięciu procent. Natomiast ci, którzy są w czteroprocentowej czołówce, zarabiają średnio szesnaście razy tyle, ile ludzie z tych górnych dwudziestu procent. To porażające!

Jakiś czas temu pewna duża firma ubezpieczeniowa w USA przetestowała zasadę 80/20 wśród kilku tysięcy agentów na całym świecie. Okazało się, że niektórzy działający w pojedynkę agenci sprzedają i zarabiają więcej niż dwudziesto- czy trzydziestoosobowe zespoły zawodowych, przeszkolonych agentów zatrudnionych na pełny etat, mimo że jedni i drudzy sprzedają te same produkty, tym samym ludziom, po tych samych cenach, w tych samych biurach i w tych samych warunkach konkurowania.

W którymś roku prowadziłem szkolenia z dwiema elitarnymi grupami z dwóch różnych branż. Wszyscy ci ludzie zaczynali „na ulicy", pracowali w działach sprzedaży gazet lub u wydawców książek telefonicznych i zdobywali zamówienia przez telefon. Zarabiali wyłącznie na prowizjach od sprzedaży. Średni roczny dochód handlowców w pierwszej z tych elitarnych grup był równy 833 tysiące, a w drugiej 850 tysięcy dolarów. Jednak najlepsi z nich zarabiali na prowizjach po parę milionów dolarów rocznie!

Dlatego twoim celem musi być dołączenie do najlepszych dwudziestu procent, potem do dziesięciu procent, później do pięciu, do czterech i tak dalej. Ta książka jest po to, żeby cię tam doprowadzić, po to, by przenieść cię z miejsca, w którym jesteś dziś, gdziekolwiek jesteś, do miejsca, w którym chcesz się znaleźć w przyszłości, gdziekolwiek chcesz dotrzeć. Ta książka ma na celu uczynić cię jednym z najlepiej opłacanych ludzi w twojej branży.

Zwycięska przewaga

Jeśli dwudziestoprocentowa czołówka handlowców w danej branży zarabia 80 procent pieniędzy, a najlepsze 20 procent firm w tej branży osiąga 80 procent zysków, to jakie czynniki wyróżniają ludzi i organizacje wybijające się tak wysoko ponad przeciętność? Odpowiedź jest taka, że ci handlowcy i te firmy zbudowały zwycięską przewagę w swoich obszarach.

Koncepcja zwycięskiej przewagi jest jedną z najważniejszych idei zarządzania i sprzedaży w dwudziestym pierwszym wieku. Ta koncepcja mówi: „Małe różnice umiejętności mogą przekładać się na potężne różnice w rezultatach". Pod względem talentu i umiejętności najlepsi nie różnią się aż tak bardzo od przeciętnych ani nawet słabych. Często o przewadze decyduje kilka drobiazgów, stosowanych konsekwentnie, raz za razem.

Wygrywaj o włos

Jeśli na przykład koń zwycięża w wyścigu o włos, wygrywa dziesięć razy więcej pieniędzy niż koń, który przegrał z nim o ułamek sekundy. Pytanie brzmi: czy koń, który wygrał o ułamek sekundy, jest dziesięć razy szybszy niż ten, który przybył na metę jako drugi? Czy jest o dziesięć procent szybszy? Nie. Jest szybszy tylko o ułamek sekundy, ale ta różnica w szybkości przekłada się na różnicę tysiąca procent w kwocie wygranej.

Jeśli handlowiec finalizuje sprzedaż na konkurencyjnym rynku, to czy czyni go to dziesięciokrotnie lepszym od innego handlowca, który nie zamknął transakcji? Oczywiście nie! Czasami drobna kwestia techniczna decyduje o tym, u którego dostawcy klient kupi produkt. Handlowiec, który zwyciężył, może być tylko odrobinę lepszy od tego, który przegrał.

Handlowcy mają gorzej niż konie – nie dostają nagród pocieszenia. Koń, nawet jeśli będzie drugi albo trzeci, uzyska wygraną wystarczającą na pokrycie kosztów. Tymczasem w sprzedaży zwycięzca bierze wszystko. Handlowiec, który nie zamyka transakcji, nie dostaje nic, bez względu na to, jak wiele godzin zainwestował w przygotowania.

Bądź trochę lepszy

> W sprzedaży musisz być tylko o d r o b i n ę lepszy i inny w każdym z kluczowych obszarów rezultatowych, a uzyskasz nadzwyczajną różnicę dochodów.

W sprzedaży musisz być tylko o d r o b i n ę lepszy i inny w każdym z kluczowych obszarów rezultatowych, a uzyskasz nadzwyczajną różnicę dochodów. Zwycięską przewagę może dać ci mała, może trzy- lub czteroprocentowa nadwyżka umiejętności bądź zdolności. Ta mała nadwyżka może przenieść cię do dwudziestu procent, a potem do dziesięciu procent najlepszych.

Ta niewielka przewaga, kiedy ją uzyskasz, zadziała jak procent składany – będzie nieustannie kumulowała zysk. Na początku powoli zaczniesz wyprzedzać tłum. Jednak dzięki korzystaniu z dodatkowych umiejętności będziesz osiągał wyniki coraz lepsze i lepsze. Im lepszy się staniesz, tym lepsze będą twoje rezultaty. Po krótkim czasie dystans dzielący cię od tłumu zacznie się powiększać. Po kilku latach, a może nawet miesiącach, będziesz w stanie zarabiać od pięciu do dziesięciu razy tyle co inni, pozostający w sferze przeciętności.

Cechy najlepszych handlowców

Istnieją określone cechy odróżniające handlowców dobrych od przeciętnych. Zidentyfikowano je w toku wieloletnich wywiadów i wyczerpujących badań. Wiemy o nich dwie rzeczy. Po pierwsze, nikt nie r o d z i s i ę z tymi przymiotami. Po drugie, wszystkie te cechy można nabyć poprzez u c z e n i e s i ę i p r a k t y k ę. Cechy, które zagwarantują ci ponadprzeciętną jakość życia, j e s t e ś w stanie rozwinąć dzięki ćwiczeniu.

Kiedyś wierzono, że ludzie osiągają sukcesy, ponieważ pochodzą z odpowiednich rodzin, mają odpowiednie wykształcenie, nawiązali odpowiednie kontakty, dostawali w szkole dobre stopnie i przemawiają za nimi inne wymierne czynniki. Jednak później badacze natrafili na ludzi, którzy, kiedy zaczynali, nie mieli żadnych z tych cech, a mimo to dotarli na szczyt w swoich profesjach.

Od zera do bohatera

Doskonałym dowodem na to, że można z powodzeniem zacząć od zera, są liczni imigranci, którzy przybywają do naszego kraju. Mają mało pieniędzy, nie dysponują kontaktami, nie mają ukończonych szkół ani uniwersytetów i mówią słabo w obcym sobie języku. Wydaje się, że nie mają żadnych podstaw do rozpoczynania działalności, a jednak w jakiś sposób w ciągu paru lat pokonują trudności i stają się liderami w swoich obszarach.

Na moich seminariach często spotykam kobiety i mężczyzn z całego świata, którzy nie mieli niczego, kiedy przybyli do mojego kraju, a dziś są najlepszymi i najlepiej opłacanymi handlowcami. Niektórzy z nich dorobili się milionów. W każdym przypadku o ich wynikach zadecydowało bardziej to, co ci ludzie *mieli w sobie*, niż to, co działo się *w ich otoczeniu*.

Sukces zależy od mentalności

O zwycięskiej przewadze handlowca decyduje to, co tkwi w jego *umyśle*. Jakiś czas temu Uniwersytet Harvarda przeprowadził wśród szesnastu tysięcy handlowców badania, które wykazały, że za sukces bądź porażkę w sprzedaży odpowiada w stu procentach *mentalność* danej osoby. Jeśli badany posiadał określone cechy, to odnosił sukces, choć działał w tych samych warunkach, w których inni osiągali wyniki gorsze niż on. Rozwiń w sobie te cechy psychologiczne, a one doprowadzą cię do sukcesu w sprzedaży.

Jeśli chcesz wiedzieć, jak wysoki ma być budynek, spójrz, jak głęboko wkopane są jego fundamenty. Im głębsze są fundamenty, tym wyższy jest budynek. Na tej samej zasadzie – im głębszy jest *twój* fundament wiedzy i umiejętności, tym lepsze życie możesz zbudować.

Kiedy już zbudujesz fundament i osiągniesz absolutną doskonałość w sprzedaży, będziesz mógł udać się gdziekolwiek zechcesz i samemu wypisać sobie bilet, a przy okazji pogłębić swój fundament.

Wykorzystuj więcej swojego potencjału

Przeciętny handlowiec wykorzystuje tylko mały procent swojego potencjału skutecznej sprzedaży. Szacuje się, że człowiek, średnio rzecz biorąc, nigdy nie wykorzystuje więcej niż dziesięć procent swoich możliwości. To znaczy, że co najmniej dziewięćdziesiąt procent z nich pozostaje w uśpieniu. Naucz się wykorzystywać te dodatkowe dziewięćdziesiąt procent, a awansujesz do kategorii ludzi osiągających najwyższe dochody.

Podążaj za liderami

Jeśli twoim celem jest być wśród dziesięciu procent najlepszych handlowców w twoim obszarze, w pierwszej kolejności powinieneś dowiedzieć się, kto już tam jest. Zamiast naśladować naśladowców – przeciętnych ludzi z twojej branży – podążaj za liderami. Porównuj się z ludźmi na szczycie. Pamiętaj, że nikt nie jest lepszy od ciebie i nikt nie jest bardziej bystry niż ty. Jeśli ktoś radzi sobie lepiej, to oznacza jedynie, że ten ktoś odkrył prawo przyczyny i skutku w procesie sprzedaży wcześniej niż ty.

Kiedyś brytyjski filozof Bertrand Russell powiedział: „Najlepszy dowód na to, że coś da się zrobić, jest taki, że ktoś inny już to zrobił". A zatem jeśli ktoś inny zarabia od pięciu do dziesięciu razy więcej niż ty, to znaczy, że ty również możesz tyle zarobić, jeśli po prostu nauczysz się, jak to robić. Pamiętaj, że każdy zaczyna w dolnych dwudziestu procentach i pracą toruje sobie drogę w górę. Jeśli ktoś radzi sobie lepiej niż ty, dowiedz się, jak ta osoba przeszła z niskiego szczebla do miejsca, w którym jest dziś. Ten ktoś prawdopodobnie powie ci, jak to zrobił. Ludzie należący do czołówki zwykle chętnie pomagają innym – tym, którzy chcą osiągnąć sukces.

Twój program nadrzędny

Największym przełomem w psychologii ludzkich osiągnięć dwudziestego wieku było odkrycie koncepcji siebie. Twoja koncepcja siebie to zestaw twoich przekonań o sobie samym. To sposób, w jaki postrzegasz siebie i myślisz o sobie w każdym obszarze życia.

To program nadrzędny w komputerze twojej podświadomości. Jest jak system operacyjny determinujący wszystko, co mówisz, myślisz, czujesz i robisz.

Twoja koncepcja siebie jest bezpośrednio związana z twoimi osiągnięciami i z twoją skutecznością. Osiągane przez ciebie rezultaty zewnętrzne zawsze są z nią zgodne. Każda zmiana na lepsze w twoim życiu zaczyna się w chwili, gdy zmieniasz i poprawiasz swoją koncepcję siebie – kiedy wewnętrznie się programujesz.

Masz więcej niż tylko jedną całościową koncepcję siebie, która decyduje, co czujesz i jak, generalnie rzecz biorąc, myślisz o sobie, o swoim życiu i o innych ludziach. Masz także zestaw minikoncepcji siebie. Są to małe koncepcje ciebie, które określają twoją skuteczność i twoje rezultaty w każdym obszarze twojego życia, od jazdy na rowerze do wygłaszania przemówień.

Twoja koncepcja siebie w sprzedaży

Na przykład w sprzedaży twoja koncepcja siebie obejmuje ciebie i to, jak poszukujesz potencjalnych klientów. Jeśli masz pozytywną koncepcję siebie, znajdowanie potencjalnych klientów nie stanowi dla ciebie problemu. Wstajesz rano i już jesteś gotowy nawiązywać kontakty z nowymi ludźmi. W kwestii poszukiwania potencjalnych klientów jesteś kompetentny i pewny siebie, dlatego zawsze masz ich gdzie szukać.

Jeśli masz złą koncepcję siebie, to w poszukiwaniu potencjalnych klientów będziesz nawiązywał kontakty z obawą i niepewnością. Będziesz tego unikał z całych sił. Podczas rozmów z potencjalnymi klientami będziesz spięty i przez to będzie ci trudniej. Będziesz poświęcał na to tak mało czasu, jak tylko się da, i uchylał się od tego tak, jak tylko potrafisz. To działa tak samo również w każdym innym obszarze sprzedaży.

Od czego zależy twój zysk?

Każdy handlowiec ma koncepcję siebie odpowiadającą wysokości jego zarobków. Psycholodzy odkryli, że nasze zarobki wahają się w granicach plus minus dziesięć procent w stosunku do tego, jaki poziom dochodów mamy zaprogramowany w naszej koncepcji siebie. Jeśli zarobisz o dziesięć procent więcej niż według swojego uznania powinieneś zarobić, natychmiast podejmiesz działania kompensujące i pozbędziesz się nadwyżki pieniędzy. Kiedy trafi ci się dobry miesiąc i zarobisz więcej niż się spodziewałeś, poczujesz nieodpartą potrzebę wydania tych pieniędzy na obiady, podróże, ubrania lub coś innego. Te pieniądze wypalą ci dziurę w kieszeni.

Jeśli zarobisz o dziesięć lub więcej procent poniżej dochodu zgodnego z twoją koncepcją siebie, podejmiesz działania przyspieszające. Zaczniesz myśleć o tym, żeby pracować dłużej, ciężej, mądrzej i lepiej, aby podnieść dochody z powrotem do strefy komfortu. Kiedy dochody wrócą do poziomu, który ci odpowiada, zrelaksujesz się i odetchniesz z ulgą.

Zmień swoją strefę komfortu

Podnieść swoje dochody w sprzedaży możesz tylko w jeden sposób: poprzez podwyższenie progu swojej strefy komfortu w stosunku do tego, ile zarabiasz. Dla niektórych ludzi strefa komfortu to 50 tysięcy dolarów rocznie. Kiedy osiągają ten poziom dochodów, odprężają się i zaprzestają wysiłków. Inni mają strefę komfortu na poziomie 100 tysięcy dolarów rocznie. To poziom, do którego dążą – odprężają się dopiero wtedy, kiedy go osiągają.

A oto doskonała ironia: zwykle różnica w talencie pomiędzy osobą zarabiającą 50 tysięcy dolarów rocznie i osobą zarabiającą 100 tysięcy rocznie jest bardzo mała. Jedyna istotna różnica polega na tym, że pierwsza z tych osób przechodzi w stan spoczynku na niższym poziomie, a druga nie zaprzestaje wysiłków, dopóki nie zarobi 100 tysięcy.

Zresetuj swój termostat finansowy

Nigdy nie zarobisz na zewnątrz więcej niż to, na co jesteś wewnętrznie zaprogramowany. To prawie tak, jakbyś miał „termostat dochodu" regulujący twoją temperaturę finansową. Jak wiesz, kiedy termostat jest nastawiony na określoną temperaturę, na przemian grzeje i chłodzi, aby zachować w pomieszczeniu stałą ilość

> Nigdy nie zarobisz na zewnątrz więcej niż to, na co jesteś wewnętrznie zaprogramowany. To prawie tak, jakbyś miał „termostat dochodu" regulujący twoją temperaturę finansową.

ciepła. Podobnie działa twój termostat finansowy. Jeśli uważasz się za człowieka zarabiającego 50 tysięcy dolarów rocznie, będziesz nieustannie podejmował działania, które ustabilizują twój dochód na poziomie 50 tysięcy.

Na moich seminariach i w mojej współpracy z korporacjami zauważam to osobliwe zjawisko raz po raz. Powiedzmy, że handlowiec wyznacza sobie docelowy roczny dochód rzędu 50–60 tysięcy dolarów. Ma doskonały rok i osiąga cel 50 tysięcy dolarów w końcu września. I nagle z jakiegoś powodu jego sprzedaż zanika. Handlowiec przestaje sprzedawać i nie zarabia nic do końca roku. W żaden sposób nie może się zmotywować, bez względu na to, jak dobry jest rynek zbytu na jego produkt. Drepcze w miejscu do 31 grudnia. A potem, 1 stycznia, zrywa się do galopu jak koń wyścigowy, który właśnie przekroczył linię startu. Znowu sprzedaje. W każdym przypadku jest to kwestia koncepcji siebie.

Czasami ludzie wyznaczają sobie miesięczne cele dochodu. Lecz kiedy mają dobry miesiąc i osiągają docelowy dochód w dwa tygodnie, przestają sprzedawać i trwają w bezczynności przez następne dwa tygodnie. Wręcz nie mogą się doczekać pierwszego dnia następnego miesiąca, kiedy będą mogli psychicznie wrócić do sprzedawania. To jest dość powszechne.

Uwolnij się od przeszłości

Ludzie często powstrzymują się od wysiłku, ponieważ myślą, że nie powinni zarabiać więcej niż ich o j c o w i e. Wiele razy widziałem handlowców, którzy tylko z tego powodu osiedli na określonym poziomie dochodów. Nieświadomie postanowili n i e zarabiać więcej. Jak postanowili, tak zrobili.

Jeden z tych przypadków był ekstremalny. Spotkałem młodego człowieka, który przybył z farmy do miasta i dostał pracę jako sprzedawca anten satelitarnych. Oferował je farmerom. Ten handlowiec pochodził z ubogiej rodziny i nigdy nie zarabiał wielkich pieniędzy. Tamtego roku żniwa były obfite i farmerzy kupili aż pięć tysięcy anten. Handlowiec zaczął zarabiać pieniądze w tempie, o jakim nigdy wcześniej nie marzył.

Jednak doświadczenie szybkiego wzbogacenia się było dla niego tak traumatyczne, że po zamknięciu kilku sprzedaży na początku tygodnia wracał do domu, wyłączał światło w swoim małym mieszkanku, wpełzał pod kołdrę i po ciemku leżał w łóżku z łomoczącym sercem. Przekroczył tak dalece poziom dochodów dyktowany jego koncepcją siebie, że stres go paraliżował.

Zmień swoje myśli

Aby zwiększyć dochody, musisz osiągnąć swoje cele finansowe najpierw w swoim umyśle, a dopiero potem będziesz mógł osiągnąć je w rzeczywistości. Twoim celem powinno być podnoszenie poziomu dochodów w twojej koncepcji siebie krok po kroku, aż zaczniesz myśleć, widzieć i czuć, że jesteś człowiekiem zarabiającym więcej.

Postrzegaj siebie tak, jakbyś już był tym, kim chcesz być, i zarabiał tyle, ile chcesz zarabiać. Obserwuj ludzi, którzy zarabiają więcej, i wyobrażaj sobie, że jesteś dokładnie taki jak oni. Załóżmy, że już jesteś finansowo niezależny. Wyobraź sobie, że już masz wszystkie pieniądze, jakich kiedykolwiek będziesz potrzebował i że kontaktujesz się z potencjalnymi klientami, ponieważ lubisz poznawać nowych ludzi. Jesteś spokojny, pewny siebie i zrelaksowany tak, jakbyś już był bogatym człowiekiem. To nastawienie pomoże ci dawać z siebie więcej przy znacznie mniejszych nerwach.

Bądź realistą

Przy budowaniu nowej koncepcji siebie bądź realistą. To ważne, zwłaszcza na początku. Kiedy poznałem moc koncepcji siebie i zorientowałem się, że moja koncepcja siebie wyznacza mój poziom dochodów, zarabiałem około 30 tysięcy dolarów rocznie. Natychmiast wyznaczyłem sobie nowy docelowy dochód: 300 tysięcy dolarów rocznie. Jednak ten wielki cel, zamiast mnie motywować, stał się demotywatorem. Mój umysł, zamiast naprowadzać mnie w pracy na to, jak zarobić takie pieniądze, wyłączył się tak, jakbym wyłączył światło.

Później dowiedziałem się, że cel, który dalece wykracza poza wszystko, co wcześniej osiągnąłeś, jest ignorowany przez twoją koncepcję siebie. I zamiast cię motywować, odbiera ci wolę działania. Po sześciu miesiącach pracy w końcu zdałem sobie sprawę z mojego błędu i zredukowałem cel do 50 tysięcy dolarów rocznie. Prawie natychmiast zacząłem robić postępy i szybko osiągnąłem to, do czego dążyłem.

Docelowy poziom dochodu utrwala się

Oto kolejne ciekawe zjawisko. Załóżmy, że handlowiec wystartował z niskiego pułapu i piął się w górę przez kilka lat. W końcu osiągnął dochody przekraczające 100 tysięcy dolarów rocznie. A potem koniunktura się pogorszyła. Branża popadła w kryzys albo nawet przestała istnieć. Handlowiec musi zacząć wszystko jeszcze raz, w innej firmie, sprzedającej inny produkt. Jak sądzisz, ile ten człowiek zarobi w następnym roku? Odpowiedź brzmi: ponad 100 tysięcy dolarów.

Dlaczego? Dlatego, że ten handlowiec ma już koncepcję siebie jako człowieka „stutysięcznego"; cokolwiek stanie się na zewnątrz, on zawsze znajdzie sposób na zarobienie 100 tysięcy rocznie lub więcej.

Słyszałeś historie o zarządzających dużych korporacji, którzy zarabiają powyżej miliona każdego roku? Kiedy z jakichś powodów tracą stanowiska, później, po kilku miesiącach, dowiadujesz się z prasy, że pracują dla innej firmy i w c i ą ż zarabiają ponad milion rocznie. Kiedy ktoś staje się człowiekiem „milionowym", nikt inny nawet nie pomyśli, żeby zaoferować mu mniej. To wszystko jest kwestią koncepcji siebie.

Kluczowe obszary rezultatowe sprzedaży

W sprzedaży istnieje siedem k l u c z o w y c h o b s z a r ó w r e z u l t a t o w y c h, w skrócie KOR. KOR jest jak cyfry w numerze telefonu. Jeśli chcesz się połączyć i zrealizować sprzedaż, musisz je wybrać w odpowiedniej kolejności. Twój wynik i skuteczność w każdym z tych kluczowych obszarów rezultatowych decyduje o ogólnym sukcesie i wysokości twojego dochodu.

Tych siedem kluczowych obszarów rezultatowych to: *poszukiwanie potencjalnych klientów*, *budowanie relacji*, *rozpoznawanie potrzeb*, *prezentacja handlowa*, *rozwiewanie wątpliwości*, *zamykanie sprzedaży* oraz *zdobywanie dalszych zamówień i referencji*. Od twojej koncepcji siebie w każdym z tych siedmiu obszarów zależą twoje rezultaty w tych obszarach, a także twoje dochody.

Na szczęście każdy, kto jest dobry w choć jednym z tych obszarów, kiedyś był w nich mierny. Wszyscy profesjonaliści należący do czołowych dziesięciu procent zaczynali w dolnych dziesięciu procentach. Dlaczego piszę: „na szczęście"? Dlatego, że jeśli potrafisz prowadzić samochód lub obsługiwać telefon komórkowy, to znaczy, że potrafisz też opanować do perfekcji każdą z tych siedmiu kluczowych umiejętności. To tylko kwestia uczenia się i praktyki.

Jeśli masz niską koncepcję siebie w którymkolwiek z tych siedmiu obszarów sprzedaży, będziesz go unikał jak ognia. Tylko że jedynym powodem, dla którego obawiasz się podjąć działanie w tym konkretnym obszarze, jest to, że nie jesteś w nim dobry – j e s z c z e. Jeszcze nie stałeś się mistrzem w tym obszarze. Jeśli nie jesteś w czymś dobry, będziesz popełniał błędy. Będziesz się czuł niezręcznie. Będziesz zły i sfrustrowany. To normalne i naturalne, że wolisz unikać takiego działania.

Opanuj tę umiejętność

Sposobem na twoje obawy i niechęć w każdym z kluczowych obszarów rezultatowych jest opanowanie umiejętności, których unikasz. Na szczęście masz dziś do dyspozycji wiele książek, audiobooków treningowych, kursów i porad, które mogą ci pomóc w nabywaniu nowych umiejętności i w korzystaniu z nich. Nie ma absolutnie żadnego powodu, dla którego miałbyś się powstrzymywać przed dołączeniem do dziesięciu procent najlepszych, a już na pewno nie jest nim to, że w tym czy w innym obszarze twoje umiejętności są kiepskie.

Możesz poznawać sposoby, jak skutecznie prosperować. Możesz uczyć się od innych i opanować budowanie dobrych relacji oraz więzi zaufania z potencjalnymi klientami. Możesz się dowiedzieć, jak zadawać pytania i uważnie słuchać odpowiedzi. Przez ćwiczenie i powtarzanie osiągniesz spokój i pewność siebie w relacjach z innymi ludźmi. Możesz nauczyć się wszystkiego, co jest ci potrzebne.

Jest tak w każdym obszarze umiejętności. Dzięki zadawaniu większej ilości lepszych pytań staniesz się ekspertem w rozpoznawaniu potrzeb potencjalnych klientów i w kwalifikowaniu ich do tej czy innej grupy klientów docelowych.

Możesz osiągnąć doskonałość w obszarze prezentacji handlowej. Twoje prezentacje mogą być tak skuteczne, że ludzie będą wydzierać ci produkt z rąk, jeszcze zanim skończysz mówić.

Możesz nauczyć się, jak reagować na obiekcje i wątpliwości potencjalnego klienta i udzielać na nie odpowiedzi tak satysfakcjonujących, że obawy rozwieją się, a potem nigdy więcej nie wrócą. Możesz opanować różne opisane w tej książce metody zamykania sprzedaży w krótkim czasie.

I wreszcie, możesz nauczyć się tworzyć złoty łańcuch referencji, który będzie prowadził cię od klienta do klienta i pomoże ci sprzedawać coraz więcej ludziom, którzy już wcześniej od ciebie kupowali. To umiejętności, które możesz opanować.

Bądź lepszy w tym, co robisz

Im lepszy stajesz się w jakimś obszarze, tym bardziej pozytywna jest w tym obszarze twoja koncepcja siebie. Im więcej pewności siebie masz w danym obszarze, tym bardziej czujesz się szczęśliwy, gdy wykonujesz tę część pracy, i tym lepsze osiągasz rezultaty. Możesz jak artysta rzeźbić całą swoją postać handlowca wraz ze wszystkimi cechami jej osobowości.

Robienie czegoś, w czym jesteś dobry, nigdy nie przychodzi ci z trudem. Stresuje cię tylko robienie tego, w czym – jak *myślisz* – nie jesteś szczególnie dobry. Każdy krok, który podejmujesz w jakimkolwiek obszarze, czyni cię bardziej pewnym siebie i z każdą kolejną próbą zwiększa twoje prawdopodobieństwo sukcesu.

Zmierz się ze swoim strachem

Kiedy po raz pierwszy zabierasz się za sprzedawanie, prawdopodobnie masz serce w gardle. Łomocze tak głośno, że ludzie dookoła niemalże mogą je usłyszeć. Kiedy pierwszy raz rozmawiasz z klientem, masz skurczony żołądek. Psycholodzy mówią, że zachowujesz się wtedy tak, jakbyś był dzieckiem i bał się lania.

Twoja koncepcja siebie jest w dużej mierze subiektywna. Nie opiera się na rzeczywistości. Bazuje wyłącznie na tym, co sam o sobie myślisz, a zwłaszcza na ograniczających cię poglądach, które blokują twój potencjał.

Obawy i wątpienie w samego siebie to od zawsze najwięksi wrogowie ludzkiego potencjału. Wielu ludzi nie wierzy w to, że może opanować określoną umiejętność do perfekcji, i choć pogląd ten jest fałszywy, *staje się* prawdziwy. Jak powiedział

Obawy i wątpienie w samego siebie to od zawsze najwięksi wrogowie ludzkiego potencjału.

William James z Uniwersytetu Harvarda: „Przekonanie kreuje rzeczywistość". Jeśli wierzysz, że coś cię w jakiś sposób ogranicza, będziesz się czuł i zachowywał tak, jakby to naprawdę cię ograniczało. Ograniczenie, które powstało w twojej percepcji, stanie się prawdziwe.

Nie sprzedawaj się tanio

Niektórzy ludzie czują, że zamykanie sprzedaży idzie im fatalnie. Dopóki będziesz tak myślał i sobie to powtarzał, finalizowanie transakcji pozostanie twoją zmorą. Na samą myśl o tym, że masz zwrócić się o złożenie zamówienia, serce będzie ci głośno biło, żołądek przyklei się do kręgosłupa, dłonie zaczną się pocić, a w głowie będziesz miał pustkę. Dlatego musisz zakodować sobie w głowie, że zamykanie sprzedaży jest normalnym i naturalnym zakończeniem rozmowy handlowej. Kiedy opanujesz sztukę zamykania sprzedaży, będziesz mógł zwracać się o złożenie zamówienia w każdych okolicznościach.

Niektórzy ludzie żywią przekonanie, że są fatalni w sprzedaży przez telefon. Z powodu powszechnej obawy przed odrzuceniem unikają dzwonienia do ludzi, którzy mogą być w stosunku do nich nieprzyjaźni i niechętni. Powtarzają sobie: „Nienawidzę dzwonić do obcych".

Dopóki będziesz to sobie powtarzał, dopóty ilekroć podniesiesz słuchawkę, wypowiadane słowa będą utykać ci w gardle. Będziesz popełniał błędy i osiągał kiepskie wyniki.

Staw czoło ograniczającym cię przekonaniom

Dobra wiadomość jest taka, że ograniczające cię przekonania zwykle opierają się na błędnych informacjach. Nie wynikają z faktów. Bardzo często biorą się ze złudzeń w naszych umysłach. Ponieważ są nierzeczywiste, możesz się ich pozbyć i zastąpić je nowymi, pozytywnymi, opartymi na pewności siebie i kompetencjach w danym obszarze.

Ograniczające cię przekonania powstają szybko i łatwo. Czasami jest tak, że próbujesz czegoś, na przykład jazdy na nartach albo na rolkach, i za pierwszym razem idzie ci to słabo. Natychmiast dochodzisz do wniosku, że jesteś w tym sporcie kiepski. I sabotujesz dalsze próby, szukasz uzasadnienia swojej słabości. Po krótkim czasie zaczynasz unikać tej czynności.

Louise Hay, nauczycielka i autorka książek z dziedziny metafizyki, za podstawowy problem każdego z nas uznaje poczucie, że nie jest się w czymś wystarczająco dobrym. W głębi duszy wszyscy czujemy, że nie jesteśmy w wielu obszarach tak dobrzy jak inni. Czujemy, że ludzie wykonujący coś lepiej niż my rzeczywiście s ą od nas lepsi. A skoro są od nas lepsi, nieświadomie dochodzimy do wniosku, że musimy być od nich g o r s i. Skoro oni są więcej warci, to znaczy, że my musimy być mniej wartościowi. Ta fałszywa konkluzja jest najczęstszą przyczyną niezadowolenia w naszym społeczeństwie.

Reaktywny rdzeń twojej koncepcji siebie

Najważniejszym punktem zwrotnym w psychologii koncepcji siebie jest odkrycie tego, jak wielką rolę pełni nasza s a m o o c e n a. Twoja samoocena zależy od tego, jak bardzo lubisz siebie. To, jak bardzo lubisz siebie, ma przemożny wpływ na twoją osobowość i na wszystko, co ci się przytrafia.

Stopień, w jakim akceptujesz siebie w danej dziedzinie, jest najważniejszym wyznacznikiem twoich wyników i skuteczności w tym obszarze. Decyduje o tym, jak dużo zarabiasz, jak się ubierasz, jak układają ci się relacje z innymi ludźmi, ile sprzedajesz i jaki masz standard życia.

Człowiek, który lubi siebie, ma wysoką samoocenę i w związku z tym pozytywną koncepcję siebie. Jeśli naprawdę lubisz siebie w jakiejś roli, to wykonujesz ją najlepiej, jak tylko potrafisz.

Im bardziej lubisz siebie, tym bardziej lubisz także innych ludzi. Im bardziej lubisz innych ludzi, tym bardziej oni lubią ciebie. Im bardziej lubisz swoich klientów, tym bardziej oni lubią ciebie, tym chętniej od ciebie kupują i tym częściej polecają cię swoim przyjaciołom.

Ludzie o wysokiej samoocenie poznają i poślubiają innych ludzi mających wysoką samoocenę. Rodzice mający wysoką samoocenę wychowują dzieci, które także mają wysoką samoocenę. Szefowie mający wysoką samoocenę podnoszą samoocenę wśród swoich handlowców i pracowników. Mężczyźni i kobiety o wysokiej samoocenie wyznaczają sobie wyższe standardy i mają większą samodyscyplinę, zawierają lepsze przyjaźnie i mają lepsze relacje z ludźmi, których poznają. Generalnie są szczęśliwsi i bardziej spełnieni życiowo niż ludzie, którzy nie lubią siebie.

Samoocena i wyniki w sprzedaży

Im bardziej lubisz siebie w poszukiwaniu potencjalnych klientów, budowaniu relacji, rozpoznawaniu potrzeb, prezentowaniu swojego produktu lub usługi, odpowiadaniu na wątpliwości i obiekcje, zamykaniu sprzedaży oraz w zdobywaniu dalszych zamówień i referencji, tym lepszy będziesz w każdym z tych obszarów.

Człowiek, który nie lubi siebie bądź czuje się ze sobą źle w danym obszarze, osiąga w tej sferze marne wyniki. Handlowcy o niskiej samoocenie, którzy nie lubią siebie, nieszczególnie lubią też innych ludzi. W rezultacie budowanie dobrych relacji z klientami przychodzi im ciężko. Z jakichś powodów klienci niespecjalnie ich lubią i nie do końca im ufają, więc wolą kupować od kogoś innego.

To, jak bardzo lubisz siebie, jest najważniejszym wyznacznikiem twojego sukcesu w sprzedaży oraz twoich dochodów. Od samooceny zależą twoje sukcesy w każdym aspekcie życia.

Wielkie odkrycie

Ponieważ potęga twojego umysłu wyznacza twoje życie i twoje przeznaczenie, jednym z największych odkryć w historii jest to, że stajesz się tym, o czym myślisz przez większość czasu.

Szczęśliwi ludzie myślą o szczęściu. Ludzie osiągający sukcesy myślą o sukcesach. Ludzie pełni miłości myślą o miłości. Ludzie bogaci myślą o bogactwie. Stają się tym, o czym myślą przez większość czasu.

Co więcej, stajesz się tym, co mówisz do siebie przez większość czasu. Ludzie osiągający sukcesy kontrolują swoje wewnętrzne rozmowy. Dzień po dniu mówią do siebie pozytywnie i z pewnością siebie. Prawdopodobnie najpotężniejsze słowa, jakie możesz sobie powtarzać, aby podnieść swoją samoocenę, to: „Lubię siebie!".

> Ludzie osiągający sukcesy kontrolują swoje wewnętrzne rozmowy.

Za każdym razem, kiedy powtarzasz: „Lubię siebie!", twoja samoocena podwyższa się. Kiedy powtarzasz słowa: „Lubię siebie!" wiele razy dziennie, wywołujesz jak najbardziej prawdziwą reakcję chemiczną w swoim mózgu. Uwalniasz endorfiny, które dają ci ogólne poczucie pewności siebie i zadowolenia. Im częściej powtarzasz: „Lubię siebie!", tym wyższa jest twoja samoocena i tym bardziej kompetentne są twoje działania.

Nakręcaj pozytywną spiralę

Kiedy wiele lat temu poznałem te potężne słowa, powtarzałem je sobie po dziesięć, dwadzieścia, a nawet pięćdziesiąt razy dziennie. Wypowiadałem je rano i wieczorem. Mówiłem to za kierownicą i przed każdą prezentacją handlową. Powtarzałem je tak długo, aż przekaz ten zakorzenił się głęboko w mojej podświadomości i zaczął sam promieniować swoją własną energią. Ty możesz zrobić to samo.

Ilekroć powiesz: „Lubię siebie!", twoja ogólna koncepcja siebie poprawi się, podobnie jak twoja skuteczność i zdolność osiągania sukcesów. Kiedy wypracujesz sobie wysoką samoocenę, wszystko, w tym sprzedawanie, pójdzie ci lepiej.

Najlepszy czas na sprzedaż

Oto pytanie do ciebie: kiedy jest najlepszy czas na sprzedaż? Odpowiedź: z a r a z p o t y m, jak zamkniesz inną sprzedaż. Dlaczego? Dlatego, że w chwili, kiedy zamykasz transakcję, twoja samoocena jest w szczytowej fazie. Czujesz się wspaniale w roli handlowca. Lubisz siebie bardziej. Czujesz się jak zwycięzca. Gdy zaczynasz rozmowę z następnym potencjalnym klientem, czujesz się ze sobą znakomicie i dajesz z siebie wszystko, na co tylko cię stać. Jest w tobie coś, co wywiera na klienta potężny wpływ. Twoje pozytywne nastawienie i pewność siebie wyzwalają w podświadomości klienta silne pragnienie, by kupować od ciebie.

Czasami handlowiec zamyka pierwszą sprzedaż rano, zaraz potem kolejną, jeszcze jedną i jeszcze jedną. W ciągu jednego dnia osiąga taki przychód, jaki udało mu się uzyskać za cały poprzedni tydzień czy dwa tygodnie. Taki szczytowy dzień nie ma nic wspólnego z produktem, rynkiem ani cechami klientów. To dzieje się, ponieważ koncepcja siebie tego handlowca podniosła się jak słupek rtęci w termometrze w upalny dzień. W efekcie jego skuteczność była nadzwyczajna.

Działaj na swoim najwyższym poziomie

Zaraz po tym, jak zamkniesz sprzedaż, bardziej lubisz siebie w roli handlowca. Jesteś pewniejszy siebie, bardziej kompetentny i skuteczniejszy w sprzedaży. Jeśli niedawno pracowałeś nad trudnym klientem, natychmiast po zamknięciu innej sprzedaży wsiądź w samochód, jedź do tego trudnego klienta i spróbuj go zachęcić do transakcji. Będziesz zaskoczony, jak wiele razy ta strategia okaże się skuteczna. Zaraz po sfinalizowaniu innej transakcji będziesz bardziej przekonujący niż w jakimkolwiek innym momencie.

To nie klient się zmieni. Nie zmieni się produkt ani usługa, którą oferujesz. Cena, rynek i warunki konkurowania również pozostaną niezmienione. Zmienisz się tylko t y.

Nic cię nie powstrzyma

My w sprzedaży wiemy, że sukces rodzi sukces. Im więcej sprzedajesz, tym lepszym stajesz się handlowcem. Twoja koncepcja siebie jako handlowca poprawia się. W końcu osiągasz w swoim myśleniu punkt, w którym wiesz, że nic nie może cię powstrzymać. Jeśli będziesz sprzedawać przez wystarczająco długi czas, zaczniesz powtarzać sukcesy, których doświadczyłeś. Kiedy będziesz sprzedawać więcej i więcej, twoja koncepcja siebie osiągnie punkt, w którym nabierzesz przekonania, że jesteś doskonałym handlowcem i że w sprzedaży, bez względu na firmę i branżę, możesz zarobić na dobre życie.

Kiedy czujesz się ze sobą wspaniale i naprawdę lubisz siebie, wiesz, że wszystko, czego się chwycisz, przyniesie ci dobre rezultaty. Kiedy sprzedaż dobrze ci idzie, sytuacja w twojej rodzinie i twoje relacje interpersonalne zdają się być o wiele lepsze. Potrzebujesz mniej snu. Masz więcej energii. Jest w tobie więcej entuzjazmu. Czujesz się ze sobą lepiej.

Moc pozytywnych deklaracji

Aby osiągnąć stan umysłu, w którym czujesz się ze sobą wspaniale, przygotowuj się psychicznie przed każdą rozmową handlową. Tuż przed spotkaniem z klientem zatrzymaj się na parę sekund i powiedz sobie: „Lubię siebie! Lubię siebie! Lubię siebie!".

Powtarzanie sobie pozytywnych deklaracji jest jak podpompowywanie się. Podpompowujesz swoją samoocenę tak jak koło w samochodzie. Kiedy rano wstaniesz z łóżka, zanim zrobisz cokolwiek innego, zacznij sobie powtarzać: „Lubię siebie i kocham swoją pracę! Lubię siebie i kocham swoją pracę!".

Cokolwiek powiesz do siebie z przekonaniem, twoja podświadomość przyjmie to jako instrukcję, komendę. Potem podsunie ci słowa, działania i uczucia zgodne z komendą, którą jej dałeś.

Zanim spotkasz się z potencjalnym klientem, powiedz sobie: „Jestem wspaniałym handlowcem, a to będzie wspaniała rozmowa!". Powtórz to sobie kilka razy. Przygotuj się psychicznie na pozytywne doświadczenie.

Kiedy spotkasz się z klientem, podświadomość podsunie ci słowa, uczucia i język ciała właściwe dla kogoś, kto jest doskonały w tym, co robi. Powtarzanie pozytywnych deklaracji umacnia twoją pewność siebie. Sprawia, że się odprężasz i osiągasz lepsze wyniki. Jeśli sam wierzysz w to, co robisz i mówisz, a przy tym jesteś rozluźniony, potężnie wpływa to na twojego rozmówcę. Pozytywne deklaracje dają pozytywne wyniki w sprzedaży.

Bariery na drodze do skutecznej sprzedaży

Istnieją dwie największe bariery powstrzymujące nas od rozpoczynania i zamykania sprzedaży. Obie tkwią w psychice. Są to: *strach przed porażką* oraz *strach przed odrzuceniem*.

S t r a c h   p r z e d   p o r a ż k ą jest najczęstszą przyczyną niepowodzeń w dorosłym życiu. To nie porażka sama w sobie, ale strach przed nią, jej widmo i to, że się jej spodziewasz, paraliżują cię i zaniżają twoje wyniki.

Strach przed porażką jest głęboką podświadomą obawą, która wzbiera w każdym z nas w dziecięcym wieku, zwykle wskutek destruktywnej krytyki ze strony rodzica czy rodziców. Jeśli rodzice, gdy dorastałeś, nieustannie cię krytykowali, to doświadczenie to pozostało w głębi ciebie w postaci nieświadomego strachu przed porażką i towarzyszy ci także w dorosłym życiu. Pozostanie w tobie, przynajmniej do czasu, aż dowiesz się, jak je wykorzenić.

Dlaczego klienci nie kupują?

Strach przed porażką tkwi w umyśle klienta – potencjalnego albo takiego, który już wcześniej od ciebie kupował. Jest największą przeszkodą powstrzymującą go przed zakupem. Każdy klient podjął wcześniej niezliczoną ilość błędnych decyzji zakupowych. Kupował produkty, które go zawiodły i których nie mógł naprawić. Sprzedawano mu rzeczy, których nie chciał, nie był w stanie wykorzystać i na które nie mógł sobie pozwolić. Przy zakupie sparzył się tak wiele razy, że stał się jak kot z długim ogonem w pokoju pełnym bujanych foteli.

Strach przed porażką i rozczarowaniem jest pierwszą przyczyną, dla której klienci nie kupują. Dlatego jedną z najważniejszych rzeczy, jakie możesz zrobić w sprzedaży, jest budowanie zaufania i wiarygodności – w ten sposób złagodzisz strach klienta tak, że nie zawaha się i zaakceptuje twoją ofertę.

Strach przed odrzuceniem

Drugą największą przeszkodą w rozpoczynaniu i zamykaniu sprzedaży jest *strach przed odrzuceniem*. To obawa przed tym, że potencjalny nabywca może powiedzieć „nie”. Strach przed odrzuceniem jest podsycany tym, że klient może cię nieuprzejmie potraktować, źle odnieść się do twojej oferty albo skrytykować cię.

Zasadą jest, że osiemdziesiąt procent rozmów handlowych kończy się na „nie”. Klienci odmawiają z tysięcy różnych powodów. To niekoniecznie oznacza, że coś jest nie tak z handlowcem albo z jego produktem czy usługą. Ludzie mówią „nie”, kiedy czegoś po prostu nie potrzebują, nie chcą, nie mogą wykorzystać, nie mogą sobie na to pozwolić albo gdy istnieje ku temu inny z mnóstwa możliwych powodów.

Jeśli działasz w sprzedaży i boisz się odrzucenia, to znaczy, że wybrałeś niewłaściwy sposób zarabiania na życie.

Jeśli działasz w sprzedaży i boisz się odrzucenia, to znaczy, że wybrałeś niewłaściwy sposób zarabiania na życie. Jest nieuniknione, że spotkasz się z odrzuceniem wiele razy. Jak mówią: „To kwestia terenu, na jakim działasz".

Każde doświadczenie porażki lub odrzucenia wpływa na twoją samoocenę. Kaleczy twój autowizerunek. Sprawia, że czujesz się ze sobą źle, i budzi twój największy lęk: „Nie jestem wystarczająco dobry".

Gdyby nie strach przed odrzuceniem, wszyscy bylibyśmy wspaniałymi handlowcami. Zarabialibyśmy dwa, pięć, a może dziesięć razy więcej niż teraz.

Typowy dzień handlowca

Parę lat temu Uniwersytet Columbia przeprowadził badania, z których wynika, że przeciętny handlowiec pracuje około półtorej godziny dziennie. Wykazano również, że – średnio rzecz biorąc – pierwsza sprzedaż jest zamykana nie wcześniej niż o godzinie jedenastej rano, a ostatnią finalizuje się zwykle o trzeciej albo czwartej po południu, po czym typowy handlowiec kończy pracę.

W większości handlowcy spędzają połowę przedpołudnia na dobudzaniu się przed przystąpieniem do faktycznej pracy: piją kawę, rozmawiają ze współpracownikami, czytają gazetę, porządkują wizytówki i surfują po Internecie. Później wychodzą w teren i dzwonią do klientów dokładnie w porze lunchu. Drugą sprzedaż zamykają nie wcześniej niż o pierwszej albo o drugiej po południu, po czym, jako przeciętni handlowcy, zaczynają zwijać żagle i myśleć o powrocie do domu. Jeśli pracują w tym trybie, to rozmawiają z klientami twarzą w twarz przez jakieś dziewięćdziesiąt minut dziennie. Taka jest średnia; połowa handlowców jest powyżej, a druga połowa poniżej średniej.

Hamulec wyników w sprzedaży

Dlaczego handlowcy pracują tak mało i dlaczego tak bardzo unikają rozmów z klientami twarzą w twarz? To proste: boją się odrzucenia. Strach przed odrzuceniem działa jak podświadomy hamulec powstrzymujący ludzi przed osiąganiem takich wyników, na jakie ich stać. Oczywiście handlowcy zawsze mają pod ręką szeroki wybór wymówek, ale prawdziwym powodem jest strach przed odrzuceniem.

Łatwo jest to udowodnić. Pozwól, że przeprowadzimy eksperyment. Wyobraź sobie, że twoja firma zaangażowała agencję badań marketingowych do znalezienia dla ciebie klientów. Agencja sięgnęła po wyrafinowane narzędzia selekcji potencjalnych klientów i wybrała takich, których profil idealnie ci odpowiada. Następnie może ci dać wydruk komputerowy pięćdziesięciu potencjalnych klientów i zagwarantować, że dziewięćdziesiąt procent ludzi z listy, którym w danym dniu złożysz ofertę, kupi od ciebie produkt. Ta gorąca lista kwalifikowanych potencjalnych klientów jest tak precyzyjna, że straci ważność po dwudziestu czterech godzinach. Wyobraź sobie, że agencja dzwoni do ciebie i daje ci namiary na pięćdziesięciu potencjalnych klientów z tej listy na następny dzień.

Dostałeś zatem listę pięćdziesięciu najwyżej kwalifikowanych potencjalnych klientów i masz gwarancję, że dziewięćdziesiąt procent z nich kupi, jeśli tylko skontaktujesz się z nimi tego jednego dnia. O której godzinie rano zacząłbyś dzwonić? Ile czasu zajęłyby ci przerwy na kawę i na lunch w ciągu tego dnia? Ile czasu poświęciłbyś na plotki ze współpracownikami i na czytanie gazety? Gdyby zagwarantowano ci, że tego dnia prawie każdy skorzysta z twojej oferty, prawdopodobnie zacząłbyś pracować o świcie i skończyłbyś o północy, gdybyś tylko mógł pracować do tak późnej pory. Gdybyś nie bał się odrzucenia i miał pewność, że osiągniesz sukces, poświęcałbyś na kontakty z klientami cały swój czas.

Odrzucenie nie ma charakteru osobistego

Wszyscy najlepsi handlowcy doszli do punktu, w którym przestali obawiać się odrzucenia. Podnieśli swoją samoocenę i koncepcję siebie tak, że jeśli ktoś mówi im „nie”, ich to nie boli ani nie zniechęca. Kiedy spotykają się z odmową, nie wracają z podkulonym ogonem do samochodu ani do biura.

Oto sposób, by radzić sobie z odrzuceniem. Musisz zdać sobie sprawę z tego, że odrzucenie nie ma charakteru osobistego. To nie jest wymierzony w ciebie atak. Odrzucenie nie ma nic wspólnego z tobą. Jest jak deszcz w słoneczny dzień. Od czasu do czasu to się po prostu zdarza. Spójrz na to z szerszej perspektywy. Nie podchodź do siebie aż tak poważnie i uznaj, że odrzucenie jest kwestią terenu, na jakim działasz, a nie będziesz się więcej bał. Niech odrzucenie spływa po tobie jak woda po kaczce. Odrzucenie jest czymś, czego powinieneś się spodziewać jako normalnej ludzkiej reakcji. Ilekroć usłyszysz „nie”, wzruszaj ramionami i przechodź do następnego potencjalnego klienta.

W sprzedaży obowiązuje motto: „Ktoś kupi, a ktoś inny nie. I co z tego? Następny!". Niech stanie się ono także twoim mottem.

Nigdy się nie poddawaj

Być może dwie fundamentalne cechy, które dają sukces w sprzedaży, to odwaga i upór. Potrzeba odwagi, by codziennie rano budzić się i stawać twarzą w twarz z porażką i odrzuceniem. Potrzeba uporu, by dzień po dniu wracać, mimo nieustających trudności i rozczarowań.

Lecz dobra wiadomość jest taka, że odwaga wchodzi w nawyk. Jest jak mięsień: im intensywniej ją ćwiczysz, tym stajesz się silniejszy. W końcu docierasz do punktu, w którym nie boisz się prawie wcale. A wtedy twoja sprzedaż wzbija się w niebo.

Pięć spotkań do zamknięcia

Aż osiemdziesiąt procent sprzedaży zamyka się dopiero po piątej rozmowie bądź po piątej próbie zamknięcia. Większość nowych klientów zgadza się zawrzeć z tobą transakcję dopiero za piątym razem.

Dzieje tak zwłaszcza wtedy, gdy próbujesz przekonać potencjalnego klienta, by zmienił dostawcę. Co najmniej osiem takich sprzedaży na dziesięć jest zamykanych po piątej rozmowie telefonicznej lub po piątej wizycie.

Przypuszcza się, że tylko dziesięć procent handlowców podejmuje więcej niż pięć prób zamknięcia sprzedaży. Co najmniej połowa wszystkich handlowców próbuje raz, po czym rezygnuje. Kiedy sprzedajesz firmie, którą chcesz odebrać jej dotychczasowemu dostawcy, pamiętaj, że przełamanie naturalnego sceptycyzmu i oporu potencjalnego klienta zwykle wymaga mniej więcej pięciu wizyt.

To nie oznacza, że musisz poświęcić klientowi pięć godzin. To oznacza jedynie, że musisz złożyć pięć lub więcej wizyt. Musisz się umówić, pójść na spotkanie, porozmawiać i powiedzieć potencjalnemu klientowi, że ty i twoja firma jesteście gotowi go obsłużyć. Zwykle taki klient nabiera zainteresowania dopiero za piątym razem.

Reakcja obronna: wymówka i rezygnacja

Ostatnie badania wykazały, że 48 procent wszystkich rozmów handlowych kończy się bez chociażby j e d n e j próby zamknięcia sprzedaży. Handlowiec spotyka się z potencjalnym klientem, mówi z entuzjazmem o swoim produkcie, pokazuje materiały drukowane i zarzuca rozmówcę powodami, dla których warto ten produkt kupić. Później, kiedy potencjalny klient jest kompletnie przytłoczony entuzjazmem, elokwencją i czarem rzucanym przez handlowca, ten bierze głęboki oddech, odchyla się na krześle i pyta:

– No i co pan o tym sądzi?

To wywołuje prawie automatyczną reakcję typu:

– Hmm, chciałbym to przemyśleć.

Klient mówi, że musi o tym porozmawiać z szefem, żoną, kuzynem, bratem, wujkiem, siostrą, wspólnikiem, radą nadzorczą, bankowcem, księgowym czy z kimkolwiek innym, kto przyjdzie mu do głowy. A kończy się to tak:

– Czy mógłby pan skontaktować się ze mną w tej sprawie kiedy indziej?

Klient nie chce tego przemyśleć

Oto jakże ważny klucz do sukcesu w sprzedaży. Zrozum i przyjmij do wiadomości, że ludzie nie odkładają oferty na później po to, żeby ją przemyśleć. W chwili, kiedy wychodzisz z biura bądź z domu potencjalnego klienta, on zapomina o twoim istnieniu.

Czy kiedykolwiek zdarzyło ci się, że uznałeś rozmowę z potencjalnym klientem za bardzo obiecującą i sądziłeś, że klient przemyśli decyzję, więc odwiedziłeś go po tygodniu jeszcze raz? Niektórzy handlowcy na próżno łudzą się, że klient po spotkaniu myślał o ich produkcie bądź usłudze przez dwadzieścia cztery godziny na dobę. Wydaje im się, że klient rozmawia o ich ofercie z każdym, kogo spotyka, że o niej marzy i nie robi nic innego, tylko czeka, aż znowu go odwiedzą.

Kiedy po tygodniu czy dwóch ponawiasz wizytę, z zaskoczeniem odkrywasz, że klient zapomniał, jak się nazywasz i nie pamięta ani o twoim produkcie, ani o niczym innym, o czym z nim rozmawiałeś.

Nie pamięta, kim jesteś ani co sprzedajesz. On wcale nie myślał o tobie ani o twoim produkcie.

Ludzie nie odsuwają decyzji o zakupie po to, żeby przemyśleć ofertę. Słowa „Muszę to przemyśleć" to tylko bardziej uprzejma wersja „Żegnaj na zawsze". Mówiąc: „Muszę to przemyśleć", klient komunikuje ci, że rozmowa jest zakończona, a czas i energia, które w niego zainwestowałeś, są w stu procentach stracone.

Pewność siebie eliminuje strach

Odwaga i upór idą w parze z sukcesem w sprzedaży, ponieważ im wyższą masz samoocenę, tym mniejszy jest twój strach przed odrzuceniem. Im bardziej lubisz siebie, tym mniej obawiasz się odrzucenia i porażki.

Wyobraź sobie dwie linie ruchomych schodów jadących w przeciwnych kierunkach. Pierwsza linia to schody w górę, wiodące ku wyższej samoocenie. Druga linia to schody w dół, wiodące do tego, co cię powstrzymuje: do strachu przed porażką i odrzuceniem. Im bardziej lubisz siebie i im wyższa jest twoja samoocena, tym szybciej jedziesz schodami w górę ku odwadze i pewności siebie. Im więcej myślisz o porażce i odrzuceniu, tym szybciej zjeżdżasz schodami w dół w kierunku swoich lęków.

Jesteś dobrym człowiekiem

Kiedy słyszysz od kogoś „nie", ten ktoś nie odmawia tobie j a k o c z ł o w i e k o w i. Po prostu mówi „nie" twojej ofercie, prezentacji albo cenie. Takie odrzucenie nie jest wymierzone w ciebie jako człowieka. Kiedy zrozumiesz, że odmowa nie jest kwestią osobistą, przestaniesz się bać o to, że ludzie mogą zareagować negatywnie na ciebie i twój produkt.

Oto niebezpieczeństwo: jeśli odbierasz „nie" osobiście, możesz zacząć myśleć, że z tobą jako człowiekiem jest coś nie tak. Możesz zacząć wierzyć, że twój produkt albo twoja firma są nie do przyjęcia. Kiedy opanują cię takie myśli, szybko się zniechęcisz. Stracisz entuzjazm do sprzedawania. W efekcie zaczniesz rezygnować z poszukiwania potencjalnych klientów. I po krótkim czasie będziesz pracował tylko przez półtorej godziny dziennie.

Strach prowadzi do usprawiedliwiania braku sprzedaży

Jeśli twój strach wzrośnie, zaczniesz szukać wymówek i usprawiedliwiać swoje zachowania zaniżające sprzedaż. Znajdziesz uzasadnienia złego stanu rzeczy i zajęcia, które pozwolą ci w pracy zabijać czas. Będziesz przekonywał sam siebie, że musisz czytać gazety, bo inaczej nie będziesz dobrze poinformowany przed spotkaniem z klientem. Wmówisz sobie, że musisz porządkować wizytówki i co chwila sprawdzać w sekretariacie, czy nie masz jakichś nieodebranych rozmów bądź korespondencji. Będziesz się łudził, że na zewnątrz czeka na ciebie tłum ludzi, którzy są w trakcie „przemyśliwania" twojej oferty i że być może któryś z nich zadzwonił i chciał coś zamówić.

Będziesz przychodził do pracy i spędzał godzinę czy dwie przy kawie. Zaczniesz sobie powtarzać: „Przecież muszę się rano dobudzić, żeby mieć jasny umysł i myśleć trzeźwo, kiedy pójdę zobaczyć się z klientami". Będziesz plotkował ze współpracownikami i rozmawiał o pracy, zwłaszcza o tym, jak ciężko ci idzie. Będziesz marnotrawił większość poranków, a potem orientował się, że najwyższy czas gdzieś pójść albo do kogoś zadzwonić – do kogokolwiek. Więc będziesz wybiegał w pośpiechu i próbował kontaktować się z potencjalnymi klientami tuż przed porą lunchu.

Bezproduktywny dzień

Nie będziesz chciał przerywać potencjalnym klientom lunchu, więc tuż po jedenastej trzydzieści przed południem do nikogo nie zadzwonisz. Będziesz chodził na lunch z przyjaciółmi, robił zakupy, jeździł do myjni i zabijał czas.

Zmitrężysz na tym połowę każdego dnia. Z pewnością nie będziesz chciał dzwonić do klientów zaraz po ich lunchu. To mogłoby zaburzyć ich proces trawienia. Znajdziesz jeszcze więcej wymówek i usprawiedliwień, żeby nie wykonać ani jednego telefonu do drugiej czy trzeciej po południu. A o wpół do czwartej albo czwartej – oczywiście – każdy już zbiera się do domu. Więc po co masz zostawać w pracy dłużej?

Po czwartej po południu także nie będziesz chciał wychodzić i zawracać ludziom głowy, ponieważ o tej porze większość z nas jest już myślami poza pracą i zbiera się do domu. Wrócisz więc do biura – do „komisariatu", w którym inni handlowcy będą zbierać się tłumnie jak ludzie ocalali po katastrofie i mówić o tym, jak ciężki mieli dzień.

Oto historia o dwóch handlowcach, którzy wrócili do biura pod koniec dnia. Pierwszy z nich mówi:

– Człowieku, miałem dziś całe mnóstwo obiecujących rozmów!

Drugi na to:

– Taaa... ja też niczego nie sprzedałem.

Czy rozpoznajesz ten schemat? Tak wyglądają ulubione zachowania i wymówki handlowców z dolnych dwudziestu procent.

Wydłużanie czasu dojazdów

Poszerzanie obszaru geograficznego sprzedaży to kolejny sposób, w jaki handlowcy uciekają przed porażką i odrzuceniem. Często handlowiec raz jedzie do potencjalnego klienta na jednym końca miasta, a potem, po południu, do kogoś na drugim końcu. To daje mu dobrą godzinę na jeżdżenie od klienta do klienta – czas, w którym może udawać, że pracuje. Jednak w rzeczywistości taki handlowiec jedynie odwleka spotkanie twarzą w twarz z potencjalnym klientem.

Strach przed porażką i odrzuceniem, który obniża twoją samoocenę, szybko staje się największą przeszkodą na drodze do sukcesu w sprzedaży.

Podnoś swoją samoocenę i dochody

Wszystko co robisz, by podnieść swoją samoocenę – w tym składanie pozytywnych deklaracji, wizualizowanie sukcesu, motywowanie się, kreowanie entuzjazmu i indywidualny trening – doskonali twoją osobowość i czyni cię skuteczniejszym w sprzedaży.

Jak wcześniej wspomniałem, istnieje bezpośredni związek pomiędzy twoją samooceną i tym, ile zarabiasz. Im bardziej lubisz siebie, tym więcej sprzedajesz i tym wyższe są twoje dochody. Kiedy zorganizujesz sobie życie tak, że twoja samoocena będzie się sama napędzać, podniesie to twoje dochody bardziej niż jakikolwiek inny czynnik.

Czynnik przyjaźni

Dziś klienci są zepsuci. Stawiają wysokie żądania. Są nielojalni. Domagają się najlepszego traktowania, jeszcze zanim cokolwiek kupią. Jednak ważniejsze niż cokolwiek innego jest to, że klienci kupują tylko od ludzi, których lubią. Nazywamy to czynnikiem przyjaźni.

Czynnik przyjaźni w sprzedaży oznacza po prostu tyle, że potencjalny klient nie kupi od ciebie, dopóki nie będzie autentycznie przekonany, że jesteś jego przyjacielem i że działasz w jego najlepiej pojmowanym interesie.

Dlatego pierwszą rzeczą, jaką powinieneś zrobić podczas rozmowy handlowej, jest stworzenie więzi – nawiązanie przyjaźni. Ekspert od sprzedaży Heinz Goldman napisał kiedyś książkę pod tytułem, który skutecznie tę myśl podsumowuje: *Jak wygrywać klientów*[2]. Twoim zadaniem jako profesjonalisty jest przeciąganie ludzi na swoją stronę: przekonywanie, że o nich dbasz i chcesz dla nich jak najlepiej.

Zbuduj most

Sprzedaż możesz rozpocząć dopiero wtedy, kiedy przekonasz potencjalnego klienta, że jesteś jego sprzymierzeńcem i chcesz tego, co jest dla niego najlepsze. Zacznij mówić o swoim produkcie lub usłudze, zanim zbudujesz most przyjaźni, a klient straci całe zainteresowanie twoją ofertą. Jeśli nie zatroszczysz się o niego odpowiednio, to dlaczego on ma być zainteresowany tym, co mu proponujesz?

Zdrowa osobowość

Oto doskonała definicja zdrowej osobowości: „Twoja osobowość jest tym zdrowsza, z im większą liczbą typów osobowości potrafisz nawiązywać dobre relacje". Twoja osobowość jest tym bardziej *nie*zdrowa lub tworząca problemy, z im większą liczbą typów osobowości n i e potrafisz nawiązywać dobrych relacji. Ludzie mający najbardziej zdrowe osobowości potrafią układać się z najróżniejszymi typami lu-

[2] Tytuł oryginalny: *How to win customers*, wyd. Dutton Adult, 1985 – *przyp. tłum.*

dzi, zwłaszcza w sprzedaży. Rzecz w tym, że poziom twojej samooceny bezpośrednio koresponduje ze zdrowiem twojej osobowości. I tu znowu, im bardziej lubisz siebie, tym więcej radości znajdujesz w kontaktach z innymi ludźmi i tym bardziej jesteś przez nich lubiany. Im bardziej lubisz siebie, tym łatwiej jest ci porozumiewać się z ludźmi o różnych osobowościach.

Nawiązywanie przyjaźni

> Kiedy ludzie wyczuwają, że ktoś naprawdę ich lubi, słuchają go bardziej otwarcie i kupują to, co sprzedaje.

Człowiek o wysokiej samoocenie łatwo nawiązuje przyjaźnie, bez względu na to, gdzie się udaje. Ponieważ lubi siebie, w naturalny sposób cieszy się sympatią innych. Kiedy ludzie wyczuwają, że ktoś naprawdę ich lubi, słuchają go bardziej otwarcie i kupują to, co sprzedaje.

Czy kiedykolwiek zdarzyło ci się, że chciałeś kupić produkt lub usługę, ale nie polubiłeś osoby, która ją sprzedawała? W większości takich przypadków nie zawierałeś transakcji, nawet jeśli produkt i cena były idealne.

Pomyśl o ludziach, którzy dziś są twoimi najlepszymi klientami. Ludzie, którym uwielbiasz sprzedawać i którzy uwielbiają od ciebie kupować, są niewątpliwie tymi, których najbardziej lubisz i którzy odwzajemniają tę sympatię.

Twoje dochody zależą od twojej samooceny

Wszystko co robisz, aby podnieść swoją samoocenę, poprawia i wzbogaca twoje relacje z klientami. Podnoszenie samooceny wyzwala „czynniki przyjaźni" i czyni cię skuteczniejszym w sprzedaży. Twoja samoocena w sprzedaży wyznacza to, ile zarabiasz. Najlepsi handlowcy mają naturalną zdolność zaprzyjaźniania się z potencjalnymi klientami.

Niestety, wszystko, co obniża twoją samoocenę, obniża także twoją skuteczność w sprzedaży. Jeśli z jakiegokolwiek powodu jesteś zmęczony lub nie czujesz się dobrze, twoja skuteczność spada. Jeśli pokłóciłeś się z szefem albo z żoną, twoja samoocena będzie niższa, być może tak niska, że nie zdołasz sprzedać niczego.

Katalizator sukcesu w sprzedaży

Podstawą emocjonalną sukcesu w sprzedaży jest entuzjazm. Entuzjazm w pięćdziesięciu procentach odpowiada za zdolność sprzedawania. Jedna z najlepszych definicji sprzedaży to „transfer entuzjazmu".

Entuzjazm związany z produktem lub usługą przelewasz do umysłu i serca potencjalnego klienta i w ten sposób krzeszesz iskrę: wtedy dochodzi do sprzedaży. Kiedy twoje zaangażowanie emocjonalne i wiara w to, że masz dobry produkt lub usługę, przelewają się do umysłu klienta, wszystkie jego wątpliwości znikają.

Powtórzmy to raz jeszcze: pomiędzy tym, jak bardzo lubisz siebie, twoją samooceną i twoim entuzjazmem istnieje bezpośredni związek. Im bardziej lubisz siebie, tym więcej masz entuzjazmu. Im bardziej entuzjastycznie jesteś nastawiony do swojej firmy i jej produktu, tym większym entuzjazmem darzy cię klient. Wszystko, co robisz, aby podwyższyć swoją samoocenę, podniesie także twoją zdolność sprzedawania.

Emocje są zaraźliwe

W tej psychologicznej grze sprzedaży konieczne jest, abyś rozumiał, że emocje są zaraźliwe. Na każdego człowieka wpływają emocje innych ludzi. Kiedy masz dobre nastawienie, jesteś pewny siebie i żywisz entuzjazm do swojego produktu lub usługi, udziela się to potencjalnemu klientowi, jego nastawienie zmienia się na lepsze, a jego entuzjazm rośnie.

Oto klucz: nie możesz dawać czegoś, czego nie masz. Jeśli nie lubisz siebie, nie możesz zarażać entuzjazmem. Dlatego najlepsi handlowcy kochają swoje produkty i uwielbiają siebie w sprzedaży. Ich entuzjazm płynie prosto z serca i jest autentyczny. Potencjalni klienci, choć nie są tego świadomi, przejmują ten entuzjazm i chcą uczestniczyć w tym, co sprawia, że czują się tak dobrze ze sobą i swoją pracą. Tacy handlowcy są pewni siebie i mają pasję, więc klienci kupują od nich i polecają ich swoim przyjaciołom.

Nie ma takiej opcji jak porażka

Jest bardzo ważne, abyś wsparł swój wysiłek w sprzedaży siłą woli i determinacją. Postanów już teraz, że się nie poddasz.

Kiedy z góry postanowisz, że nigdy się nie poddasz, będziesz psychicznie przygotowany na to, by odbijać się od dna po każdej porażce i odrzuceniu. Jeśli będziesz z uporem iść naprzód, nawet w najtrudniejszych sytuacjach, w końcu osiągniesz sukces. W końcu zamkniesz sprzedaż. W końcu wygrasz klienta.

Ilekroć zamykasz sprzedaż, czujesz się jak zwycięzca. Za każdym razem, kiedy finalizujesz transakcję, podbudowujesz samoocenę, a twoja koncepcja siebie zwyżkuje. W ten sposób umacniasz swoją koncepcję siebie.

Im bardziej lubisz siebie, tym lepiej idzie ci sprzedaż i tym lepsze wyniki osiągasz w każdej innej dziedzinie życia. Poprawia się twoja zdolność osiągania celów i rośnie twoja skuteczność, także poza biznesem.

Tak wielu ludzi nie radzi sobie w sprzedaży po prostu dlatego, że nie ma wystarczającego uporu i nie pracuje wystarczająco ciężko, by zdobyć pierwsze zwycięskie doświadczenia. Kiedy zaczniesz zamykać transakcje i poczujesz się jak zwycięzca, będziesz lepiej zmotywowany, by sprzedawać jeszcze więcej. Lecz jeśli nie zdobędziesz pierwszych zwycięskich doświadczeń, szybko stracisz serce do tego, co robisz, i zaczniesz myśleć, że sprzedaż nie jest dla ciebie.

Trenuj psychikę

Trenowanie psychiki jest niezwykle ważne. Im lepiej zaprogramujesz się na odpieranie trudności, tym łatwiej pokonasz porażki i odrzucenie, które są częścią twojego życia w sprzedaży. Mów do siebie pozytywnie. Powtarzaj coś w stylu: „Potrafię to zrobić! Potrafię to zrobić!", ilekroć dopadnie cię strach przed porażką lub odrzuceniem.

Co ciekawe, kiedy postanawiasz, że bez względu na sytuację nigdy się nie poddasz, twoja samoocena natychmiast się podnosi. Szanujesz siebie bardziej. Twoja pewność siebie rośnie niebotycznie. Mimo że jeszcze nie ruszyłeś się z biura, samo postanowienie, że zamierzasz osiągnąć sukces, potrafisz to zrobić i że bez względu na wszystko nigdy się nie poddasz, poprawia twoją reputację u samego siebie. Widzisz siebie w bardziej pozytywnym świetle. Czujesz się jak zwycięzca. Stajesz się bardziej opanowany i przekonany o swoich zdolnościach. Poprawia się twoja zdolność radzenia sobie ze wzlotami i z upadkami codziennego życia w sprzedaży. Samo postanowienie, że będziesz niestrudzenie dążyć do sukcesu, zmienia twoją osobowość, dodaje ci sił i czyni cię potężniejszym człowiekiem.

Działania do przećwiczenia

1. Postanów już dziś, że staniesz się całkowicie pewnym siebie handlowcem o wysokiej samoocenie. Powtarzaj sobie nieustannie: „Lubię siebie!".
2. Zwizualizuj siebie jako najlepszego człowieka w branży. Człowiek, którego widzisz, jest tym, którym będziesz.
3. Postanów z góry, że bez względu na to, co się stanie, nigdy się nie poddasz. Nie ma takiej opcji jak porażka.
4. Nie traktuj odrzucenia osobiście. Przyjmij je jako normalną i naturalną część sprzedawania, jak zmiany pogody.
5. Podążaj za liderami w twoim obszarze. Wzoruj się na ludziach najlepiej opłacanych, osiągających największe sukcesy. Dowiedz się, co robią, a potem rób to samo, dopóki nie osiągniesz takich samych rezultatów.
6. Postanów już dziś dołączyć do dwudziestu procent najlepszych ludzi w swojej branży. Pamiętaj, że nikt nie jest bardziej bystry ani lepszy od ciebie. Wszystko, co zrobił ktokolwiek inny (oczywiście w granicach rozsądku), możesz zrobić także ty.
7. Wprowadzaj w życie każdy nowy pomysł, który uznasz za dobry. Daj każdemu takiemu pomysłowi szansę, spróbuj. Im więcej rzeczy spróbujesz, tym bardziej jest prawdopodobne, że w końcu zatriumfujesz.

Idziemy naprzód tylko wtedy, kiedy widzimy cel i kiedy jesteśmy pewni zwycięstwa.

– Orison Swett Marden

ROZDZIAŁ 2
Wyznacz i osiągnij wszystkie swoje cele w sprzedaży

Jeśli mam właściwe cele i dążę do nich najlepszą drogą, jaką znam, wszystko inne się temu podporządkowuje. Jeśli robię to, co trzeba, wiem, że osiągnę sukces.

– Dan Dierdorf

Najlepsi handlowcy są zorientowani na cele. Ze wszystkich badań wynika, że im większa jest orientacja na cele, tym większe są sukcesy i osiągnięcia. Najlepiej opłacani handlowcy wiedzą z góry, ile zamierzają zarobić w każdym następnym tygodniu, kwartale i roku. Wiedzą, z iloma potencjalnymi klientami będą musieli się skontaktować, aby odnieść sukces na wyznaczonym poziomie. Mają jasne plany i wiedzą, co zrobią z zarobionymi pieniędzmi.

Zdecyduj dokładnie, ile zamierzasz zarabiać w każdym następnym roku. Jeśli nie jesteś absolutnie pewny, jaki docelowy dochód chcesz osiągnąć, twoje działania w sprzedaży będą niezogniskowane. Będziesz jak strzelec usiłujący trafić do celu we mgle. Nawet jeśli jesteś najlepszym strzelcem wyborowym na świecie, nie trafisz w cel, którego nie widzisz. Musisz dokładnie wiedzieć, w co mierzysz.

Twój roczny cel dochodu

Zacznij od wyznaczenia swojego docelowego rocznego dochodu. Ile zamierzasz zarobić w ciągu następnych dwunastu miesięcy? Jaka to dokładnie kwota? Zapisz ją. Niech stanie się celem, na którym zogniskujesz wszystkie swoje działania w całym następnym roku.

Potrzebujesz celu realnego, lecz wymagającego. Spójrz wstecz i przypomnij sobie, ile zarobiłeś w swoim najlepszym roku. Powiększ tę kwotę o 25–50 procent albo o mniej lub więcej, tak jak ci odpowiada. Upewnij się, czy wierzysz w ten cel i czy jest on możliwy do osiągnięcia. Cele oderwane od rzeczywistości nie motywują, lecz demotywują, ponieważ w głębi serca wiesz, że są nie do osiągnięcia. Kiedy wyznaczysz sobie nieosiągalny cel, taki, w który sam nie wierzysz, zrezygnujesz z niego przy pierwszych trudnościach.

Najlepsi handlowcy w każdym obszarze dokładnie wiedzą, ile zamierzają zarobić w każdym nadchodzącym miesiącu i roku. Jeśli ich o to spytasz, będą w stanie ci powiedzieć, w jaką kwotę celują każdego jednego dnia.

Handlowcy osiągający kiepskie wyniki nie mają pojęcia, ile zamierzają zarobić. Aby dowiedzieć się, ile zarobili, muszą czekać do końca roku, aż firma dostarczy im druk informacji podatkowej o dochodach. Dla nich każdy dzień, miesiąc i rok jest nową finansową niewiadomą. Nie mają pojęcia, dokąd zaprowadzi ich przyszłość.

Przelej to na papier

Jeśli masz osiągnąć określony efekt, twoje cele muszą być przelane na papier. Czasami ludzie niechętnie spisują swoje cele. Mówią: „A co, jeśli tego nie osiągnę?". Nie musisz się o to martwić. Sama czynność napisania celów na papierze zwiększa prawdopodobieństwo ich osiągnięcia o tysiąc procent – dziesięć razy – i zwykle sprawia, że realizujesz je o wiele szybciej, niż planowałeś.

Nawet jeśli nie zrealizujesz celu w zamierzonym czasie, i tak osiągniesz więcej, jeśli napiszesz go czarno na białym.

Twój roczny cel sprzedaży

Drugi etap wyznaczania celów polega na tym, że zadajesz sobie pytanie: „Ile będę musiał w tym roku sprzedać, aby osiągnąć mój cel dochodu?".

Skalkulowanie tego nie powinno sprawiać trudności. Nawet jeśli oprócz prowizji masz stałą podstawę wynagrodzenia, powinieneś bez trudu obliczyć dokładną ilość produktów czy usług, jakie musisz sprzedać, aby zarobić tyle, ile chcesz.

Cele miesięczne i tygodniowe

Kiedy już określisz roczne cele dochodu i sprzedaży, podziel je na miesiące. Ile musisz zarobić i sprzedać w każdym miesiącu, aby osiągnąć cele roczne?

Kiedy już wyznaczysz roczne i miesięczne cele dochodu oraz sprzedaży, rozbij je na tygodnie. Ile musisz sprzedać w każdym tygodniu, aby osiągnąć cele miesięczne i roczne?

Dzienne cele sprzedaży

Następnie określ, ile musisz sprzedać każdego dnia, aby zarobić tyle, ile chcesz codziennie zarabiać.

Powiedzmy, że twój roczny cel dochodu to 50 tysięcy dolarów. Jeśli podzielisz 50 tysięcy przez 12, będzie to około 4200 dolarów na miesiąc. Jeśli podzielisz 50 tysięcy przez 50, czyli przez liczbę tygodni, jakie średnio rzecz biorąc przepracowujesz w ciągu roku, wyjdzie po 1000 dolarów na tydzień. Tak wygląda precyzyjnie wyznaczony, konkretny cel, do którego możesz dążyć.

Wyznacz klarowne cele działań

Ostatnim krokiem wyznaczania celów sprzedaży jest określenie konkretnych działań, jakie musisz podjąć, aby uzyskać sprzedaż na zamierzonym poziomie. Ile rozmów musisz wykonać, aby umówić się na spotkania z określoną liczbą potencjalnych klientów? Ile musisz przedstawić prezentacji handlowych i ilu potencjalnych klientów musisz zainteresować, aby uzyskać sprzedaż na wyznaczonym poziomie?

Prowadź precyzyjne zapisy swoich działań, dzień po dniu i miesiąc po miesiącu, a po krótkim czasie będziesz w stanie przewidzieć z dużą dokładnością, co musisz robić codziennie i co tydzień, aby osiągnąć miesięczne i roczne cele dochodu.

Załóżmy, że aby umówić się na wystarczającą ilość spotkań i zrealizować docelową sprzedaż, musisz wykonać dziesięć telefonów dziennie. Graj sam ze sobą w grę. Zasady tej gry są proste: codziennie do południa musisz wykonać na przykład dziesięć telefonów w celu umówienia się na spotkania. Niech to stanie się twoim dziennym celem działania. Następnie będziesz musiał znaleźć w sobie dyscyplinę konieczną do wykonania tego planu.

Codziennie o ósmej albo o ósmej trzydzieści rano chwytaj za telefon albo – jeśli musisz – wychodź w teren i „na zimno" nawiązuj kontakty bezpośrednie. Bez względu na to, jaką metodą nawiązujesz kontakty, zmuszaj się do wykonywania codziennie do południa dziesięciu rozmów, aż wejdzie ci to w nawyk.

To ty kontrolujesz swoje życie w sprzedaży

Najważniejsze w układaniu planu działań jest to, abyś wiedział, że sam możesz *kontrolować* swoje czynności w procesie sprzedaży. To *nie ty* decydujesz o tym, kto dokładnie złoży zamówienie. Jednak możesz kontrolować *nakłady* – działania, które musisz podjąć, aby zrealizować sprzedaż. A kiedy kontrolujesz swoje działania, w sposób pośredni wpływasz także na swoje wyniki sprzedaży.

Niektóre dni i tygodnie będą lepsze od innych. Niekiedy uzyskasz wysoką sprzedaż, a kiedy indziej nie sprzedasz niczego. Będą okresy, w których sprzedasz niewiele. Będą też dni i tygodnie, w których zdołasz sprzedać dwa albo trzy razy tyle, ile prognozowałeś. Przez cały czas będzie obowiązywało prawo średniej. To nieuchronne. Jeśli będziesz wykonywał konieczną liczbę rozmów, w końcu zrealizujesz swój plan sprzedaży.

Rezultaty mogą cię zadziwić

Często jest tak, że kiedy przestawiasz się na tryb wyznaczania celów tygodniowych, miesięcznych i rocznych, a potem zabierasz się do systematycznej pracy nad nimi dzień po dniu, osiągasz je znacznie *szybciej*, niż się spodziewałeś. Wielu uczestników moich seminariów wyznaczyło roczne cele i zrealizowało je w sześć lub siedem miesięcy. Niektórzy wykonali plany na cały rok w zaledwie trzy miesiące.

Zacznij wyznaczać klarowne, precyzyjne cele w każdym obszarze swojego życia w sprzedaży, a będziesz zaskoczony rezultatami. Niektórzy z moich seminarzystów pracowali przez lata, sprzedając ten sam produkt na tym samym rynku, ale nigdy wcześniej nie wyznaczali celów. W pierwszym roku, na który założyli cele, ich sprzedaż gwałtownie wzrosła. Nagle zaczęli bić swoje rekordy sprzedaży, mimo że wciąż sprzedawali ten sam produkt z tego samego biura, tym samym ludziom, po tych samych cenach. Różnicę spowodowało wyznaczenie celów.

Połącz się ze swoją podświadomością

> Kiedy zaprogramujesz cel w podświadomości, on sam zacznie na siebie pracować.

Planowanie zmienia twoje wyniki. Powoduje to sama czynność zapisania czy też zaprogramowania celów w twojej podświadomości. Kiedy to zrobisz, cel sam zacznie na siebie pracować. Twoja podświadomość pracuje dwadzieścia cztery godziny na dobę, we śnie i na jawie. Prowadzi cię wprost do zaprogramowanych celów.

Podświadomość sygnalizuje ci szanse i możliwości dookoła. Podsuwa ci właściwe pomysły i słowa; czasami dzieje się to w samym środku rozmowy handlowej. Kiedy zaprogramujesz cel, będzie on nieustannie motywował cię do działań koniecznych dla jego osiągnięcia.

Czasami podświadomość pomaga ci odczytać wyraz twarzy potencjalnego klienta i daje ci lepsze wyczucie słów. Każdy z nas prowadził kiedyś prezentację handlową, podczas której czuł, że po prostu nie ma takiej możliwości, żeby popełnił błąd lub użył niewłaściwego słowa. Taka prezentacja handlowa idzie gładko od początku do końca i kończy się zamknięciem transakcji. Kiedy tak się dzieje, to zawsze dlatego, że twoja podświadomość jest doskonale zaprogramowana na to, by wskazywać ci najlepszą drogę do celu.

Właściwe słowa we właściwym czasie

Kiedy czujesz się ze sobą wspaniale, podświadomość podsuwa ci właściwe słowa we właściwym czasie. Uwrażliwia cię na fizyczne sygnały i werbalne wskazówki, a te naprowadzają cię na rzeczy, o których wcześniej nie myślałeś – na to, co z punktu widzenia klienta okazuje się dokładnie tym, co należy powiedzieć.

W którymś momencie wspomnisz, że twoja firma ma doskonałą reputację w obsłudze klienta i w usługach posprzedażowych. Później zorientujesz się, że właśnie o to klient troszczył się najbardziej i to właśnie powinien usłyszeć, żeby od ciebie kupić.

Jak wcześniej wspomniałem, przeciętny człowiek wykorzystuje tylko dziesięć procent swojego potencjału. Kiedy programujesz podświadomość przy pomocy jasnych celów, uzyskujesz dostęp do pozostałych dziewięćdziesięciu procent potencjału, ukrytych głęboko pod powierzchnią. Jeśli określisz dokładnie, ile chcesz zarabiać i jakie czynności musisz w tym celu podjąć, programujesz swoją podświadomość i nawiązujesz z nią stałe połączenie.

Wyznacz cele osobiste i rodzinne

Potrzebujesz również celów osobistych i rodzinnych, *dla których* robisz to, co robisz. To dla nich wstajesz rano i pracujesz przez cały dzień, stajesz twarzą w twarz z rozczarowaniami i trudnościami. Im bardziej klarowne masz cele rodzinne i osobiste, tym lepiej będziesz zmotywowany i tym szybciej będziesz podnosić się po chwilowych porażkach i odrzuceniu.

Wyobraź sobie, że możesz *podwoić* dochody w ciągu następnych dwóch albo trzech lat. Jeśli to zrobisz, to jakie rzeczy zmienisz w swoim życiu? Zrób listę tego, co *uzyskasz i zrobisz i co zmieni się w tobie*, jeśli będziesz zarabiał dużo więcej niż teraz. Im dłuższa będzie ta lista, tym większą będziesz miał motywację i determinację.

Rozpal płomień podtrzymujący pożądanie

Jeśli masz tylko jeden albo dwa powody, by osiągnąć sukces finansowy, przeszkody i trudności szybko cię zniechęcą. Jeśli masz dziesięć albo piętnaście powodów, twoja motywacja i determinacja będą o wiele większe. A jeśli masz od pięćdziesięciu do stu powodów podniesienia sprzedaży i dochodów, staniesz się praktycznie nie do powstrzymania.

Jak sądzisz, kto byłby *lepiej* zmotywowany do agresywnego sprzedawania produktu lub usługi? Ktoś, kto ma jeden albo dwa powody, by osiągnąć sukces, czy osoba mająca ponad pięćdziesiąt powodów? Im więcej masz powodów, tym intensywniejsze będzie twoje pożądanie. Są one jak skwierczące palenisko. Im bardziej czegoś chcesz, tym większą masz gwarancję, że zrobisz wszystko, co trzeba, aby to osiągnąć. Im więcej stworzysz powodów, tym więcej mocy znajdziesz w sobie w każdej sytuacji w sprzedaży.

Wyznacz sto celów

Oto zadanie dla ciebie. Weź kołonotatnik i spisz sto celów, które chciałbyś osiągnąć w następnych latach. Zrób listę wszystkiego, co chcesz w życiu mieć, i wszystkiego, co chciałbyś robić. Wyobraź sobie, że wszystko, co zapiszesz na tej liście, wydarzy się we właściwym czasie, we właściwy sposób. Musisz tylko spisać to tak, jakbyś składał zamówienie w wielkim kosmicznym supermarkecie bogactwa. Ilekroć pomyślisz o nowej rzeczy, którą chciałbyś mieć albo osiągnąć, dodaj ją do listy. Celów nigdy nie jest zbyt wiele.

Mój przyjaciel, który dopiero zaczynał karierę w sprzedaży, wykonał to ćwiczenie doskonale: spisał ponad trzysta pięćdziesiąt osobistych celów na kolejne lata. Ilekroć w gazecie czy w telewizji zobaczył coś, czego by chciał, zapisywał to w kołonotatniku. Co tydzień czytał i rewidował swoje cele oraz dodawał nowe.

Choć początki były trudne, mój przyjaciel po roku działania na konkurencyjnym rynku stał się jednym z najlepszych handlowców w branży. Ostatecznie pobił wszelkie rekordy sprzedaży ustalone przez poprzedników. Gazety nazwały go „supergwiazdą w sprzedaży".

Prywatnie powiedział mi, że do sukcesu doprowadziło go pisanie i rewidowanie celów – jego najważniejsze źródło motywacji i entuzjazmu. W końcu mój przyjaciel zaczął czuć, że nic nie jest w stanie go powstrzymać.

Pierwszy powód sukcesu

W wyniku pracy z ponad pięciuset tysiącami handlowców z całych Stanów Zjednoczonych i dwudziestu jeden krajów odkryłem, że zaangażowanie w wyznaczanie celów stało się pierwszym powodem osiągnięcia sukcesu przez najlepszych ludzi w sprzedaży. Wszystkich najlepiej opłacanych handlowców profesjonalistów w każdej branży cechuje nadzwyczajne zaangażowanie w wyznaczanie celów. Codziennie piszą oni i przepisują swoje cele. Nieustannie rozbudowują swoje listy. Łączą się ze swoją podświadomością i superświadomością i włączają je w proces tworzenia celów. Przyciągają do siebie ludzi, a nawet nieświadomie wywołują zbiegi okoliczności, które pomagają im w realizacji swych dążeń.

Zwizualizuj swoje cele tak, jakbyś już je osiągnął

Wizualizowanie połączone z wyznaczaniem celów jest być może najpotężniejszą umiejętnością, jaką możesz rozwinąć. Nie ma lepszej metody programowania podświadomości niż tworzenie w wyobraźni klarownego obrazu człowieka, którym chcesz być, i celów, które chcesz osiągnąć.

Moc wizualizowania jest największą siłą, jaką może mieć istota ludzka. Mówi się, że każdy postęp w życiu zaczyna się od doskonalenia obrazów mentalnych. Podczas wizualizacji widzisz siebie jako człowieka spokojnego, pewnego siebie i potężnego. Wyobrażaj sobie siebie jako kogoś, kto osiąga sukcesy i jest wpływowy, jako człowieka zdolnego i kompetentnego w każdym aspekcie sprzedaży, kogoś absolutnie doskonałego w poszukiwaniu potencjalnych klientów, w prezentacji handlowej i w zamykaniu sprzedaży.

Przed każdym spotkaniem z potencjalnym klientem wyobrażaj go sobie, jak w pozytywny sposób, z entuzjazmem reaguje na to, co mówisz i robisz. Oczami wyobraźni zobacz, jak się uśmiecha i z ożywieniem prowadzi z tobą rozmowę handlową, jak składa zamówienie i podpisuje fakturę. Będziesz zaskoczony, gdy zorientujesz się, jak często twoje wizualizacje stają się rzeczywistością, gdy spotykasz się z klientem.

Powiedz i zobacz

Twoja podświadomość uruchamia zarówno obrazy, jak i silne pozytywne deklaracje słowne. Ilekroć z naciskiem coś sobie mówisz, podświadomość przyjmuje to jako komendę, a później pracuje nad jej wykonaniem.

Najlepsza z możliwych pozytywnych deklaracji to: „Lubię siebie! Lubię siebie! Lubię siebie!". Jak już powiedziałem, za każdym razem, kiedy mówisz „Lubię siebie!", podnosisz swoją samoocenę, poprawiasz ogólną koncepcję siebie i podwyższasz swoją skuteczność we wszystkim, co robisz, a zwłaszcza w sprzedaży.

Kiedy z przekonaniem i entuzjazmem powtarzasz deklarację jako komendę dla podświadomości, uaktywniasz wszystkie swoje możliwości umysłowe. Podnosisz swój poziom energii. Czujesz się lepiej i stajesz się większym entuzjastą. Przejmujesz pełną kontrolę nad swoim umysłem i emocjami.

Powiedz sobie: „Czuję się szczęśliwy. Czuję się zdrowy. Czuję się wspaniale!". Powtarzaj to codziennie raz za razem. Ilekroć wypowiesz te słowa, będziesz czuł się bardziej szczęśliwy i bardziej pewny siebie. Potem z o b a c z siebie takim, jakbyś już czuł się lepiej.

Od dołu do góry

Podczas jednego z ostatnich seminariów kierowniczka sprzedaży podzieliła się ze mną pewną historią. Powiedziała, że jej firma przyjęła młodego handlowca z niewielkim doświadczeniem. Rekrutujący nie byli pewni, czy nowy człowiek odniesie sukces, ale postanowili dać mu szansę. Po sześciu miesiącach okazał się on najlepszym handlowcem we wszystkich oddziałach firmy w całym kraju. Kierownictwo zaprosiło go na rozmowę i spytało, dlaczego już wcześniej uważał się za dobrego, mimo że nigdy wcześniej nie pracował w tej branży. Nowy handlowiec bił na głowę profesjonalistów, którzy mieli dziesięcio- i piętnastoletnie doświadczenie w branży.

Jego sekret? Ten człowiek c o d z i e n n i e stosował pozytywne deklaracje i dokonywał wizualizacji. Powiedział:

– Codziennie rano kiedy wsiadam do samochodu, powtarzam sobie: „Jestem najlepszy! Jestem najlepszy! Jestem najlepszy!". A potem powtarzam: „Jestem najlepszym handlowcem w tej firmie. Jestem najlepszym handlowcem w tej firmie. Jestem najlepszym handlowcem w tej firmie". A przed każdą sprzedażą siedzę w samochodzie i podpompowuję się, mówiąc: „Jestem najlepszy w tej firmie. Jestem najlepszy w tej branży. Jestem najlepszy w tym kraju".

Stwórz mentalny obraz

Inspirujący handlowiec kontynuował wyjaśnienia. Powiedział, że kiedy powtarza sobie pozytywne deklaracje, jednocześnie tworzy w wyobraźni obraz siebie sprzedającego i rozmawiającego z klientem tak, jakby był najlepszym handlowcem w kraju, widzi, jak potencjalny klient reaguje na niego pozytywnie i z przekonaniem, podczas gdy on sam jest zrelaksowany, uśmiechnięty i zadowolony z tego, że wcześniej przewidział przebieg spotkania.

Ilekroć jechał na spotkanie z klientem, promieniował pewnością siebie. Był ciepły, przyjazny, pełen kurtuazji i wzbudzał szacunek. Szybko nawiązywał dobry kontakt z klientem i ze wszystkimi, których widział w jego firmie. W zamian dostawał rekordowe zamówienia.

Dobieraj słowa i obrazy

Oto interesujące odkrycie. K a ż d y z nas codziennie w pracy nieustannie wizualizuje siebie i mówi do siebie. Różnica pomiędzy handlowcami najlepszymi i przeciętnymi tkwi w t r e ś c i wewnętrznych dialogów i mentalnych obrazów jednych i drugich handlowców. Najlepsi myślą i mówią o swoich najlepszych doświadczeniach w sprzedaży. Później wyobrażają sobie, że powtarzają te d o s k o n a ł e doświadczenia w następnych rozmowach handlowych.

Handlowcy przeciętni także powtarzają deklaracje i tworzą obrazy. Niestety, myślą o swoich najświeższych n e g a t y w n y c h doświadczeniach. Myślą o tym, ile czasu i energii stracili na ludzi, którzy nie kupili. Myślą o klientach, którzy byli nieuprzejmi lub obojętni. Myślą o swoich ostatnich rozczarowaniach.

W każdym przypadku handlowiec, który wizualizuje i powtarza deklaracje, psychicznie nastawia się na p o w t a r z a n i e poprzednich doświadczeń. Kiedy tworzysz pozytywny, ekscytujący obraz swoich najlepszych doświadczeń handlowych, twoja podświadomość odtwarza to doświadczenie i przy następnej rozmowie handlowej rzuca je jak obraz na ekran. Z tym jasnym obrazem twoja podświadomość koordynuje twoje myśli, uczucia i działania tak, że robisz i mówisz to samo co wcześniej, kiedy odnosiłeś sukces.

To ty kontrolujesz swoją podświadomość

Twoja podświadomość jest neutralna. Przypomina glinę. Możesz kształtować ją tak, jak chcesz. Nie myśli i nie podejmuje decyzji. Jedynie p o d p o r z ą d k o w u j e s i ę twoim mentalnym komendom.

Kiedy przejmiesz pełną kontrolę nad swoją świadomością i zdyscyplinujesz się do myślenia i mówienia tylko o tym, czego chcesz, wyślesz podświadomości czytelne rozkazy, żeby podsuwała ci myśli, słowa i działania, które przyniosą ci sukces.

Handlowcy Kolumbowie

Często nazywamy handlowców „Kolumbami". Krzysztof Kolumb, kiedy wyruszał w rejs do Indii, nie wiedział, dokąd z m i e r z a. A po przybyciu do Ameryki nie wiedział, gdzie j e s t. Gdy wrócił do Hiszpanii, nie wiedział, gdzie b y ł.

Podobnie jest z wieloma handlowcami. Kiedy wyruszają rano w podróż, mają mgliste wyobrażenie tego, dokąd zmierzają. Zjawiają się w domach i miejscach pracy klientów i mówią cokolwiek, co przychodzi im do głowy. A po powrocie do biura nie są pewni tego, gdzie byli i co się wydarzyło.

Planuj z góry rozmowy z klientami

Najlepsi handlowcy działają inaczej. Myślą z wyprzedzeniem o tym, co powiedzieć klientowi. Układają sobie w głowie przebieg rozmowy, zanim spotkają się twarzą w twarz z potencjalnym klientem. Ćwiczą w myślach swoją rolę – przygotowują się psychicznie na zbliżające się spotkanie. To technika treningu mentalnego stosowana przez wszystkich najlepszych sportowców oraz handlowców, którzy przyjmują podejście sportowców.

Jeśli jesteś sportowcem i przygotowujesz się do zawodów, nawet nie przychodzi ci do głowy, że możesz ot tak po prostu wejść na boisko czy na kort i wziąć udział w zawodach. Zawodowy sportowiec zawsze rozgrzewa się przed rozpoczęciem walki. Na podobnej zasadzie handlowcy profesjonaliści rozgrzewają się, ćwicząc w myślach tak, żeby dać pokaz na najwyższym poziomie, kiedy spotkają się z klientem.

Dwie metody wizualizacji

Istnieją dwie metody wizualizacji, które możesz wykorzystać podczas ćwiczenia w myślach przed spotkaniem handlowym. Pierwsza to metoda b e z p o ś r e d n i a, w której widzisz klienta i rozmowę handlową swoimi własnymi oczami. Obserwujesz, jak klient się uśmiecha i pozytywnie na ciebie reaguje. Wyobrażasz sobie, jak klient zgadza się z tobą i z entuzjazmem odnosi się do twojej firmy oraz twojej prezentacji. To bardzo skuteczne.

Druga metoda wizualizacji jest metodą p o ś r e d n i ą. W tej metodzie występujesz ze swojego ciała i obserwujesz rozmowę handlową, w tym siebie i klienta, dokładnie tak, jakbyś był postronnym obserwatorem. Kiedy zaczniesz stosować obie metody na przemian i widzieć siebie z perspektywy twojej i postronnego obserwatora, jakość twoich prezentacji handlowych bardzo się poprawi, podobnie jak twoje wyniki.

Postrzegaj siebie jako kogoś najlepszego

Nieustannie wyobrażaj sobie siebie jako kogoś najlepszego w twoim obszarze. Postrzegaj siebie jako jednego z najlepiej zarabiających ludzi w branży. Stwórz model siebie na wzór najlepiej opłacanych ludzi w tym, czym się zajmujesz. Chodź, mów i traktuj innych tak, jakbyś już był supergwiazdą w sprzedaży.

Kiedy zobaczysz, że ktoś jeździ nowym samochodem albo że nosi drogie ubranie i kosztowny zegarek, powiedz sobie: „To dla mnie!".

Jeśli ktoś coś osiągnął, to znaczy, że możesz powtórzyć ten sukces. Czy powtórzysz? To kwestia twojej decyzji. Nic cię nie ogranicza.

Działania do przećwiczenia

1. Myśl jak człowiek wielkiego formatu! Wyznacz swój cel dochodów na następny rok. Niech ten cel będzie wyższy o 25–50 procent od tego, co osiągnąłeś w swoim najlepszym roku do tej pory.
2. Określ, ile produktów lub usług będziesz musiał sprzedać w następnym roku, aby osiągnąć swój idealny poziom dochodów.
3. Rozbij swoje cele dochodu i sprzedaży na miesiące, tygodnie i dni; określ, jakie czynności będziesz musiał codziennie wykonywać, aby zarabiać pieniądze, do jakich postanowiłeś dążyć.

4. Planuj z góry każdy swój dzień; określ dokładnie, do ilu potencjalnych klientów musisz zadzwonić, z iloma musisz się spotkać i ile transakcji musisz zamknąć.
5. Stawiaj sobie wielkie, inspirujące cele w życiu rodzinnym i osobistym; zrób listę od pięćdziesięciu do stu rzeczy, które chcesz kupić i zrobić za dodatkowe pieniądze.
6. Napisz plan osiągania każdego z twoich celów i codziennie ten plan ulepszaj.
7. Określ, jaką cenę będziesz musiał zapłacić – chodzi o dodatkową pracę i poświęcenie – aby osiągnąć swoje najbardziej pożądane cele. A potem zacznij płacić tę cenę.

Ty też możesz określić, czego chcesz. Możesz wyznaczyć sobie główne cele i miejsca przeznaczenia.

– W. Clement Stone

ROZDZIAŁ 3
Dlaczego ludzie kupują?

Człowieka nie możesz niczego nauczyć; możesz jedynie pomóc mu odkryć to w nim samym.
– Galileo Galilei

Jest wiele różnych przyczyn, dla których ktoś może kupić twój produkt lub usługę. Jednak musisz zrozumieć i uszanować to, że ludzie kupują, ponieważ mają ku temu s w o j e w ł a s n e – a nie twoje – powody. Handlowcy amatorzy popełniają jeden z największych błędów, jakie można popełnić w sprzedaży: podsuwają klientom swoje osobiste powody do zakupu, a nie uwzględniają tych, którymi kierują się klienci.

Do najważniejszych rzeczy w sprzedaży należy twoja zdolność dokładnego rozpoznawania potrzeb klienta – coś, bez czego transakcja nie dochodzi do skutku. Musisz poświęcić tyle czasu, ile trzeba, i zadać możliwie najwięcej pytań, aby dowiedzieć się, dlaczego potencjalny klient, z którym rozmawiasz, potrzebuje w danym czasie twojego produktu lub usługi. Jeśli nie zdołasz dokładnie ocenić potrzeb potencjalnego klienta, cały proces sprzedaży stanie w miejscu.

Motywacja podstawowa

Fundamentalna zasada jest taka, że każde ludzkie działanie zmierza do u d o s k o n a l e n i a czegoś. Ludzie kupują produkty i usługi, ponieważ czują, że w efekcie tego będzie im lepiej. Tobie chodzi o to, aby klienci, kupując twój produkt lub usługę, czuli się lepiej, niż czuliby się, gdyby kupowali i n n e produkty czy usługi, i lepiej, niż gdyby nie kupowali ich wcale.

Każdy klient przy rozważaniu oferty sprzedaży ma trzy opcje: kupić od ciebie, kupić od kogoś innego albo nie kupić niczego. Twoje zadanie jest następujące: musisz przekonać klienta, że potrzebuje twojego produktu lub usługi na tyle, by zwalczyć w sobie opór przed kupowaniem i nie opóźniać transakcji.

Co więcej, klient musi czuć się znacznie lepiej z twoim produktem lub usługą niż bez nich. To nie może być jedynie niewielka poprawa. Twój produkt lub usługa musi poprawiać życie lub pracę klienta na tyle, aby uzasadniało to cenę, jakiej żądasz. Oczywiście w cenę sprzedaży powinny być wliczone czas i energia, które zainwestujesz w sprzedaż.

Największa wartość

Ludzie cenią wolność niemal ponad wszystkie inne zalety naszego ustroju społecznego. Im więcej mają pieniędzy, tym bardziej są wolni. Pieniądze dają im możliwość wyboru. Mogą robić wiele różnych rzeczy. Dążenie do wolności jest najczęstszym powodem, dla którego ludzie wahają się, gdy mają rozstać się z pieniędzmi, bez względu na to, jakie korzyści daje im produkt lub usługa.

Kiedy klient kupuje od ciebie, rezygnuje z wolności, jaką miał przed przekazaniem ci pieniędzy. Kiedy kupuje od ciebie produkt, który nie daje satysfakcji, rozstaje się z pieniędzmi i zostaje z produktem. Każdy potencjalny klient nieraz tego doświadczył, dlatego waha się przy zakupie.

Im więcej, tym lepiej

Ekonomiści mówią o „jednostkach satysfakcji". Utrzymują, że poszczególne działania mogą dawać ludziom różny stopień satysfakcji. Potencjalny klient przy podejmowaniu decyzji o zakupie chce uzyskać jak najwięcej jednostek satysfakcji. Chce czuć się lepiej fizycznie, emocjonalnie, a nawet duchowo. Chce, by jego potrzeby były zaspokajane na wiele różnych sposobów.

Im więcej różnych potrzeb zaspokaja twój produkt lub usługa, tym łatwiej jest klientowi podjąć decyzję na „tak".

Wartość emocjonalna

Różnych ludzi motywują do zakupów różne rzeczy. Jednymi z najważniejszych obszarów w psychologii sprzedaży są wartości mentalne i wartości emocjonalne. Są to wartości niewidoczne i niematerialne, które w percepcji klienta powiększają wartość produktu lub usługi.

Handlowcy często próbują przekonywać klientów poprzez zapewnianie ich, że oferują produkt lub usługę po najlepszej cenie na rynku.

Jednak klienci często troszczą się nie tyle o cenę, ile o nazwę bądź reputację firmy sprzedającej produkt i woleliby kupić coś, co jest bardziej znane, nawet gdyby miało ich to więcej kosztować.

Jeśli dla potencjalnego klienta najbardziej liczy się nazwa i reputacja, to handlowiec podkreślający niską cenę nieznanego produktu lub usługi nie zwiększa swoich szans na zawarcie transakcji, ale je zmniejsza.

Jak czują się inni?

Ludzie są wrażliwi na opinie innych, w środowisku pracy i w domu. Ilekroć rozważamy zakup czegoś, myślimy o tym, jak inni ludzie zachowaliby się w naszej sytuacji. Nikt nie chce być krytykowany. Jeśli istnieje ryzyko, że potencjalny klient zostanie za swoją decyzję skrytykowany przez szefa czy współmałżonka, to zrezygnuje z transakcji.

Cena i jakość

Ludzie w większości powtarzają słowa „cena" i „jakość" tak, jakby były one powodem kupna. Na dzisiejszym konkurencyjnym rynku zakłada się z góry, że twój produkt jest wyceniony odpowiednio i ma wysoką jakość – inaczej nie byłby wystarczająco dostępny. Dlatego gdy mówisz potencjalnemu klientowi, że powinien kupić twój produkt ze względu na „cenę i jakość", to jest tak, jakbyś mówił mu, że powinien dokonać zakupu, ponieważ zapewniasz dostawę tego produktu. To nie są żadne powody do kupowania.

Rozpoznawanie potrzeb

Profesjonalna sprzedaż zaczyna się od analizy potrzeb. Nie jesteś w stanie sprzedać, dopóki nie zadasz wystarczającej ilości pytań i nie wysłuchasz wystarczającej ilości odpowiedzi. Dopiero wtedy zrozumiesz, jaką palącą potrzebę rozmówcy twój produkt lub usługa mogą zaspokoić.

Kiedy rozpoznasz najważniejsze potrzeby i chęci klienta, będziesz mógł ułożyć prezentację handlową tak, by przekonująco demonstrowała, że klient poprzez zakup je zaspokoi.

Różnica pomiędzy „robić" i „być"

Być może najważniejsza różnica w analizie potrzeb istnieje pomiędzy tym, czym twój produkt jest, i tym, co robi. Handlowcy zbyt często koncentrują się na tym, czym ich produkt jest – jak jest zrobiony i jakie ma szczegółowe właściwości dzięki zastosowaniu takiego, a nie innego wzornictwa oraz określonej metody produkcji. I kiedy spotykają się z potencjalnym klientem, mówią głównie o tych rzeczach.

Klienta nie obchodzi, czym jest twój produkt. On dba tylko o to, co twój produkt albo usługa dla niego robi. Klient w każdej chwili, kiedy z nim rozmawiasz, szuka odpowiedzi na pytanie: „Co w tym jest dla mnie?".

Oto prosty sposób, aby określić, co twój produkt robi dla klienta. Wyobraź sobie rurociąg. Na jednym końcu rurociągu jesteś ty ze swoim produktem w chwili, gdy oddajesz go klientowi do użytku. Na drugim końcu rurociągu jest wiadro. Twój produkt po przebyciu rurociągu wpada do tego wiadra i tym samym ulepsza klientowi życie bądź pracę. Twoim zadaniem jest wyraźnie powiedzieć, co wpada klientowi do wiadra w rezultacie tego, że od ciebie kupuje.

Klienta nie obchodzi, czym jest twój produkt. On dba tylko o to, co twój produkt albo usługa dla niego robi.

Powody emocjonalne a powody praktyczne

Niektórzy ludzie, kiedy sprzedają polisy ubezpieczeniowe na życie, podkreślają, że klient może sobie na nie pozwolić bardziej niż na polisy konkurentów. Mówią, że ich polisy oferuje duża firma o dobrej reputacji, że łatwo jest regulować miesięczne płatności i że ubezpieczenie na życie jest ważną częścią planów finansowych klienta. Te wszystkie elementy są ważne, ale nie są to powody, dla których ludzie je kupują. Robią to po prostu dlatego, żeby mieć spokojną głowę.

Jeden z najlepszych agentów ubezpieczeniowych w USA powiedział mi, że kiedy rozmawia z nowym potencjalnym klientem, zadaje mu bardzo proste pytanie: „Czy czuje się pan odpowiedzialny za zabezpieczenie swojej rodziny na wypadek, gdyby miało się panu przydarzyć coś złego?".

Jeśli rozmówca bez wahania odpowiada „tak", agent nie traci czasu na przekonywanie go o tym, jak ważne jest ubezpieczenie na życie. Już wcześniej bowiem odkrył, że ten, kto nie charakteryzuje się wysokim poczuciem odpowiedzialności za bliskich, niechętnie wykupuje ubezpieczenie dla rodziny na okoliczność nieszczęśliwego zdarzenia losowego.

Możesz zadać wiele pytań, które pomogą ci określić, czy emocjonalna potrzeba zaspokajana przez twój produkt jest dla klienta na tyle ważna, aby zdecydował się na zakup (o ile potrafisz przekonać rozmówcę, że jego potrzeba zostanie zaspokojona). To, czy właściwie rozpoznasz potrzeby potencjalnego klienta, często zależy od tego, jak dobierzesz pytania.

Dwa najważniejsze motywatory

Dwa najważniejsze powody, dla których ludzie kupują albo nie kupują, to odpowiednio: żądza zysku i strach przed utratą. Jeśli chodzi o poprawę jakichś warunków, lepsza jest oczywiście żądza zysku. Twoim pierwszym zadaniem jest pomóc klientowi zrozumieć, o ile lepsze stałoby się jego życie prywatne lub zawodowe, gdyby znalazło się w nim miejsce na twój produkt.

Drugi motywator to strach przed utratą. Jak powiedzieliśmy wcześniej, potencjalni klienci boją się podejmowania decyzji o zakupie oraz tego, że zostaną z produktem, którego nie chcą, nie potrzebują, nie potrafią używać i na który nie mogą sobie pozwolić. Ponieważ to przydarzyło im się w przeszłości, i to nieraz, są ostrożni i podejrzewają, że to może się powtórzyć.

Oto interesujące odkrycie. Żądza zysku ma siłę motywacyjną równą 1,0. Jednak strach przed utratą ma ujemną siłę motywacyjną równą 2,5. Inaczej mówiąc, strach przed utratą jest dwa i pół razy silniejszy niż żądza zysku. Dlatego ludzie są o wiele lepiej zmotywowani do zakupu, jeśli ich motywacja nie ogranicza się do oczekiwanych korzyści w razie, gdy k u p i ą. Motywacja do zakupu jest o wiele silniejsza, gdy potencjalny klient oprócz korzyści z zakupu czuje, że może stracić, jeśli n i e kupi.

Zademonstruj jedno i drugie

Oczywiście najlepsze prezentacje handlowe to te, które pokazują klientowi obie strony: to, jak bardzo poprawi się jego sytuacja po zakupie, i to, jak bardzo pogorszy się jego sytuacja, jeśli z niego zrezygnuje.

Jeśli na przykład sprzedajesz samochód, możesz zademonstrować, jaki jest wspaniały i piękny i jak świetnie się go prowadzi. Jeśli rozmówcy samochód się spodoba, lecz mimo to będzie się wahał, możesz powiedzieć, że drugiego takiego egzemplarza nie będziesz miał w ofercie przez następne dwa miesiące albo że po raz ostatni oferujesz ten samochód po tak niskiej cenie. Wobec takiej informacji niezdecydowany potencjalny klient często podejmuje natychmiastową decyzję o zakupie – orientuje się, że nie będzie mógł kupić produktu po dotychczasowej cenie albo w ogóle straci możliwość jego nabycia.

Czy jesteś wiarygodny?

W i a r y g o d n o ś ć jest być może najważniejszą rzeczą, jakiej wymaga się od prezentacji handlowej. Klient może być sceptyczny bez względu na to, jak bardzo będziesz przekonany, że twój produkt lub usługa zrobi to, co obiecujesz. Twoim zadaniem jest podwyższenie wiarygodności do punktu, w którym klient nie będzie miał oporów przed zakupem.

Wyobraź sobie tylko: gdyby potencjalny klient był w pełni przekonany, że bardzo dobrze wyjdzie na zakupie tego, co mu oferujesz, i że przy zachwalaniu produktu jesteś w stu procentach szczery, praktycznie nic nie byłoby w stanie powstrzymać go przed zakupem. Podwyższenie wiarygodności do takiego punktu jest twoim najważniejszym zadaniem w procesie sprzedaży. A to wymaga, abyś precyzyjnie rozpoznał potrzeby klienta.

Odwoływanie się do potrzeb klienta

Każdy klient ma określone ludzkie potrzeby, które motywują go do działania, w tym do zakupu. Musisz rozpoznawać u każdego klienta najważniejsze potrzeby, które twój produkt lub usługa może zaspokoić. Musisz umieć przekonać rozmówcę, że twój produkt lub usługa spełni jego konkretną potrzebę lepiej niż cokolwiek innego, co jest dostępne na rynku w danym czasie po danej cenie.

1. Pieniądze

Każdy chce mieć pieniądze. To podstawowa potrzeba. „Pieniądze rządzą światem". Jeśli potrafisz powiązać twój produkt lub usługę z zarobieniem lub zaoszczędzeniem dla klienta pieniędzy, przykujesz jego uwagę.

2. Bezpieczeństwo

Każdy ma fundamentalną potrzebę bezpieczeństwa. Ludzie w większości czują, że gdyby mieli wystarczająco dużo pieniędzy, byliby całkowicie bezpieczni. O ile pieniądze są twarde i zimne, potrzeba bezpieczeństwa jest ciepła i osobista.

Badanie przeprowadzone na Uniwersytecie Chicago wykazało, że ludzie kupują, ponieważ w ten czy inny sposób przewidują uczucie, którego doświadczą, kiedy będą posiadać to, co się im oferuje, i kiedy będą z tego korzystać. Jeśli chcesz zamknąć sprzedaż, musisz pociągnąć za ten „sznurek" – wyzwolić emocjonalne wyobrażenie tego, czego klient doświadczy po zakupie. Klient często z radością kupuje to, co oferujesz, nie ze względu na cechy produktu ani na płynące z niego korzyści, ale ze względu na wyobrażenie przyjemności i poczucia spełnienia.

Poczucie bezpieczeństwa – finansowego, emocjonalnego czy fizycznego, dla nas samych i dla naszych rodzin – jest potrzebą tak głęboką i silną, że kiedy ją poruszysz w rozmowie, prawie na pewno zainteresujesz potencjalnego klienta. Nikt nigdy nie czuje, że ma za mało wolności. Z bezpieczeństwem jest podobnie – bardzo niewielu ludzi czuje się nazbyt bezpiecznie. Zawsze chcemy więcej.

Produkty i usługi dające bezpieczeństwo

Obecnie trwa boom na wszelkiego rodzaju usługi, sprzęt i oprogramowanie zapewniające bezpieczeństwo komputerów i serwerów w Internecie. Systemy zabezpieczania domów to rynek wart miliardy. Różne rodzaje ubezpieczeń na okoliczność nieszczęśliwych wypadków bądź nieoczekiwanego spadku przychodów sprzedają się w miliardach dolarów rocznie. Jeśli tylko możesz pokazać klientowi, że jeżeli będzie posiadał twój produkt lub korzystał z twojej usługi, będzie mógł czuć się bezpieczniej, wzbudzisz w nim żądzę zakupu.

3. Bycie lubianym

Każdy chce być lubiany przez innych. Chcemy być akceptowani i szanowani przez ludzi dookoła. Pragniemy być podziwiani przez przyjaciół, sąsiadów i znajomych. To zaspokaja naszą głęboko zakorzenioną potrzebę przynależności i daje nam poczucie, że jesteśmy bardziej wartościowi.

Jak twój produkt lub usługa sprawia, że klient staje się bardziej lubiany i szanowany?

4. Status i prestiż

Status i osobisty prestiż jest jednym z najsilniejszych ludzkich motywatorów. Chcemy czuć się ważni i wartościowi. Chcemy, aby tak nas odbierano. Chcemy, aby ludzie nas podziwiali i chwalili nasz stan posiadania oraz nasze osiągnięcia.

Jeśli płacisz za zegarek dwieście dolarów, kupujesz chronometr – coś, co mówi ci, która jest godzina. Jeśli płacisz za zegarek więcej, kupujesz biżuterię. Nabywasz coś, co wyróżnia cię spośród tłumu i subtelnie sygnalizuje innym, że jesteś człowiekiem sukcesu.

Być może najgłębiej zakorzenioną ze w s z y s t k i c h potrzeb jest potrzeba bycia ważnym, docenianym i wartościowym, zarówno w oczach własnych, jak i w oczach innych ludzi. Jeśli kładziesz w swojej ofercie nacisk na status, szacunek i prestiż w oczach innych, dotykasz fundamentalnej ludzkiej potrzeby, która może stać się powodem pożądania twojego produktu lub usługi.

Emocje zakłócają zdolność oceny

Kiedy odwołasz się do podstawowych emocji, możesz spowodować żądzę zakupu tak silną, że cena stanie się sprawą drugorzędną, a może nawet nieistotną.

Przykład? Udowodniono, że niektórzy mężczyźni kierujący się romantycznymi pobudkami tracą niemal całkowicie zdolność racjonalnego wydawania pieniędzy. Dlatego kupują swojej wybrance drogą biżuterię, perfumy, podarunki, bukiety kwiatów i wiele innych bardziej kosztownych przedmiotów – są pod wpływem silnych emocji: miłości i pożądania.

5. Zdrowie i fitness

Każdy chce żyć długo i cieszyć się dobrym zdrowiem. Ekonomiści szacują, że produkty zdrowotne, takie jak witaminowe czy mineralne suplementy diety oraz sprzęt treningowy będą następną branżą wartą biliony dolarów. Wszyscy chcemy być zdrowi, szczupli i sprawni fizycznie. Chcemy być pełni energii. Tego samego chcemy dla naszych rodzin. Dlatego przyciągają nas produkty i usługi, które wyszczuplają, dodają witalności i pozwalają nam zachować szczytową formę. Jeśli twój produkt lub usługa może stosunkowo niewielkim kosztem poprawić fizyczną jakość życia potencjalnego klienta, ludzie przemęczeni, z nadwagą i cierpiący na bóle będą bardzo chcieli z tobą rozmawiać.

6. Pochwały i uznanie

Ważną potrzebą nas wszystkich jest to, aby inni uznawali nasze osiągnięcia. Jak powiedział Abraham Lincoln: „Każdy lubi komplementy". Zgodnie z jedną z definicji, samoocena to „stopień, w jakim człowiek czuje się doceniany". Dlatego ilekroć ktoś otrzymuje pochwałę za jakieś osiągnięcie, mniejsze lub większe, czuje się ze sobą lepiej i jest szczęśliwszy.

> Kiedy przekonasz potencjalnego klienta, że twój produkt lub usługa zapewnią mu większe uznanie, jego opór przed zapłaceniem określonej kwoty znacznie się osłabi.

Jeśli możesz kierować swoją ofertę tak, by klient czuł, że jeżeli skorzysta z twojego produktu lub usługi, to zdobędzie większe uznanie i wyższy status w oczach innych, wzbudzisz pożądanie zakupu. Chęć bycia chwalonym wiąże się z najgłębszą ludzką potrzebą, jaką jest podnoszenie samooceny. Dlatego kiedy przekonasz potencjalnego klienta, że twój produkt lub usługa zapewnią mu większe uznanie, jego opór przed zapłaceniem określonej kwoty znacznie się osłabi.

7. Siła, wpływy i popularność

Ludzie chcą mieć władzę i być wpływowi. Kupują te produkty i usługi, które dają im więcej jednego i drugiego. Chcą być popularni i lubiani przez innych. Jeśli twój produkt albo usługa oferuje klientowi większe wpływy i większą popularność, wzbudza żądzę zakupu.

8. Wyznaczanie trendów

Chcemy, aby inni uznawali nas za ludzi idących z prądem. To kolejna z naszych najgłębszych potrzeb. Lubimy być postrzegani jako ludzie współcześni i nadążający za zmianami. Chcemy być liderami, którzy wyznaczają trendy wśród współpracowników i znajomych.

Wielu ludzi kupi twój produkt albo usługę po prostu dlatego, że jest to najnowsza oferta na rynku. Ci ludzie chcą wyprzedzać tłum. Chcą być pierwszymi, którzy to kupią i posiądą. W terminologii segmentacji rynku klienci należący do tej grupy są nazywani „wczesnymi użytkownikami". Reprezentują 5–10 procent rynku. Jeśli produkt lub usługa są nowe i inne niż dotychczasowe, ci klienci nie potrzebują innych powodów, aby je kupić.

Powiedz zainteresowanemu potencjalnemu klientowi: „Będziesz pierwszą osobą w branży posiadającą ten produkt" albo: „Będziesz pierwszym człowiekiem w okolicy mającym jedno z tych...", a wzbudzisz u wczesnego użytkownika natychmiastową żądzę zakupu.

9. Miłość i potrzeby towarzyskie

Dziś miliony ludzi korzystają z internetowych serwisów randkowych stworzonych po to, by kojarzyć osoby o podobnych profilach. Usługi te są popularne, ponieważ ludzie łakną towarzystwa i dobrych relacji z innymi. Wielu z nas zapisuje się do klubów i stowarzyszeń, aby poznawać nowych ludzi, zwłaszcza osoby przeciwnej płci. Potrzeba miłości i bycia w towarzystwie jest potężnym motywatorem podejmowania działań zbliżających nas do innych ludzi. Jeśli możesz zaprezentować swój produkt lub usługę jako coś, co podniesie atrakcyjność potencjalnego klienta i sprawi, że ludzie będą chcieli być bliżej niego, natychmiast wzbudzisz w nim chęć zakupu.

10. Rozwój osobisty

Jedną z największych potrzeb w dwudziestym pierwszym wieku jest chęć zdobywania dodatkowej wiedzy i umiejętności. Ludzie chcą czuć się kompetentni. Chcą opanowywać nowe umiejętności i być najlepsi w tym, co robią w pracy. Chcą szybciej iść naprzód, być doskonali i wyprzedzać konkurentów, zarówno w biznesie, jak i w innych obszarach życia.

Wiele produktów odwołuje się do potrzeby lepszego rozumienia siebie i potrzeby samorealizacji. To dlatego, że dążenie do autoekspresji i osobistego spełnienia jest w nas głęboko zakorzenione. Ludzie chcą czuć, że stają się *wszystkim, czym tylko mogą się stać*. Chęć kupienia wywołujesz także wtedy, gdy promujesz swój produkt lub usługę jako coś, co może pomóc ludziom wspiąć się wyżej po drabinie osobistego sukcesu i samorealizacji.

11. Osobista metamorfoza

Być może potrzebą najbardziej abstrakcyjną, za której zaspokojenie ludzie płacą najwięcej, jest potrzeba *osobistej metamorfozy*. Jeśli potencjalny klient czuje, że twój produkt albo usługa wyniesie go na nowy, wyższy poziom życia bądź pracy i w jakiś sposób uczyni go inną osobą, jest w stanie wydać nieograniczoną kwotę.

Nie tak dawno temu rozmawiałem z wiceprezesem firmy produkcyjnej ze Środkowego Wschodu USA. To zapalony golfista. Stara się grać w golfa co najmniej dwa razy w tygodniu, w wakacje nawet pięć albo sześć razy tygodniowo, czasami po dwie rundy dziennie. Powiedział mi: „Zapłaciłbym pięćdziesiąt tysięcy dolarów *gotówką*, gdybym tylko znalazł profesjonalistę, który by mi pokazał, jak trwale ograniczyć liczbę punktów o dwa dołki". Osobista metamorfoza przez opanowanie nowych umiejętności w ważnym dla niego obszarze była dla niego warta pięćdziesiąt tysięcy dolarów!

Czasami ludzie płacą ciężkie pieniądze za chirurgię plastyczną, aby poprawić swój wygląd, albo za wakacje w SPA, gdzie mogą stracić na wadze i stać się bardziej sprawni fizycznie.

Osobista metamorfoza ma charakter czysto emocjonalny. Chęć stania się lepszym niż kiedykolwiek wcześniej to powszechna potrzeba i silny motywator do kupowania. Jeśli możesz przedstawić swój produkt lub usługę jako coś, co trwale zmienia życie osobiste albo zawodowe klienta, będziesz zamykał transakcje szybciej i łatwiej.

Decyzje zakupowe są emocjonalne

Wszystkie decyzje zakupowe są emocjonalne. Tak naprawdę we wszystkim, co robisz, kierujesz się w stu procentach emocjami. Zasadą jest, że ludzie podejmują decyzje emocjonalnie, a dopiero potem logicznie je uzasadniają. Używasz logiki do tego, by usprawiedliwić i uzasadnić decyzję w sytuacji, w której już ją podjąłeś. Kiedy mówisz, że zamierzasz coś zrobić, ponieważ to jest „logiczne", komunikujesz tylko tyle, że emocjonalnie zaangażowałeś się w dane działanie bardziej niż w jakieś inne.

Ludzie odczuwają szeroki wachlarz emocji. Jednak odkryto, że o podejmowanych decyzjach i działaniach decydują te emocje, które w danym momencie są najsilniejsze. Weźmy taką sytuację. Potencjalny klient pożąda poprawy, jaką oferuje twój produkt albo usługa, jednak jego strach przed porażką bądź popełnieniem błędu jest silniejszy niż potrzeba zysku. W takim wypadku potencjalny klient zrezygnuje z transakcji. Emocje słabsze zawsze są zwalczane przez emocje silniejsze.

> Ludzie podejmują decyzje emocjonalnie, a dopiero potem logicznie je uzasadniają.

Wzmagaj żądzę zakupu

Jest tylko jeden sposób, aby pokonać negatywne emocje klienta – strach przed utratą pieniędzy – które blokują transakcję. Musisz wzmagać pozytywne emocje rozmówcy – żądzę uzyskania korzyści – które przyspieszają transakcję. Wszystko, co mówisz i robisz, a co intensyfikuje żądzę zakupu, zbliża cię do sprzedaży. Z drugiej strony, do sprzedaży zbliża cię także wszystko, co robisz, a co łagodzi twój strach przed utratą lub popełnieniem błędu.

Łagodzenie strachu przed porażką

Guru marketingu Jay Abraham pomógł firmom sprzedać produkty warte setki milionów dolarów. Jak to zrobił? Przekonał te firmy do bezwarunkowego gwarantowania satysfakcji ze wszystkiego, co sprzedają. Jay Abraham słynie z tego, że rekomenduje takie gwarancje jako „lepsze niż gwarancja zwrotu pieniędzy". Gwarancja satysfakcji polega na tym, że klient może nie tylko otrzymać zwrot tego, co zapłacił, ale też może zachować określone premie i podarunki mające w jego percepcji tę czy inną wartość.

W ramach jednej z naszych działalności oferujemy roczny program rozwoju osobistego i zawodowego w przedsiębiorczości i finansach. Kurs trwa ponad pięćdziesiąt dwa tygodnie. Gwarantujemy uczestnikom, że będą zachwyceni rezultatami, a jeśli nie, odzyskają pieniądze. Co więcej, będą mogli zatrzymać książki, taśmy i treningi na wideo o łącznej wartości ponad trzech tysięcy dolarów, które firma dostarczy im w trakcie kursu. To bardzo silna oferta.

Kiedy klient chce to przemyśleć...

Kiedy klient mówi, że potrzebuje czasu, aby to rozważyć, tak naprawdę komunikuje jedną z dwóch rzeczy. Pierwsza możliwość jest taka, że klient nie czuje potrzeby posiadania tego, co oferujesz, i cieszenia się tym – z jakiegoś powodu nie nawiązałeś z nim wystarczającej więzi i nie przekonałeś go, że z twoim produktem lub usługą będzie mu lepiej niż z pieniędzmi, które miałby ci zapłacić.

Druga możliwość jest następująca: klient waha się i odwleka decyzję, ponieważ nie jest przekonany, czy osiągnie korzyść, którą obiecujesz. Mówi ci w ten sposób, że nie dałeś mu wystarczających emocjonalnych powodów do zakupu. Jego strach przed utratą i popełnieniem błędu przewyższa potencjalne korzyści z twojej oferty.

Mów o wartości

Sprzedawanie wartości polega na tym, że cały nacisk kładziesz na powtarzanie i wyjaśnianie wartości i korzyści, jakie potencjalny klient uzyska, jeśli kupi to, co sprzedajesz. Zamiast obniżać cenę i proponować indywidualne warunki, koncentrujesz się na budowaniu wartości. Warunkiem zawarcia transakcji jest poczucie klienta, że wartość, jaką uzyskuje, jest o wiele wyższa od ceny, którą ma zapłacić. Dlatego zamiast obniżać cenę, mów o nadwyżce wartości.

Sprzedawanie małym firmom

Wielu ludzi sprzedaje produkty i usługi firmom średnim oraz małym. Rozmawiają z przedsiębiorcami, którzy stworzyli i rozwinęli swoje własne firmy. Tacy handlowcy, jeśli nie są wystarczająco uważni, mogą łatwo wejść w trans zachwalania cech produktów i usług oraz korzyści z nich płynących, zamiast poświęcić czas na dokładne rozpoznanie, z jakim typem klienta rozmawiają.

Przedsiębiorcy osiągają sukcesy, ponieważ inwestują większość energii w sprzedawanie i zaspokajanie potrzeb klientów. Nie mają cierpliwości do szczegółów. Pracę papierkową, taką jak księgowanie i finanse, uznają za zło konieczne, za coś, co muszą robić w procesie dostarczania produktów. Dlatego kiedy sprzedajesz coś przedsiębiorcy, mów o sprzedaży i zyskach.

Jeśli handlowiec spotyka się z właścicielem firmy i próbuje mu sprzedać komputery czy oprogramowanie, które usprawnią pracę działu księgowego, klient niecierpliwie przewraca oczami. Natychmiast traci zainteresowanie. Właściciel nie wiąże księgowania z zyskownością i dlatego nie jest właściwą osobą, z którą powinieneś rozmawiać w takiej sprawie.

Przedsiębiorcy są zainteresowani sprzedażą i przepływami pieniężnymi. Troszczą się o komunikację z klientami oraz o to, żeby dostarczać klientom produkty i usługi, a przy tym dawać im z tego satysfakcję. Koncentrują się na wynikach i wiarygodności tego, co sprzedają. Ich uwagę przyciągają: przychody, zyski i wzrost. Nie są zainteresowani detalami działalności operacyjnej. Aby sprzedać więcej produktów lub usług, musisz poświęcić czas i energię na dokładne rozpoznanie motywów skłaniających klienta do zakupu.

Im więcej czasu zainwestujesz w rozpoznanie konkretnych potrzeb klienta, które możesz zaspokoić, tym łatwiej ułożysz swoją prezentację handlową i tym szybciej sfinalizujesz transakcję.

Sprzedawanie firmom handlowym

Przedsiębiorcy, którzy kupują towary i sprzedają je dalej, martwią się tylko o jedno: *o zysk netto*. Jeśli oferujesz firmie handlowej towar, który ona ma odsprzedać z marżą w ramach *swojej* podstawowej działalności, pamiętaj, że twój klient ma na myśli tylko tę jedną rzecz. Nie interesuje go, czym *jest* dany towar; chce tylko wiedzieć, co ten towar *robi* z jego zyskiem netto. Najważniejszą korzyścią, jaką produkt lub usługa może dać właścicielowi firmy handlowej, jest wzrost jego zysku netto.

Najważniejszą korzyścią, jaką produkt lub usługa może dać właścicielowi firmy handlowej, jest wzrost jego zysku netto.

Sprzedawanie większej firmie

Duże firmy kupują tylko te produkty, które pomagają im poprawić wyniki i produktywność, obniżyć koszty lub wydatki bądź podnieść przepływy pieniężne i zyski. Musisz wyraźnie powiedzieć, jaką przewagę w jednym lub więcej obszarach twój produkt lub usługa da potencjalnemu klientowi biznesowemu.

To, co sprzedajesz, może pomóc firmie zredukować koszty, podnieść produktywność, poprawić rezultaty pracy ludzi i sprzętu. Twój produkt może pomóc firmie podnieść wyniki sprzedaży lub satysfakcję jej klientów. Jeśli przekonasz potencjalnego klienta, że to, co sprzedajesz, może przynieść mu *oszczędność czasu i pieniędzy* o wartości większej niż cena produktu, transakcja będzie sfinalizowana. To twoje najważniejsze zadanie, kiedy sprzedajesz coś większej firmie.

Akcentuj korzyści finalne

Kiedyś pewna uczestniczka jednego z moich seminariów, która sprzedawała biurowe systemy automatyki, powiedziała mi:

– Mam wrażenie, że po prostu nie potrafię umówić się na spotkanie. Wydzwaniam do nich i mówię, że zajmujemy się konsultingiem w automatyzacji biur, a oni ciągle powtarzają: „Nie jesteśmy zainteresowani".

Wyjaśniła, że dzięki doświadczeniu jej firmy klient może zaoszczędzić sporo pieniędzy, jeśli tylko zgodzi się wypróbować jej system i skorzystać z jej rekomendacji. Spytałem ją, co dokładnie mówi klientom.

Powiedziała:

– Dzwonię do nich i mówię: „Dzień dobry. Jestem Betty Dean z Office Automation Services. Chciałabym przyjechać do państwa i pokazać, jak niektóre z naszych produktów mogą podnieść wydajność i usprawnić państwa procesy administracyjne". Ale oni zawsze mówią coś w stylu: „Nie, dziękuję. Jestem za bardzo zajęty. Nie mamy teraz czasu" albo „Nie możemy sobie na to pozwolić. Nie mamy tego w budżecie" i tak dalej.

Zmiana podejścia

Ta profesjonalistka popełniała błąd polegający na tym, że próbowała sprzedawać przez telefon, zamiast dzwonić tylko po to, żeby umówić się na spotkanie handlowe. Zasugerowałem jej nieco inne podejście. Doradziłem:

– Kiedy następnym razem zadzwonisz się umówić, poproś, aby połączono cię z osobą odpowiedzialną za sprawy administracyjne. Kiedy już połączysz się z tą osobą, powiedz: „Dzień dobry. Nazywam się Betty Dean i jestem z firmy ABC. Stworzyliśmy proces, który może zaoszczędzić państwu od dwudziestu do trzydziestu procent biurowych kosztów administracyjnych. Na pokazanie państwu, jak to działa, wystarczy mi około dziesięciu minut. Potem państwo postanowicie, czy to jest coś, czego poszukujecie".

Później uczestniczka ta powiedziała mi, że ta prosta zmiana podejścia pozwoliła jej umawiać się na wszystkie spotkania, jakich potrzebowała. Jej sprzedaż podwoiła się, a potem potroiła. Po krótkim czasie zarabiała więcej niż kiedykolwiek wcześniej.

Mów o tym, czego chce klient

Tysiące handlowców, kiedy zdają sobie sprawę z tego, jak ważna jest zmiana podejścia, osiągają wspaniałe rezultaty. Powód tego jest prosty. Ludzie nie są zainteresowani produktami do automatyzacji biur, komputerami, systemami komunikacji bezprzewodowej, telefonami komórkowymi ani niczym takim. Ludzie myślący biznesowo chcą zarabiać albo oszczędzać pieniądze i zyskiwać na czasie. Są zainteresowani osiąganiem lepszych rezultatów i pomnażaniem zysków.

Są tylko dwa sposoby, jakimi firma może powiększać zysk. Może podnosić sprzedaż i wpływy przy danym poziomie kosztów albo obniżyć koszty przy danym poziomie sprzedaży i wpływów. Cokolwiek sprzedajesz, musisz to przedstawić od strony zwiększania przychodów i wpływów, od strony cięcia kosztów albo od strony i tego, i tego.

Jeśli rozmawiasz z kimś, kto odpowiada za sprawy administracyjne, pamiętaj, że ta osoba jest zainteresowana *obniżaniem kosztów*. Jeśli rozmawiasz z kimś, kto zajmuje się marketingiem albo sprzedażą, pamiętaj, że tej osobie chodzi o *powiększanie sprzedaży*. Jeśli rozmawiasz z właścicielem firmy, pamiętaj, że jego oczkiem w głowie jest *zysk netto*. Kiedy sprzedajesz, musisz zawsze mówić o tym, czego chce klient, a nie o tym, co sprzedajesz.

Za co im płacą?

Oto klucz do sprzedawania produktów i usług ludziom w biznesie: spytaj, co dana osoba robi i za jakie *rezultaty* odpowiada. Jakie są najważniejsze wskaźniki wydajności w jej pracy? Za co jej *płacą*? Jakich rezultatów firma od niej oczekuje? W jaki sposób przełożeni ją oceniają i wynagradzają? To najważniejsze informacje, jakie powinieneś zdobyć od potencjalnego klienta w drodze pytań i odpowiedzi.

Jak wcześniej wspomniałem, ludzie zawsze dążą do doskonalenia swojego stanu. Przyjmą ofertę i kupią tylko wtedy, kiedy będą czuć, że w rezultacie tego nastąpi poprawa. Ludzie w firmach zgadzają się na zakup produktów i usług tylko wtedy, kiedy czują, że to poprawi ich *osobistą* pozycję w organizacji.

Powiedzmy, że oferujesz program szkoleń handlowych. Rozmawiasz z kierownikiem sprzedaży, który podejmuje decyzje w tym obszarze. W prezentacji handlowej powinieneś podkreślać wyższą sprzedaż, a nie wyższą rentowność. Kierownik sprzedaży nie jest wynagradzany na podstawie rentowności, tylko na podstawie przychodów. Koncentruj się na konkretnych osobistych korzyściach potencjalnego klienta, a nie na ogólnych korzyściach, które nie będą miały wpływu na rezultaty i wynagrodzenie tej osoby.

Korzyści biznesowe a osobiste

Eksperci od sprzedaży rozróżniają pojęcia: „korzyść firmy" i „korzyść osobista". Korzyść firmy jest tym, co w rezultacie korzystania z twojego produktu lub usługi uzyskuje firma. Korzyść osobista jest tym, co uzyska dana osoba, kiedy twój produkt zostanie wdrożony i będzie działać sprawnie. Ludzie w firmie nie kupią niczego, dopóki nie dostrzegą wymiernych korzyści zarówno dla firmy, jak i osobistych.

Poświęć czas na rozpoznanie, jakie korzyści może odnieść potencjalny klient. Czy twój produkt podniesie jego dochody? A może zapewni mu większy komfort albo prestiż i szacunek ze strony innych ludzi w firmie? To mogą być kluczowe czynniki, które przyspieszą decyzję o zakupie.

Odkrywanie podstawowych potrzeb

Kluczem w analizowaniu podstawowych potrzeb jest umiejętne zadawanie pytań i uważne słuchanie. Najlepsi handlowcy koncentrują się na słuchaniu i pozwalają klientowi mówić. Im więcej zadajesz pytań, im bardziej cierpliwym jesteś słuchaczem i im uważniej przyjmujesz odpowiedzi, tym bardziej klient otworzy się na ciebie i tym więcej ci powie.

Przez większość czasu ludzie myślą o sobie. Całymi dniami, bez względu na to, co się dzieje, myślą o swoich własnych problemach i troskach. To, co chodzi każdemu człowiekowi po głowie, jest dla niego najważniejsze. Kiedy uważnie zadajesz pytania i słuchasz, przywołujesz to, o czym klient myśli i o co się martwi. I dochodzi do konwersacji.

Freudowska pomyłka

W psychoanalizie nazywa się to freudowską pomyłką. Psycholodzy odkryli, że jeśli pozwolisz, aby ktoś swobodnie o sobie mówił, to ta osoba prędzej czy później przez pomyłkę odkryje się przed tobą. Wyjawi to, o czym myśli w danym momencie, nawet jeśli będzie próbowała zachować to dla siebie. Zadaniem psychologa jest stworzenie środowiska, w którym pacjent, gdy mówi otwarcie i szczerze, czuje się komfortowo.

W pewnym sensie jesteś podróżującym psychologiem sprzedaży. Twoim celem jest stworzenie rozmówcy komfortowego otoczenia w twojej osobowości. Zadawaj właściwe pytania i uważnie słuchaj odpowiedzi. Pochylaj się ku niemu, potakuj, uśmiechaj się i nie przerywaj mu.

Używaj pytań otwartych

Pytania otwarte to najlepsze, czym możesz ożywić konwersację i dzięki czemu możesz uzyskać od potencjalnego klienta więcej informacji. Są to pytania zaczynające się od zaimków czy przysłówków, takich jak: *co*, *gdzie*, *kiedy*, *kto*, *dlaczego*, *który*. Na te pytania nie da się odpowiedzieć prostym „tak" albo „nie". Wymagają szerszej odpowiedzi. Takie szersze odpowiedzi pozwolą ci zrozumieć prawdziwe potrzeby potencjalnego klienta, które twój produkt albo usługa może zaspokoić.

Istnieje zasada, zgodnie z którą opowiadanie to nie sprzedawanie. Sprzedawanie polega na zadawaniu pytań. Mówienie o swoim produkcie albo usłudze nie wymaga kreatywności. Przekazywanie informacji przez zadawanie pytań, od ogólnych do szczegółowych, wymaga o wiele głębszego zastanowienia.

Dziś ludzie nie chcą, żeby ktoś im coś sprzedawał. Chcą kupować, ale nie chcą czuć, że coś się im sprzedaje. W chwili, w której potencjalny klient poczuje się naciskany, wyłączy się i straci zainteresowanie.

Rozmowę kontroluje ten, kto zadaje pytania

Zasadą jest, że kontrolę ma ten, kto zadaje pytania. Osoba odpowiadająca na pytania jest kontrolowana przez osobę, która te pytania zadaje. Ilekroć zadajesz pytanie i uważnie słuchasz odpowiedzi, kontrolujesz to, czy rozmowa handlowa zmierza w odpowiednim kierunku. Ilekroć odpowiadasz na pytanie potencjalnego klienta, osobą kontrolującą konwersację jest on.

Jeśli potencjalny klient zadaje pytanie, nie odpowiadaj automatycznie (jak większość ludzi), ale zrób pauzę, weź oddech i powiedz: „To dobre pytanie. Czy najpierw mogę o coś *spytać*?".

Inaczej mówiąc, zasygnalizuj rozmówcy, że jego pytanie jest ważne. A potem zadaj własne pytanie i odzyskaj kontrolę nad rozmową. Kiedy zrobisz tak parę razy, stanie się to tak naturalne i automatyczne, że potencjalny klient nawet nie będzie wiedział, co się stało. A ty znowu będziesz miał kontrolę.

Rozmawiaj z odpowiedniej pozycji

Dziś najlepsi handlowcy uważają się bardziej za konsultantów i doradców klienta niż za sprzedawców. Twoim zadaniem jako konsultanta jest pomóc klientowi w rozwiązaniu jego problemu przy pomocy tego, co sprzedajesz. Najlepsi konsultanci handlowi koncentrują się na rozpoznawaniu najbardziej palącego problemu klienta, który może rozwiązać oferowany produkt lub usługa. Następnie poświęcają całą energię na przekonanie potencjalnego klienta, że otrzyma rozwiązanie, którego najbardziej chce.

Rozmawiaj z pozycji *przyjaciela*, a nie sprzedawcy. Bądź *doradcą*, a nie kimś, kto po prostu chce zamknąć sprzedaż. Postrzegaj siebie jako kogoś, kto *niesie pomoc*. Poświęć czas na to, by w pełni zrozumieć potrzeby potencjalnego klienta, a potem pomóż mu zrozumieć, w jaki sposób i dlaczego twój produkt lub usługa zaspokoi te potrzeby lepiej niż cokolwiek innego.

Ucz się sam i ucz innych

Występuj w roli *nauczyciela*. Po zadaniu każdego pytania poznawaj potrzeby klienta, podczas mówienia ucz klienta, jak może najlepiej skorzystać z tego, co sprzedajesz.

> Kiedy w sytuacji sprzedaży jesteś przyjacielem, doradcą lub nauczycielem, stres związany ze sprzedawaniem na konkurencyjnym rynku staje się o wiele niższy.

Kiedy w sytuacji sprzedaży jesteś przyjacielem, doradcą lub nauczycielem, stres związany ze sprzedawaniem na konkurencyjnym rynku staje się o wiele niższy. Mocno ograniczasz prawdopodobieństwo porażki i odrzucenia. Zarówno ty, jak i potencjalny klient czujecie się w takiej sytuacji o wiele bardziej komfortowo.

Rób przerwy i słuchaj

Sprzedaż idzie w parze ze słowami, ale kupuje się w milczeniu. Handlowcy często mówią za szybko i za głośno. To bierze się ze zdenerwowania. Milczenie wprawia ich w dyskomfort. Czują, że każdą chwilę milczenia muszą wypełnić błyskotliwym komentarzem lub spostrzeżeniem dotyczącym produktu lub usługi. Ale to nie o to chodzi.

Postaraj się, aby twoje pytania i odpowiedzi podczas rozmowy z klientem były przerywane milczeniem. Pozwól klientowi na chwile refleksji i rozważanie tego, co mówisz. Nie spiesz się. Bądź spokojny i zrelaksowany. Niech proces sprzedaży rozwija się w swoim własnym tempie, bez presji i ponaglania. To stwarza najlepszy stan umysłu, w jakim klient może podjąć decyzję o zakupie.

Przedstawiaj nowy produkt jako ulepszenie

Ludzie są zabawni pod wieloma względami. Chcą, żeby było im coraz lepiej, ale żeby jednocześnie nic się nie zmieniało. Odczuwa się to zwłaszcza przy sprzedawaniu i kupowaniu nowego produktu. Bardzo niewielu ludzi chce czegoś, co jest absolutną nowością. Jeśli produkt jest „supernowy", niesprawdzony i nieprzetestowany na rynku, wiąże się z nim zbyt duże ryzyko. Może nie zadziałać, a wtedy pieniądze wydane na zakup będą stracone. Dlatego większość klientów to „późni użytkownicy", którzy czekają, aż produkt się sprawdzi i dopiero wtedy zaczną go kupować.

Ten naturalny opór przed kupowaniem nowości możesz pokonać poprzez przedstawienie produktu jako ulepszenia, a nie jako czegoś całkiem nowego. Pokazuj nowe opcje produktu jako udoskonalenia, a nie jako absolutne novum, coś innego niż wszystko, z czym klient wcześniej miał styczność. Wyjaśniaj nowe funkcje jako efekt postępu technicznego i innowacji, które twoja firma wprowadziła po to, by produkt stał się dla klienta jeszcze lepszy i jeszcze bardziej użyteczny.

Mów prawdę

Klienci chcą słyszeć prostą prawdę o produkcie lub usłudze. Chcą rzetelnych informacji o tym, jak twoja oferta poprawi ich życie prywatne lub zawodowe. Jednocześnie opierają się wszelkiej presji i naciskowi. Im bardziej ich odprężysz i im bardziej skoncentrujesz się na ich potrzebach, tym bardziej także ty będziesz zrelaksowany. Im bardziej skoncentrujesz się na wyjaśnianiu prostej prawdy o tym, co produkt może zrobić dla klienta, tym łatwiej będzie klientowi go kupić.

Ludzie poszukują rzetelnych porad, które pomogą im wydajniej pracować albo lepiej żyć. Im bardziej skoncentrujesz się na tym, jak pomóc klientowi, tym łatwiej tobie będzie sprzedać, a klientowi kupić.

Jakość to za mało

Wielu handlowców rozwodzi się nad jakością. Ich głównym argumentem jest to, że sprzedają produkt wysokiej jakości. Tymczasem jakość nigdy nie jest podstawowym powodem zakupu. Jakość jest logicznym uzasadnieniem. Ludzie kupują emocjonalnie, a jakość opiera się na logice.

Ważniejsza niż jakość jest użyteczność. Kiedy ktoś mówi: „Mój produkt jest najwyższej jakości maszyną na świecie", to nic nie znaczy. Klient chce jedynie znać odpowiedzi na pytania:

Czy ta maszyna wykona za mnie pracę? Czy zrobi to, czego od niej potrzebuję? Czy nadaje się do moich celów?

Możesz powiedzieć, że rolls-royce albo mercedes jest samochodem wysokiej jakości, ale jeśli potrzebujesz jedynie samochodu, którym będziesz jeździć do pracy i z powrotem, nie kupisz ani rolls-royce'a, ani mercedesa. Jakość nie jest argumentem.

Stosunek jakości do ceny

Sięgać po argument jakości możesz tylko w jednym przypadku: gdy porównujesz swój produkt, który jest droższy, z innym produktem, który jest tańszy. To porównanie jest potrzebne, kiedy chcesz wykazać potencjalnemu klientowi, że istnieją konkretne powody, dla których powinien wybrać lepszą jakość, a nie niższą cenę. W takim wypadku musisz udowodnić, że klient zrobi lepiej, jeśli wybierze lepszą jakość i kupi twój produkt, a nie inny, gorszej jakości, choć być może tańszy.

Powiedzmy, że sprzedajesz skuter śnieżny mieszkańcowi Alaski. W takim wypadku jakość jest argumentem ważniejszym niż cena. Jeśli skuter zepsuje się gdzieś na polarnym odludziu, klient zamarznie, zanim zdąży wrócić na piechotę. Dopłata za wysoką jakość jest jak najbardziej uzasadniona korzyściami.

Jeśli sprzedajesz pojazd komuś, kto chce przemierzyć Saharę, jakość także jest bardzo ważnym czynnikiem. W sytuacji, gdy pojazd zepsuje się w środku pustyni, gdzie nie ma ludzi ani żywności, podróżnik umrze, zanim otrzyma pomoc.

Wyjaśniaj, dlaczego twoja jakość jest ważna

Jeśli dodatkowa jakość nie jest niezbędna do tego, aby produkt zrobił dla klienta to, co ma zrobić, to jakość nie daje istotnych korzyści. Kiedy mówisz o cechach jakościowych produktu lub usługi, musisz zawsze wyjaśniać, jak te cechy *bezpośrednio* przekładają się na korzyści dla klienta. Klient musi widzieć bezpośredni związek pomiędzy dopłatą za wyższą jakość i uzyskaniem pożądanego rezultatu.

Wszyscy klienci zadają w myślach to samo pytanie: *i co z tego?* Kiedy opowiadasz potencjalnemu klientowi o produkcie lub usłudze, zawsze wyobrażaj sobie, jak on patrzy na ciebie pytającym wzrokiem: „I co z tego?". Tak naprawdę klient chce znać tylko odpowiedź na pytanie: co w tym jest *dla mnie*? Jaka jest *dla mnie* korzyść z cech, o których mówisz? Dlaczego ta konkretna cecha jest *dla mnie* ważna? Upewnij się, że wszystko, co mówisz potencjalnemu klientowi o twoim produkcie, daje mu konkretną korzyść, i sprawdź, czy klient aby na pewno rozumie, na czym ta korzyść polega.

> Opowiadając potencjalnemu klientowi o produkcie lub usłudze, zawsze wyobrażaj sobie, jak on patrzy na ciebie pytającym wzrokiem: „I co z tego?".

Zgodność z potrzebami klienta

Produkt, który sprzedajesz, musi być możliwie najbardziej zgodny z potrzebami klienta w danym czasie, jeszcze zanim wprowadzisz do równania jakość. Produktami zgodnymi z potrzebami klienta są na przykład tak popularne japońskie samochody. Każdy wie, że te samochody są dobrze wykonane i bardzo trwałe. Ponieważ można je kupić w rozsądnej cenie, wydają się idealne i zgodne z potrzebami dużej liczby kierowców. Mają też niskie zużycie paliwa. A w dodatku, obok zgodności z potrzebami klienta, są dobrej jakości.

Jednak jakość wchodzi w grę dopiero po tym, jak zademonstrujesz zgodność z potrzebami klienta i użyteczność. Dlatego tak ważne jest, aby zadawać pytania i rozpoznać potrzeby klienta z góry, zanim zaczniesz wyjaśniać, dlaczego twój produkt lub usługa są dla niego w danym czasie idealne.

Liczy się wszystko!

Jedna z pierwszych zasad w sprzedaży brzmi: *liczy się wszystko!* Wszystko, co robisz, pomaga albo szkodzi. Dodaje albo ujmuje. Zbliża cię do zamknięcia sprzedaży albo od niego oddala. Nic nie jest neutralne.

W sprzedaży, jak i w relacjach międzyludzkich w ogóle, występuje efekt halo. Potencjalni klienci zakładają, że jeśli twoja prezentacja jest dobra, to reszta – czyli sam produkt lub usługa – także ma wysoką jakość. Dobre wrażenie wywołuje efekt halo jakości i profesjonalizmu. Liczy się wszystko.

Liczy się twój wygląd – i to bardzo

Twój wygląd i wizerunek są przedłużeniem jakości twojego produktu. Większość kontaktów twojej firmy z klientem odbywa się przez spotkania z twoim udziałem. Dlatego twój wygląd i sposób zachowania są czynnikami kluczowymi w podejmowaniu decyzji o zakupie. Te czynniki dają potencjalnemu klientowi poczucie bezpieczeństwa.

Za pierwsze wrażenie, jakie robisz na kliencie, aż w 95 procentach odpowiada twój ubiór. Jest tak, ponieważ przeważnie ubiór okrywa 95 procent ciała. Jeśli jesteś dobrze ubrany, masz zadbaną fryzurę, a twoje buty są wypolerowane, to wyglądasz jak profesjonalista, a potencjalny klient nieświadomie zakłada, że pracujesz dla doskonałej firmy i sprzedajesz wyjątkowy produkt lub usługę. Jeśli ponadto jesteś punktualny, uprzejmy i dobrze przygotowany, budzisz pozytywne odczucia, które promieniują na wszystko, co robisz, oraz na twój produkt lub usługę.

A jeśli handlowiec się spóźnia, jest nieprzygotowany i źle zorganizowany, klient natychmiast zakłada, że „to, co widzisz, jest tym, co dostaniesz”[3]. Uznaje za oczywiste, że ma do czynienia z firmą drugorzędną, która oferuje produkty lub usługi miernej jakości.

Najlepsze firmy

Najlepsze firmy mają najlepiej wyszkolonych i najlepiej wyglądających handlowców. Firmy takie jak IBM czy Hewlett-Packard przeprowadzają z kandydatami na handlowców po kilka rozmów rekrutacyjnych, aby mieć pewność, że na konkurencyjnym rynku będą reprezentowane przez właściwych ludzi. Zabierają kandydatów na obiady, aby zobaczyć, jak jedzą sztućcami i czy potrafią prowadzić rozmowy towarzyskie. Spotykają się z ich rodzinami, żeby sprawdzić, czy ich stosunki małżeńskie przemawiają na ich korzyść czy na niekorzyść. Prowadzą z kandydatami rozmowy indywidualne i grupowe. Wiedzą, że decyzja o zakupie w dużej części zależy od człowieka, który sprzedaje produkt lub usługę.

Rozpoznaj potrzeby podstawowe i drugorzędne

Wskaż, jakie potrzeby podstawowe i drugorzędne zaspokaja twój produkt, a potem zademonstruj, jak te potrzeby są zaspokajane. Umiejętnie zadawaj pytania i uważnie słuchaj odpowiedzi. Prędzej czy później potencjalny klient zacznie pytać, co twój produkt robi i jak działa. To otworzy ci drogę do zamknięcia transakcji.

---

[3] Stosowany dziś w wielu kontekstach slogan „To, co widzisz, jest tym, co dostaniesz” (ang. *What you see is what you get*, w skrócie: *wysiwyg*) ma swoje źródło w informatyce. Zasada ta, w odniesieniu do edytorów tekstu i grafiki, mówi, że efekt finalny (np. w druku) powinien być dokładnie taki jak to, co widać na ekranie aplikacji – *przyp. tłum.*

Handlowcy amatorzy, kiedy sprzedają firmom komputery i oprogramowanie, zwykle poświęcają sporo czasu na mówienie o rozmaitych funkcjach tego, co oferują.

Jednak klient nie dba o funkcje. Chce wiedzieć, czy produkt na siebie zarobi i jak długo będzie się spłacał. Klient chce także wiedzieć, jak pewne jest to, że produkt na siebie zarobi. Chce wiedzieć, czy jeśli zdecyduje się na zakup, postąpi racjonalnie.

Skieruj jupitery na klienta

Zamiast myśleć o sobie, skoncentruj całą swoją uwagę na kliencie. Ponieważ w jednej chwili możesz myśleć tylko o jednej rzeczy, to im bardziej będziesz koncentrować się na kliencie (a im mniej na sobie), tym bardziej będziesz zrelaksowany i pewny siebie – natomiast klient będzie do ciebie lepiej nastawiony, a rozmowa stanie się bardziej ożywiona. Ilekroć w sytuacji sprzedaży zaczniesz czuć się spięty, natychmiast zadaj klientowi pytanie dotyczące jego i jego firmy, a potem uważnie słuchaj odpowiedzi.

Wyobraź sobie, że jesteś z klientem w zaciemnionym pokoju. Na biurku klienta jest lampa obrotowa. Lampa włącza się na dźwięk ludzkiego głosu. Kiedy ktoś zaczyna mówić, lampa obraca się do niego i oświetla tylko mówiącego. Na kogo światło powinno być skierowane: na ciebie czy na klienta?

Ponieważ klient jest najważniejszą osobą w pokoju, przez większość czasu światło powinno być skierowane na niego. Kiedy klient mówi i odpowiada na twoje pytanie, to on jest oświetlony. Kiedy mówisz o kliencie, o jego potrzebach, problemach, celach i wymaganiach, lampa także oświetla jego. W chwili zaś, gdy zaczynasz mówić o sobie, swoim produkcie lub usłudze, swojej firmie czy życiu osobistym, lampa obraca się i rzuca światło na ciebie, a klient zostaje sam w ciemnościach.

Im dłużej lampa oświetla klienta, tym większe jest prawdopodobieństwo tego, że zamkniesz sprzedaż. Kiedy lampa oświetla ciebie i twoją firmę, szanse na sfinalizowanie transakcji są coraz mniejsze i mniejsze.

Klienci kupują korzyści i rozwiązania

Ludzie nie kupują produktów. Kupują korzyści, rozwiązania swoich problemów, sposoby zaspokajania swoich potrzeb.

To kolejny powód, dla którego powinieneś koncentrować c a ł ą swoją uwagę na kliencie. Zadawaj pytania takie jak:

- Na czym obecnie koncentrujecie się w tym obszarze?
- Na czym polega wasza korzyść w tym obszarze?
- Jakie macie plany na przyszłość w tym obszarze?
- Gdybyście mieli w tym obszarze magiczną różdżkę i doskonałą sytuację, to czy wyglądałoby to inaczej niż obecnie?
- O czym musicie być przekonani, aby zdecydować się na nasz albo na jakikolwiek inny produkt?

Kontrolę ma ten, kto zadaje pytania.

Powody, dla których klient kupuje albo rezygnuje

W każdej sprzedaży istnieje k l u c z o w a k o r z y ś ć, jakiej poszukuje potencjalny klient. To ta jedna rzecz, o której potencjalny klient musi być przekonany, zanim postanowi kupić. Twoim zadaniem jest odkryć tę kluczową korzyść, a potem przekonać klienta, że jeśli kupi twój produkt lub usługę, otrzyma tę korzyść.

W każdej sprzedaży istnieje też k l u c z o w a o b i e k c j a – najważniejszy powód, dla którego klient waha się albo rezygnuje z zakupu. Jest absolutnie konieczne, abyś odkrył tę obiekcję i znalazł sposób na obrócenie wątpliwości klienta w satysfakcję.

Koncentruj się na dwudziestu procentach

Już wcześniej mówiliśmy o zasadzie 80/20. Ta zasada ma zastosowanie także w kupowaniu twojego produktu lub usługi. Aż 80 procent decyzji zakupowych będzie zależało od 20 procent korzyści, które zaoferujesz potencjalnemu klientowi. Czasami jest to nawet 90/10 – 90 procent decyzji klientów zależy od 10 procent cech i korzyści twojego produktu. Dowiedz się, które to korzyści.

Jeśli mówisz za dużo o cechach i korzyściach należących do dolnych osiemdziesięciu procent, ograniczasz swoje szanse na zamknięcie sprzedaży. Nawet jeśli twój produkt jest najlepszy na świecie pod względem dolnych osiemdziesięciu procent powodów, dla których potencjalny klient powinien go kupić, to nie wystarczy.

Lecz jeśli potrafisz skoncentrować się na 10–20 procentach korzyści i przekonać klienta, że jeżeli kupi od ciebie, osiągnie te korzyści łatwiej i szybciej, niż gdyby kupił od kogoś innego, to zamknięcie sprzedaży będzie o wiele prostsze.

Zamknięcie na „gorący przycisk"

To jedna z najlepszych technik zamykania sprzedaży. Korzysta z niej raz za razem wielu najlepiej opłacanych handlowców. Jest dość prosta. Poprzez zadawanie pytań i uważne słuchanie odpowiedzi lokalizujesz „gorący przycisk" – najważniejszą korzyść, jakiej klient oczekuje od twojego produktu lub usługi. Później skupiasz całą swoją energię na przekonaniu klienta, że ją otrzyma.

Sukces zamknięcia sprzedaży tą techniką zależy od tego, czy odkryjesz najważniejszy powód, dla którego klient może kupić twój produkt lub usługę. Kiedy już odkryjesz ten powód, wracaj do niego raz po raz.

Skoncentruj się na sprzedaniu tej jednej korzyści. Rób wszystko, aby przekonać potencjalnego nabywcę, że otrzyma tę korzyść, która przesądza o jego decyzji. Doprowadź do tego, aby cała decyzja była uzależniona od tej jednej kluczowej kwestii. A potem naciskaj gorący przycisk tyle razy, ile trzeba.

Jak odkryjesz gorący przycisk? Zadaj następujące pytanie, zwłaszcza jeśli rozmówca się waha albo opiera:

– Panie Kliencie, gdyby kiedykolwiek miał pan kupić ten produkt, w jakimkolwiek momencie w przyszłości, to co skłoniłoby pana do podjęcia decyzji?

A potem milcz jak zaklęty.

Jeśli zadasz to pytanie jako czysto teoretyczne, klient zapewne odpowie:

– Cóż, gdybym kiedykolwiek miał kupić ten produkt, musiałbym być przekonany, że... [uważaj: teraz gorący przycisk!].

Za sprawą freudowskiej pomyłki to po prostu wypadnie klientowi z ust. Później będziesz mógł przekonać rozmówcę, że otrzyma daną korzyść natychmiast, gdy tylko przyjmie twoją ofertę.

Szybkie i tanie badanie rynku

Oto znakomite ćwiczenie, które może p o d w o i ć twoją sprzedaż w bardzo krótkim czasie. Zrób listę swoich dziesięciu ostatnich klientów. Zadzwoń do każdego z nich i spytaj:

– Szanowna Klientko, dzwonię, ponieważ chcę pani powiedzieć, jak bardzo doceniam to, że kupiła pani od nas produkt. Jak układają się pani sprawy? Czy możemy w jakiś sposób pani pomóc?

Klientka przy okazji udzielania odpowiedzi może zadać ci jakieś pytanie związane z tym, że ma jakiś problem z twoim produktem lub usługą. Jeśli tak zrobi, obiecaj, że zajmiesz się tym zaraz po odłożeniu słuchawki.

Później spytaj:

– Pani Klientko, czy mogę zadać pani inne pytanie? Mogła pani kupić ten produkt [lub usługę] od innej firmy, ale kupiła go pani od nas. Czy może mi pani powiedzieć, co dokładnie sprawiło, że wybrała pani nas, a nie kogoś innego?

To pytanie jest potężnym narzędziem badania rynku. Milcz jak grób. Pozwól klientce na parę sekund zastanowienia, zanim usłyszysz odpowiedź. N i e p r z e r y w a j.

Wielkie odkrycie

Oto zadziwiająca prawidłowość, którą sam odkryjesz. Jeśli zadzwonisz do dziesięciu klientów, którzy wcześniej coś od ciebie kupili, prawdopodobnie osiemdziesiąt procent z nich poda ci ten sam powód, dla którego zdecydowali się na wybór twojej oferty. Może okazać się, że jesteś zupełnie nieświadomy prawdziwego powodu, dla którego klienci od ciebie kupują.

Bez względu na to, jaki to będzie powód, zapisz go. Od tego dnia, ilekroć spotkasz się z nowym potencjalnym klientem, mów mu:

– Nasi najlepsi klienci w większości mówią, że zdecydowali się od nas kupić, ponieważ [teraz gorący przycisk]. Czy to dla pana ważny powód?

Kwitnąca wiśnia

Jest taka historia: pewien agent pośredniczący w handlu nieruchomościami oprowadza parę po domu. Dom nie wygląda z zewnątrz nadzwyczajnie, lecz kiedy para podjeżdża pod bramę, kobieta przez okna domu zauważa na tyłach posiadłości piękną kwitnącą wiśnię.

Natychmiast mówi do męża:

– Patrz jaka piękna kwitnąca wiśnia! Kiedy byłam małą dziewczynką, na tyłach mojego domu było podobne drzewko wiśniowe. Zawsze chciałam mieszkać w domu z kwitnącą wiśnią.

Wysiadają z samochodu i idą przyjrzeć się domowi. Agent zanotował w pamięci okrzyk zachwytu żony.

Mąż ocenia dom krytycznie. Już na wstępie mówi:

– Wygląda na to, że będziemy musieli to wszystko odnowić.

Agent na to:

– To prawda. Ale proszę tylko spojrzeć na widok z jadalni. Patrzy się wprost na piękną kwitnącą wiśnię.

Kobieta natychmiast wygląda przez okno. Widzi ukwiecone drzewo za domem i uśmiecha się. Agent wie, że w kwestii zakupu domu decyduje kobieta. I koncentruje się na niej.

Wchodzą do kuchni i mąż mówi:

– Kuchnia jest trochę za mała, a instalacja wygląda na starą.

Na to agent:

– Tak, to prawda. Lecz jeśli przyrządzając obiad, spogląda się przez to okno, widać śliczną kwitnącą wiśnię w ogrodzie za domem.

Wchodzą po schodach na górę i oglądają resztę domu. Mąż zauważa:

– Te sypialnie są za małe. Tapety są w starym stylu, a poza tym wszystkie pokoje trzeba odmalować.

Agent odpowiada:

– Tak, ale z głównej sypialni macie państwo cudowny widok na kwitnącą wiśnię.

Wizyta ma się ku końcowi. Żona jest tak zachwycona drzewem wiśniowym, że nie zauważa niczego innego. Decyzja już zapadła. Małżeństwo kupiło dom, ponieważ agent zlokalizował gorący przycisk: kwitnącą wiśnię.

„Kwitnąca wiśnia" jest w każdym produkcie i w każdej usłudze, jaką sprzedajesz. W twoim produkcie lub usłudze jest coś, czym potencjalny klient chce się nacieszyć. To korzyść, której klient pożąda najbardziej. Dowiedz się, jaka to korzyść, poprzez zadawanie

> „Kwitnąca wiśnia" jest w każdym produkcie i w każdej usłudze, jaką sprzedajesz.

pytań i słuchanie odpowiedzi, a potem upewnij klienta w przekonaniu, że jeśli od ciebie kupi, to bez wątpienia tę korzyść otrzyma.

Działania do przećwiczenia

1. Zrób listę potrzeb klientów, które twój produkt może zaspokoić. Ułóż listę według ważności poszczególnych potrzeb. Oprzyj na tych potrzebach swój proces poszukiwania potencjalnych klientów i całą prezentację handlową.
2. Przeprowadź regularne badanie rynku wśród swoich najbardziej zadowolonych klientów. Zorientuj się, które z korzyści oferowanych przez twój produkt lub usługę skłoniły tych klientów do kupienia od ciebie, a nie od kogoś innego.
3. Dowiedz się, jakich najważniejszych korzyści poszukują twoi klienci biznesowi, a potem w odpowiedni sposób wyjaśniaj w każdej rozmowie handlowej, na czym te korzyści polegają.
4. Określ najważniejsze korzyści, jakie potencjalny klient może odnieść, jeśli kupi twój produkt, a także straty, jakie może ponieść, jeśli zrezygnuje z zakupu. Odpowiednio zaakcentuj te korzyści i straty.
5. Zadbaj o ubiór. Kup i przeczytaj dobrą książkę o odpowiednim ubiorze w biznesie i wprowadź w życie zawarte w niej porady. Kiedy spotykasz się z klientem, musisz wyglądać jak stuprocentowy profesjonalista.
6. Sformułuj serię pytań otwartych, za pomocą których będziesz mógł kontrolować rozmowę handlową i odkrywać prawdziwe potrzeby potencjalnego klienta. Poprzez zadawanie pytań i słuchanie odpowiedzi kieruj światło na klienta.
7. Rozmawiaj z klientem jak przyjaciel, doradca i nauczyciel. Skoncentruj się na pomaganiu i nauczaniu, a nie na sprzedawaniu.

Kiedy pomagamy innym, pomagamy sobie, ponieważ wszelkie dobro, które dajemy, zatacza koło i wraca do nas.

– Flora Edwards

ROZDZIAŁ 4
Kreatywna sprzedaż

Człowiek, aby z powodzeniem prowadzić biznes, musi mieć wyobraźnię. Musi objąć swoją wizją tak detale, jak i całość.

– Charles Schwab

Kreatywność jest naturalną cechą wszystkich najlepszych handlowców. Na szczęście zależy ona w dużej mierze od koncepcji siebie – od twoich myśli i przeczuć na temat własnej osoby jako człowieka zdolnego do twórczych działań. To oznacza, że możesz poprawiać kreatywność, jeśli będziesz ćwiczyć tak długo, aż twórcze osiąganie wszelkich celów, jakie sobie wyznaczysz, stanie się częścią twojej natury.

Kreatywność jest czymś, co możesz demonstrować i z czego możesz korzystać przez cały czas, w każdej sytuacji. Kiedy jedziesz na spotkanie i widzisz korek na drodze, możesz włączyć twórcze myślenie, aby znaleźć objazd i dotrzeć do celu bocznymi drogami.

Kiedy umawiasz spotkanie albo projektujesz prezentację handlową, również działasz kreatywnie. Jesteś twórczy także wtedy, kiedy próbujesz kogoś przekonać, że twój produkt jest dobry i wartościowy.

Twórcze jest nawet to, jak się rano ubierasz, dobierasz różne części garderoby – krawat, koszulę albo bluzkę, sukienkę albo spodnie i buty – aby wywołać pożądane ogólne wrażenie.

Twoje przekonania stają się rzeczywistością

Smutna prawda jest taka, że większość ludzi nie uważa się za nadzwyczaj twórczych. Ludzie wiążą kreatywność z pisaniem wspaniałej literatury i z malowaniem wielkich dzieł sztuki. Tymczasem można ją najtrafniej zdefiniować jako doskonalenie. Ze swojej kreatywności korzystasz, czasami bardzo intensywnie, za każdym razem, kiedy poprawiasz coś przez to, że robisz to inaczej.

Potęga koncepcji siebie sprawia, że im bardziej w i e r z y s z w swoją kreatywność, tym częściej wpadasz na twórcze pomysły. Sprzedaż polega na tym, że kreujesz biznes tam, gdzie wcześniej go nie było. Kiedy poszukujesz potencjalnych klientów, budujesz więź, rozpoznajesz potrzeby, przedstawiasz rozwiązania, odpowiadasz na wątpliwości, zamykasz sprzedaż, sprzedajesz więcej dotychczasowym klientom i uzyskujesz od nich referencje, wtedy podejmujesz nadzwyczaj złożone kreatywne działania, które są źródłem dobrobytu w naszym wolnym społeczeństwie.

Trzy sposoby stymulowania kreatywności

Kreatywność stymulują trzy czynniki: (1) klarowne cele, (2) uciążliwe problemy i (3) konkretne pytania. Musisz używać tych wszystkich trzech czynników tak często, jak to tylko możliwe.

Im bardziej intensywna jest twoja żądza osiągania jasno sprecyzowanych celów, tym bardziej będziesz kreatywny w znajdowaniu sposobów, by je zrealizować.

Z im większą determinacją będziesz rozwiązywał naglące problemy, tym łatwiej przyjdzie ci tworzenie rozwiązań.

Im bardziej konkretne i jasne pytania będziesz dostawał od innych i od siebie samego, tym bardziej innowacyjne będą twoje odpowiedzi. Jeśli twój umysł ma działać na najwyższych obrotach, zawsze i nieustannie korzystaj z tych wszystkich trzech czynników.

Ćwicz kreatywne myślenie

W sprzedaży istnieje kilka obszarów, w których możesz poprawiać swoją kreatywność przez regularne ćwiczenia i praktykę. Im bardziej kreatywny staniesz się w tych obszarach, tym więcej zarobisz pieniędzy.

Pierwszy obszar, w którym ważna jest kreatywność, to p o s z u k i w a n i e p o t e n c j a l n y c h k l i e n t ó w. Od sukcesów w poszukiwaniu potencjalnych klientów w dużej mierze zależą twoje dochody. A twoja zdolność docierania do większej liczby lepszych potencjalnych klientów jest ograniczona tylko i wyłącznie twoją wyobraźnią.

Drugi obszar, w którym bardzo liczy się kreatywność, to o d k r y w a n i e p o w o d ó w d o z a k u p u. Aby dokładnie rozpoznać potrzeby klienta i jego motywację do zakupu, musisz być kreatywny w zadawaniu pytań.

Twórcze zadawanie pytań to prawdziwy test twojej inteligencji i potęgi twojego mózgu. Potencjalni klienci, gdy tylko wyczuwają, że handlowiec ich sonduje, automatycznie zaczynają mu się opierać. Nie chcą ci powiedzieć, z jakich powodów mogliby kupić twój produkt. Wiedzą z doświadczenia, że jeśli handlowiec zorientuje się, na czym naprawdę im zależy, prawdopodobnie zdoła przekonać ich do zakupu, ponieważ będą zbyt słabi, aby oprzeć się jego argumentom.

Odkryj nowe zastosowania swojego produktu

Kreatywność jest niezbędna w odkrywaniu nowych zastosowań produktu. Jeśli chcesz wykreować sprzedaż tam, gdzie jeszcze jej nie ma, musisz użyć potęgi swojego umysłu i znaleźć nowe zastosowania swojego produktu. Składanie w jedną całość wszystkich składników transakcji – w tym ciebie, twojej firmy, klienta, produktu lub usługi, ceny i warunków sprzedaży, warunków dostawy i instalacji oraz wszystkich innych – jest działaniem wyjątkowo skomplikowanym i wymaga wielkiej kreatywności.

Zdolność twórczego wykorzystania umysłu w celu pokonania oporu i odpowiedzenia na wątpliwości klienta jest warunkiem twojego sukcesu. A od tego, jak skutecznie zamykasz sprzedaż i skłaniasz klientów do podjęcia decyzji, zależy to, ile sprzedajesz i ile zarabiasz.

Wiedz, o czym mówisz

Kreatywna sprzedaż zaczyna się od tego, że znasz swój produkt lub usługę. Im lepiej rozumiesz, co sprzedajesz, i im więcej o tym wiesz, tym bardziej kreatywnie możesz to oferować. Im większą masz wiedzę o tym, dlaczego twój produkt jest lepszy od produktów konkurencyjnych, tym lepiej potrafisz wyjaśnić to klientowi i tym większą masz szansę, by pokonać jego opór.

Czytaj, ucz się i zapamiętuj informacje o swoim produkcie. Dowiedz się, co sprzedają twoi konkurenci, na co kładą nacisk i jakie proponują ceny. Zostań ekspertem na swoim rynku.

Dąż do doskonałości w poszukiwaniu potencjalnych klientów

Sposób, w jaki możesz podwyższyć swoje dochody, jest prosty. To klucz do sukcesu w sprzedaży. „Lepszym potencjalnym klientom poświęcaj więcej czasu" – ta licząca sześć słów formuła jest receptą na wysokie dochody w każdych warunkach rynkowych.

Kreatywne poszukiwanie potencjalnych klientów jest warunkiem twojego sukcesu. Zaczyna się od wszechstronnego planowania, dobrej analizy i zadania trzech pytań: (1) Które 5–10 cech twojego produktu jest najatrakcyjniejsze? (2) Jakie konkretne potrzeby potencjalnego klienta zaspokaja twój produkt? i (3) Co twoja firma oferuje ponad to, co proponują konkurenci – co jest obszarem doskonałości twojej firmy?

„Lepszym potencjalnym klientom poświęcaj więcej czasu" – ta licząca sześć słów formuła jest receptą na wysokie dochody w każdych warunkach rynkowych.

1. Które 5–10 cech twojego produktu jest najatrakcyjniejsze?

Czy wiesz, które cechy twojego produktu są najatrakcyjniejsze? Wypisz je po kolei, zaczynając od najważniejszych, a potem odpowiedz na następujące pytania:

- Dlaczego ludzie w ogóle mieliby kupować twój produkt?
- Dlaczego ludzie mieliby kupować twój produkt od twojej firmy?
- Dlaczego ludzie mieliby kupować twój produkt od ciebie?

Zanim spotkasz się twarzą w twarz z klientem, musisz znać klarowne odpowiedzi na te pytania.

2. Jakie konkretne potrzeby potencjalnego klienta zaspokaja twój produkt?

Jakie produkt oferuje korzyści? Albo inaczej: co da klientowi to, że nie kupi produktu kogoś innego i nie wstrzyma się od transakcji, ale kupi właśnie twój produkt?

Jeśli spisałeś już najatrakcyjniejsze cechy twojego produktu, obok każdej z nich dopisz co najmniej jedną korzyść, jaką ta cecha daje klientowi. Pamiętaj, że klienci nie kupują cech – kupują korzyści. Nie kupują produktów i usług – kupują rozwiązania swoich problemów. Nie obchodzi ich, co składa się na twój produkt; chodzi im tylko o to, co dla nich z tego wynika.

3. Co twoja firma oferuje ponad to, co proponują konkurenci?

Co jest twoją unikalną propozycją sprzedaży? Co jest obszarem doskonałości twojej firmy lub twojego produktu? W czym twoja firma, produkt lub usługa są lepsze od wszystkiego innego, co jest dostępne na rynku?

Im jaśniej potrafisz odpowiedzieć na te pytania, tym bardziej będziesz kreatywny w znajdowaniu lepszych potencjalnych klientów i w sprzedawaniu im swojego produktu lub usługi.

Cztery klucze sprzedaży strategicznej

Jeśli chcesz dołączyć do 10 procent najlepiej zarabiających ludzi w swojej branży, musisz opanować cztery kluczowe umiejętności sprzedaży strategicznej. Są to: *specjalizacja*, *dyferencjacja*, *segmentacja* i *koncentracja*.

1. Specjalizacja

Dzięki specjalizacji możesz precyzyjnie określić, co twój produkt, zaprojektowany w konkretnym celu, robi dla klienta. Możesz specjalizować się w określonych rezultatach bądź korzyściach albo w zaspokajaniu potrzeb wybranych klientów na wybranych rynkach. Możesz specjalizować się w określonym obszarze geograficznym albo w zaspokajaniu konkretnej potrzeby lepiej niż ktokolwiek inny. Jednak musisz być bardziej specjalistą niż generalistą.

Bardzo wielu handlowców zbudowało całe swoje kariery poprzez specjalizowanie się w wybranej branży, w docieraniu do klientów określonego typu albo w działaniu na konkretnym obszarze geograficznym. Jak specjalizacja ma się do tego, co robisz?

2. Dyferencjacja, czyli wyróżnianie się

Dyferencjacja w sprzedaży polega na tym, że określasz, co czyni twój produkt lepszym od produktów konkurencyjnych. Jakie określone korzyści twój produkt oferuje ponad to, co jest dostępne gdzieś indziej? W jakich obszarach twoje produkty są lepsze niż 90 procent podobnych dóbr na rynku?

Jeśli sprzedajesz coś, co jest dostępne także gdzieś indziej (np. nieruchomości czy ubezpieczenia na życie), to często wyróżnikiem twojej oferty jest twoja unikalna osobowość. Na świecie jest tylko jedna osoba taka jak ty. Odczucia klienta w stosunku do handlowca decydują o zawarciu transakcji bardziej niż jakikolwiek inny czynnik.

3. Segmentacja, czyli znajdowanie rynku dla siebie

Trzecim kluczem do sprzedaży strategicznej jest segmentacja. Kiedy wyznaczysz swój obszar specjalizacji i określisz, czym twój produkt odróżnia się od tego, co oferują konkurenci, twoim następnym celem będzie określenie, którzy dokładnie klienci mogą mieć korzyść z tego, co sprzedajesz, większą niż wszyscy inni. Kim oni są?

Gdzie znajdziesz więcej ludzi i organizacji, których profil idealnie odpowiada twojej ofercie? Wyobraź sobie, że emitujesz reklamę kierowaną do twoich klientów idealnych. Jak opisałbyś tych klientów?

4. Koncentracja

Czwartą kluczową umiejętnością sprzedaży strategicznej jest koncentracja. Jest to być może najważniejsza umiejętność decydująca o sukcesie w każdym obszarze, a zwłaszcza w sprzedaży. Polega ona na wyznaczaniu klarownych priorytetów, a potem koncentrowaniu się wyłącznie na tych potencjalnych klientach, którzy mają dla ciebie największy potencjał.

Czasami jeden potencjalny klient jest wart sto razy tyle, co inny. Podstawowa zasada w sprzedaży brzmi: Zawsze zarzucaj haczyk na wieloryby, a nie na płotki. Pamiętaj, że jeśli złowisz tysiąc płotek, będziesz miał tylko wiadro pełne małych rybek. Lecz jeśli złapiesz jednego wieloryba, wypełnisz po brzegi ładownie całego statku.

Po seminarium w Tampa, które odbyło się nie tak dawno temu, jedna z jego uczestniczek napisała do mnie, że natychmiast wprowadziła w życie zasadę koncentracji. Po tygodniu zamknęła sprzedaż o wartości 58 procent swojego obrotu za cały poprzedni rok. Była totalnie zaskoczona tym, jaką różnicę zrobiło to, że zaczęła koncentrować całą swoją energię na największych z jej potencjalnych klientów.

Jakim klientom i na jakie rynki możesz sprzedać bardzo dużo tego, co oferujesz? Gdzie są ci klienci i te rynki? Jak możesz tam wejść?

Gruntownie przeanalizuj rynek

Możesz użyć swojej kreatywności do rozpoznania swoich największych i najlepszych możliwości handlowych. To wymaga od ciebie regularnego, wielokrotnego zadawania pytań dotyczących twojego rynku.

Kim dokładnie jest twój klient?

Zrób listę wszystkich cech, jakie posiada twój klient idealny. W jakim jest wieku? Jakie ma wykształcenie? Czym się zajmuje? Jakiego rzędu ma dochody? Jakie ma doświadczenia? Jak jest nastawiony? Czego potrzebuje? Im bardziej precyzyjnie opiszesz klienta idealnego, tym łatwiej będzie ci znaleźć więcej takich klientów.

Kto obecnie kupuje twój produkt lub usługę?

Zastosuj zasadę 80/20. Skoncentruj się na 20 procentach klientów, którzy reprezentują 80 procent twojej sprzedaży. Kim oni są? Co mają ze sobą wspólnego? Jak możesz znaleźć więcej klientów dokładnie takich jak oni?

Kim będą twoi przyszli klienci?

Rynek nieustannie się zmienia, dlatego ty również musisz się zmieniać. Planuj na pięć lat do przodu. Przyjrzyj się obecnym trendom i odpowiedz na pytanie: kim najprawdopodobniej będą twoi najlepsi klienci za pięć lat?

Jakie są trendy w twojej branży i na twoim rynku?

Jakie zachodzące obecnie zmiany mogą zmusić cię, abyś zmienił sposób sprzedawania albo zaczął sprzedawać innym ludziom? W jakich kierunkach porusza się twój rynek? Jak zmieniają się twoi klienci?

Jakie nowe rynki mogą się otworzyć na twój produkt lub usługę?

Kogo jeszcze, do kogo dotychczas nie dotarłeś, możesz znaleźć w obszarze, w którym się specjalizujesz, oferujesz ważne korzyści i odróżniasz od konkurentów?

Dlaczego klienci kupują od ciebie?

Jakie korzyści klienci widzą w kupowaniu twojego produktu lub usługi? Które części produktu lub usługi twoi klienci najbardziej doceniają i chwalą? Gdzie są „gorące przyciski", które sprawiają, że twoi klienci kupują? Musisz znać odpowiedzi na te pytania.

Kim lub czym jest twoja konkurencja?

Kim są twoi główni i pomniejsi konkurenci? Jakie korzyści twoi potencjalni klienci widzą w kupowaniu od twoich konkurentów? Jak możesz poprawić atrakcyjność swojej oferty tak, żeby klienci uznali ją za nie gorszą od tego, co proponuje im twoja konkurencja? Czy możesz przedstawiać swoją ofertę tak, aby ludzie kupowali od ciebie, a nie od twoich rywali? Dobre pozycjonowanie oferty jest w wielu przypadkach tym, co pozwala wejść na szeroki rynek. Jeśli firma właściwie sytuuje siebie względem konkurentów, jej sprzedaż często wzrasta o kilkaset procent.

Apple kontra Microsoft

Apple Computer był firmą, która stworzyła branżę małych komputerów osobistych i oprogramowania do nich. Apple otworzył sobie drogę na szeroki rynek, oferując przyjazny dla użytkownika komputer osobisty, najpierw model Apple One, a potem Apple Two. Po krótkim czasie Apple stał się liderem rynku, a komputery tej marki sprzedawały się w setkach tysięcy sztuk.

Microsoft wszedł na rynek później niż Apple. Postawił sobie za cel dogonienie i prześcignięcie Apple pod względem wielkości sprzedaży. Lecz zamiast na komputerach, Microsoft skoncentrował się na oprogramowaniu – na systemach operacyjnych – i skłonił innych producentów oprogramowania do tworzenia aplikacji kompatybilnych z programami Microsoftu.

Strategie tych dwóch firm były zupełnie różne. Apple rozwinął systemy niekompatybilne z innymi po to, by mieć wyłączność na swoje kody operacyjne oraz sprzęt i móc narzucać wyższe ceny dające wyższe marże. W szczytowej fazie średni zysk netto z każdego sprzedanego produktu Apple wynosił 49 procent przychodu ze sprzedaży. To przyniosło tej firmie nieprawdopodobne dochody.

Inna strategia

Microsoft zarządzany przez Billa Gatesa i Steve'a Ballmera postawił sobie za cel zniwelowanie przewagi konkurencyjnej Apple, firmy przyciągającej klientów oprogramowaniem przyjaznym dla użytkownika. Microsoft, zamiast chronić swoją wyłączność na kody aplikacji, udostępnił je producentom oprogramowania na całym świecie. Jednocześnie, w miarę postępu technologicznego, Microsoft obniżał cenę systemu operacyjnego MS-DOS. Nastawił się nie na wysoką marżę jednostkową, ale na potężny – znacznie wyższy niż u Apple – wolumen sprzedaży.

Kiedy na polu walki opadł kurz, okazało się, że Microsoft kontroluje 90 procent globalnego rynku komputerów osobistych. Apple, choć do dziś jest kojarzony z błyskawicznym, błyskotliwym sukcesem rynkowym, został prześcignięty pod względem udziału w rynku i jak dotąd nie odrobił strat. W 2004 roku udział Apple w rynku obniżył się o 3 procent, mimo że wielu ludzi ocenia produkty Apple jako technologicznie lepsze w stosunku do tego, co oferuje Microsoft. Co lub kto jest twoją konkurencją i jak zamierzasz sytuować w stosunku do niej swój produkt lub usługę?

Ignorancja szkodzi

Czasami twoją najgroźniejszą konkurencją nie jest inna firma – jest nią ignorancja. Klienci po prostu nie wiedzą, że twój produkt jest dostępny. Twój produkt może być nowy, mało znany i niewystarczająco rozreklamowany. Czasami największą przeszkodą, jaką musisz pokonać, jest nieświadomość tego, co twój produkt może zrobić dla klienta.

W sprzedaży strategicznej zawsze konkurujesz z kimś lub z czymś. Cokolwiek sprzedajesz, na twoim rynku są dostępne produkty alternatywne. Musisz się dowiedzieć, co myślą o twojej ofercie potencjalni klienci, a potem przedstawiać ją tak, aby klienci uznali ją za lepszą niż wszystko to, co proponują twoi konkurenci.

Pod pewnymi względami sprzedaż przypomina wojnę. Na wojnie decyzje zawsze podejmuje się z uwzględnieniem tego, co robi albo co prawdopodobnie zrobi przeciwnik. Wiele spośród najważniejszych decyzji w sprzedaży zależy od tego, co robią albo co prawdopodobnie zrobią twoi konkurenci.

Co daje ci przewagę konkurencyjną?

Przewagę konkurencyjną daje ci twój obszar dyferencjacji, o czym wspomniałem wcześniej. Na czym polega twoja przewaga nad konkurentami? Pod jakimi względami i dlaczego jesteś od nich lepszy? Jak powiedział kiedyś Jack Welch, dyrektor zarządzający General Electric: „Jeśli nie masz przewagi konkurencyjnej, nie konkuruj!".

Twoja przewaga konkurencyjna jest bez wątpienia najważniejszym powodem, dla którego klienci wolą produkt twój, a nie konkurentów. Pełne zrozumienie natury przewagi konkurencyjnej jest kluczem do zbudowania skutecznej i kreatywnej prezentacji handlowej.

W kwestii swojej przewagi konkurencyjnej musisz mieć taką jasność, że gdyby ktoś wyrwał cię z głębokiego snu o trzeciej nad ranem i spytał: „Dlaczego twój produkt jest lepszy od tego, co oferują wszyscy inni?", potrafiłbyś z miejsca udzielić odpowiedzi.

Twój obszar przewagi

Klienci kupują określony produkt lub usługę, ponieważ czują, że w jakiś sposób jest to coś lepszego od innych, podobnych ofert. Czasami decyduje niższa cena. Czasami chodzi o jakąś konkretną cechę lub korzyść. Czasami najbardziej liczy się to, że ludzie lubią handlowca jednej firmy bardziej niż handlowca innej firmy. A kiedy indziej przewaga konkurencyjna wynika stąd, że jesteś pierwszą osobą, która wyjaśnia klientowi, jak bardzo twój produkt lub usługa może ułatwić mu życie lub pracę.

Bez względu na to, w czym tkwi przewaga konkurencyjna, klient zawsze wybiera to, co uważa za najlepsze w danych okolicznościach. Twoim zadaniem jest pokazać mu, że t w ó j produkt lub usługa jest właśnie tym czymś.

U każdego to samo

Nie tak dawno temu na jednym z moich seminariów podszedł do mnie młody człowiek. Potrzebował porady. Pracował dla jednej z dziesięciu firm, które sprzedawały elektronarzędzia wykonawcom budowlanym na lokalnym rynku. Jednak każdy z tych dziesięciu dostawców kupował narzędzia od tego samego producenta i sprzedawał je po tych samych cenach tym samym klientom. Co więcej, rynek elektronarzędzi był wtedy w fazie kryzysu.

Mężczyzna ten spytał mnie: „Jak mam w tych okolicznościach zdefiniować unikalne cechy handlowe i zbudować przewagę konkurencyjną?". Odparłem, że to nie jest za bardzo możliwe. Z tego, co powiedział, wynikało, że sprzedaje coś, co każdy może kupić od kogoś innego po tej samej cenie, w tej samej jakości i na tych samych warunkach. Jego produkty nie miały unikalnych cech handlowych. Na rynku dotkniętym kryzysem było mniej sprzedaży dla każdego. Wtedy ta branża nie miała wielkiej przyszłości.

Uczyń produkt jedynym w swoim rodzaju

Oferuj produkt lub usługę jako coś, co jest pod jakimś względem j e d y n e w s w o i m r o d z a j u. To jedno z najbardziej kreatywnych zadań, jakich możesz się podjąć. Twój produkt lub usługa musi oferować korzyści, za które klienci są skłonni zapłacić i które nie są dostępne nigdzie indziej. Jeśli to, co sprzedajesz, jest jak inne produkty, możesz zwiększyć sprzedaż tylko w jeden sposób: poprzez dłuższą i cięższą pracę, docieranie do większej liczby potencjalnych klientów i poleganie na prawie średniej. Jednak wielką przyszłość twój produkt może mieć tylko wtedy, kiedy będzie jedyny w swoim rodzaju i inny niż podobne produkty dostępne w danym czasie na rynku.

Wystaw do przodu swoją najlepszą figurę

W kreatywnej sprzedaży przewagę zawsze daje ci najważniejsza korzyść, jaką produkt może dać klientowi, w porównaniu z tym, co proponują konkurenci. Ta korzyść staje się kluczowym czynnikiem w twojej reklamie, w poszukiwaniu potencjalnych klientów i w innych działaniach handlowych. Kiedy spotykasz potencjalnego klienta, który potrzebuje unikalnych korzyści z twojego produktu, sprzedaż przychodzi łatwo.

Duże firmy inwestują mnóstwo czasu i pieniędzy w budowanie reputacji swoich unikalnych propozycji sprzedaży. Kiedy IBM był największą firmą komputerową na świecie, miał wyjątkową reputację pod względem obsługi klienta. Ta firma wydawała ponad miliard dolarów rocznie na zapewnienie klientom szybkiej, niezawodnej pomocy w przypadku awarii ich komputerów. Do dużych klientów mających wiele komputerów IBM wysyłał kilkuosobowe zespoły specjalistów z różnych zakątków świata. Zespoły te wsiadały do samolotów, przybywały do klientów i usuwały usterki w ciągu dwudziestu czterech godzin. Reputacja firmy zapewniającej tak doskonałe wsparcie techniczne uczyniła IBM światowym liderem branży komputerowej.

Co ciekawe, IBM nigdy nie miał produktów lepszych, szybszych i tańszych niż konkurenci. Inne firmy oferowały lepsze produkty, posiadające więcej funkcji, po niższych cenach. IBM nawet nie próbował podbijać rynku najlepszym i najnowszym sprzętem. Zamiast tego skoncentrował się na budowaniu reputacji swojego wsparcia technicznego. Dzięki tej przewadze IBM stał się najlepszą w swoim rodzaju firmą na świecie.

Zapieraj dech

Jakiś czas temu dystrybutorzy wódki Smirnoff próbowali wprowadzić swój produkt na rynek USA. Z początku bez wielkich sukcesów. Wtedy wódka była (w Ameryce) uznawana nie tylko za trunek obcy, lecz także przede wszystkim rosyjski. Trwała zimna wojna i Amerykanie byli niezbyt dobrze nastawieni do rosyjskich produktów, zwłaszcza do nowego rodzaju trunku.

Dystrybutorzy Smirnoffa wydali potężne pieniądze na próby przedstawiania wódki jako wysokiej klasy trunku kojarzonego z whisky, scotchem, ginem, rumem i innymi podobnymi. Nic z tego nie wyszło. W końcu odkryli unikalną cechę handlową[4] Smirnoffa: tę wódkę możesz pić bez obawy, że ktoś wyczuje w twoim oddechu alkohol.

Dystrybutorzy natychmiast stworzyli na bazie unikalnej cechy handlowej kampanię reklamową z dwoma sloganami: „Smirnoff! Zapiera ci dech" oraz „Smirnoff! Zostawia cię bez tchu".

Sprzedaż Smirnoffa natychmiast wzrosła do 50 milionów, a potem do 500 milionów dolarów rocznie. Smirnoff ożywił rynek wódki w USA, na którym obecnie sprzedaż grubo przekracza miliard dolarów rocznie. Przewagą konkurencyjną Smirnoffa stało się to, że ludzie mogą go pić przy lunchu, a potem wracać do biura i nie dać się „wyczuć" współpracownikom. Ta unikalna cecha zapewniła produktowi wielki sukces marketingowy.

Jak możesz opisać lub pozycjonować swój produkt, zapewniając mu podobną przewagę? Co jest twoją unikalną propozycją sprzedaży?

Kim są twoi nie-klienci?

Kim są ludzie, którzy mogliby korzystać z twojego produktu lub usługi i którzy obecnie nie kupują go ani od ciebie, ani od twoich konkurentów? To ludzie, których obecnie w ogóle nie ma na rynku. Tymczasem to właśnie nie-klienci stanowią największy, jeszcze nieodkryty rynek na twój produkt lub usługę. Jeśli potrafisz wskazać, kim oni są, i znaleźć sposób dotarcia do nich, będziesz w stanie sprzedawać tam, gdzie nie ma obecnie żadnej sprzedaży, konkurencja jest niewielka, a ceny mogą być wysokie.

Potężny nieodkryty rynek

Ci ludzie często są późnymi użytkownikami – czekają, aż nowy produkt będzie przetestowany i sprawdzony przez większość kupujących

[4] W oryginale: *unique selling feature*, w skrócie USF – *przyp. tłum.*

i dopiero wtedy zaryzykują zakup. Firma, która znajduje sposób, by otworzyć ten rynek nie-klientów – późnych użytkowników – często prześciga konkurentów.

Na myśl przychodzą natychmiast trzy przykłady: faks, komputer osobisty i telefon komórkowy. W każdym z tych przypadków z początku tylko nieliczni ludzie byli skłonni zaryzykować zakup produktu nowej technologii. Pierwsze modele tych produktów były duże, nieporęczne i mało wydajne. Do noszenia pierwszych telefonów komórkowych ludzie potrzebowali walizek.

Lecz kiedy te trzy innowacje zostały zaakceptowane przez ludzi w biznesie i trafiły do biur, tama zaczęła pękać. Nagle nie-klienci weszli na rynek milionami. Obecnie komputery, faksy i telefony komórkowe mają nawet dzieci. Co więcej, ludzie nieustannie wymieniają je na nowsze, lepsze, szybsze i tańsze modele. To, co niegdyś było rynkiem wczesnych użytkowników, stało się branżą wartą miliardy dolarów. Jak możesz wykorzystać to doświadczenie na rynku swoich produktów lub usług?

Niegłosujący

A oto inny przykład. Na rynku politycznym największą siłą także są nie-klienci – ludzie, którzy nie chodzą na wybory. Partia polityczna, która zdoła nakłonić ludzi niegłosujących do oddania na nią głosów, wygra praktycznie każde wybory. Około czterdziestu procent uprawnionych do głosowania w ogóle nie chodzi na wybory. To największy elektorat.

Dlaczego nie kupują?

Największym źródłem nowych klientów są ludzie, którzy obecnie nie kupują produktów ani od ciebie, ani od żadnego z twoich konkurentów. Jeśli potrafisz się dowiedzieć, dlaczego ci ludzie teraz nie kupują, prawdopodobnie zdołasz otworzyć nowy rynek i sprzedawać więcej niż kiedykolwiek wcześniej.

Pytaj, d l a c z e g o n i e - k l i e n c i n i e k u p u j ą. Co w ich percepcji powstrzymuje ich przed kupowaniem tego, co sprzedajesz? Jakie wątpliwości musiałbyś pokonać, aby skłonić ich do wejścia na twój rynek? Jak możesz przełamać ich ignorancję i uświadomić im, co mogą zyskać na twoim produkcie lub usłudze? Jak możesz zwalczyć strach, który ich powstrzymuje?

Często najprościej jest wejść na rynek nie-klientów, wskazując konkretną korzyść, którą nie-klienci cenią i której pożądają na tyle, aby byli skłonni kupować dany produkt lub usługę. Przekonuj potencjalnych klientów, że na pewno uzyskają korzyść, która zmotywuje ich do zakupu, a następnie wystaw bezwarunkową gwarancję satysfakcji. Koncentrowanie się na kluczowej korzyści i wspieranie jej silnymi gwarancjami to często dobry sposób przełamania oporu przed zakupem.

Kiedy twoi klienci kupują?

Kiedy twoi klienci kupują najchętniej? W którejś z faz cyklu rozwoju firmy czy może o określonej porze roku? Czy twoi klienci kupują wtedy, kiedy ich działalność się rozwija, czy wtedy, kiedy się kurczy? Niektóre usługi są najbardziej pożądane w czasie kryzysu, a inne w fazie szybkiego rozkwitu.

O jakiej porze roku twoi klienci kupują najwięcej? W jakiej fazie cyklu rozwoju firmy sprzedaż jest najwyższa? Niektóre produkty są najbardziej odpowiednie dla firm nowo powstałych, a inne chętniej kupują firmy w fazie dojrzewania. Jeszcze inne są najbardziej atrakcyjne dla dużych firm o ustabilizowanej pozycji rynkowej.

Co skłania do zakupu?

Niektórzy ludzie kierują się i m p u l s e m. Kupują natychmiast, kiedy produkt pojawia się na rynku. To ci sami ludzie, którzy oglądają nowe filmy w dniu premiery. Chodzą do nowych restauracji zaraz po ich otwarciu. Przymierzają w sklepach najnowsze kreacje mody. Do tej grupy należy od pięciu do dziesięciu procent klientów. To ludzie, którzy sięgają po nowe rzeczy, nie wiedząc, czy są one dobre, czy nie.

Wielu ludzi kupuje produkt tylko wtedy, kiedy ma on już dwu- albo czteroletnią historię na rynku, przyjął się i jest popularny. Jest mnóstwo produktów, które przyjmują się na rynku dopiero po czterech lub pięciu latach. Na masowym rynku często potrzeba długiego czasu, aby klienci zyskali wystarczającą pewność siebie i zaczęli kupować produkt w dużej ilości. Weźmy na przykład komputery osobiste.

> Wielu ludzi kupuje produkt dopiero wtedy, kiedy ma on już dwu- albo czteroletnią historię na rynku, przyjął się i jest popularny.

Jest wielu kupujących, którzy sięgają po produkty i usługi dopiero wtedy, kiedy są one w fazie dojrzałości, zbliżają się do końca swojego cyklu życia i kiedy są już wypierane przez inne, szybsze, lepsze i tańsze. Zyski z produktu lub usługi w tej fazie cyklu są bardzo niewielkie.

Są także klienci, którzy kupują produkt tuż przed wycofaniem go z rynku.

Co musi się stać, aby klient kupił?

Klient często kupuje produkt lub wypróbowuje usługę dopiero wtedy, kiedy dostaje rekomendację od kogoś, komu ufa. Czasami wymaga to tego, aby klient porozmawiał z kimś, kto już kupił i jest z tego zadowolony. Klient czuje się wystarczająco zabezpieczony dopiero wtedy, gdy zostanie zachęcony przez kogoś innego.

Oto dwa pytania, które warto zadać wahającemu się potencjalnemu klientowi:

- Co musiałoby się stać, aby zaakceptował pan tę ofertę?
- O czym musiałaby pani być przekonana, aby kupić ten produkt lub usługę?

Odpowiedzi na te pytania otworzą ci drogę do sprzedaży.

Używaj listów polecających

Jednym z najpotężniejszych narzędzi sprzedaży są listy polecające. Kiedy mówisz, że twój produkt jest doskonały i że jest to dla klienta dobry wybór, on bierze na twoje słowa dużą poprawkę, ponieważ jesteś stroną sprzedającą. Lecz gdy twój produkt poleca ktoś inny, kto go kupił, klient wierzy tej ocenie i akceptuje ją o wiele łatwiej.

Parę lat temu, kiedy tworzyłem jedną z moich firm, przekonywanie potencjalnych klientów przychodziło mi z trudem, ponieważ byłem na rynku od krótkiego czasu. Jednak każdy, z kim pracowałem, był zadowolony z moich usług. Postanowiłem poświęcić tydzień na złożenie wizyty każdemu z moich klientów. Prosiłem ich o napisanie listu polecającego o tym, jak bardzo podobały im się moje usługi, w którym rekomendowaliby moje usługi innym ludziom.

Większość klientów zgadzała się natychmiast. Chodziłem po klientach, dopóki nie zebrałem całego segregatora listów polecających w foliowych koszulkach. To odmieniło moją karierę w sprzedaży.

Moja zwycięska strategia

Od tamtej pory na początku każdego spotkania z nowym potencjalnym klientem mówiłem:

– Zanim zaczniemy, proszę pozwolić mi pokazać listy, z których jestem szczególnie dumny. Oto listy od moich klientów.

Wręczałem rozmówcy segregator z listami do przejrzenia. Odkryłem, że ludzie uwielbiają czytać listy polecające. To jest jak czytanie czyjejś poczty. Później żółtym flamastrem podświetlającym wyróżniłem najlepsze zdania w każdym liście, aby od razu rzucały się klientowi w oczy.

To było zadziwiające! Potencjalni klienci często podnosili głowę znad segregatora i mówili:

– Kupuję to. Jak szybko możemy zacząć?

Moja sprzedaż zwiększyła się dwukrotnie, trzykrotnie, a nawet czterokrotnie. W pierwszych dwóch miesiącach po tym, jak zacząłem używać listów polecających, sprzedałem więcej niż przez cały poprzedni rok.

Wielu ludzi napisze ci list polecający, jeśli tylko o to poprosisz. Lecz czasami klienci po prostu nie mają na to czasu. W takim przypadku zaproponuj, że sam napiszesz list polecający i poproś tylko o to, aby klient wydrukował go na swoim papierze firmowym i podpisał. To zadziwiające, jak wielu klientów zrobi to, jeśli tylko ich poprosisz.

Rozwiewaj wątpliwości listami polecającymi

Jeśli klienci raz za razem mają te same obiekcje – zwłaszcza gdy narzekają na wysoką cenę albo na to, że twoja firma lub produkt są nowe na rynku – o rozwianie tych wątpliwości poproś klientów, którzy już od ciebie kupili i są zadowoleni. Niech usatysfakcjonowani klienci napiszą listy polecające (albo ty napisz je za nich).

Powiedzmy, że twój produkt jest droższy niż to, co oferują konkurenci, i klienci ciągle ci to wyrzucają. Możesz poprosić o list polecający (lub napisać go sam), który mógłby wyglądać tak:

Drogi Brianie,

Chcę tylko napisać i powiedzieć Ci, jak jesteśmy zadowoleni z Twojego produktu. Kiedy pierwszy raz rozmawialiśmy, miałem wątpliwości co do wysokiej ceny. Lecz od kiedy zacząłem korzystać z Twojego produktu, przekonałem się, że korzyści i rezultaty są o wiele większe niż mała różnica w cenie, jaką zapłaciłem. Dziękujemy Ci za wszystko.

Z poważaniem,
Zadowolony klient

Taki list jest wart tyle złota, ile sam waży. Zdobądź kilka takich listów, a podwoisz i potroisz sprzedaż w krótkim czasie. Wkrótce kupować od ciebie będzie każdy, z kim porozmawiasz.

Najlepsza reklama

> 85 procent wszystkich transakcji sprzedaży ma miejsce zaraz po tym, kiedy ktoś mówi, że produkt lub usługa są dobre.

Najpotężniejsza ze wszystkich form reklamy jest reklama szeptana. 85 procent wszystkich transakcji sprzedaży ma miejsce zaraz po tym, kiedy ktoś mówi, że produkt lub usługa są dobre. Wszelka inna reklama jest próbą skłonienia ludzi do wypróbowania produktu lub usługi po to, żeby mógł się rozpocząć proces reklamy szeptanej.

Wytwórnie filmowe wydają osiemdziesiąt lub więcej procent pieniędzy zaplanowanych w budżetach reklamowych w jednym tygodniu – w tygodniu premiery filmu. Ich celem jest przyciągnięcie do kin jak największej liczby ludzi w jak najkrótszym czasie. Czasami chodzi o to, aby widzowie nie zdążyli zorientować się, że film jest niezbyt dobry, a kiedy indziej celem jest to, aby jak najwięcej widzów mogło polecić film znajomym, którzy zapełnią kina później.

W 2004 roku filmy *Pasja* Mela Gibsona i *Fahrenheit 9/11* Micheala Moore'a zarobiły dla swoich producentów fortunę za sprawą reklamy szeptanej, która w obu tych przypadkach miała miejsce na nadzwyczaj wielką skalę.

Kiedy ostatni raz wybrałeś restaurację, wertując książkę telefoniczną? Decydujemy się na tę albo inną restaurację, ponieważ ktoś m ó w i nam, że w niej był i bardzo mu się podobało. Dopiero wtedy wybieramy się tam sami. Reklama szeptana jest kluczem do wszystkiego.

Nie bój się pytać

Z a d o w o l e n i k l i e n c i są twoim najlepszym źródłem dalszej sprzedaży i referencji. Jeśli poświęcisz im czas i spytasz, czemu kupili od ciebie, a nie od kogoś innego, odpowiedzą ci. A kiedy już dowiesz się, dlaczego klienci od ciebie kupują, będziesz mógł podawać te powody każdemu nowemu potencjalnemu klientowi, z którym się spotkasz.

Zadzwoń do zadowolonego klienta lub odwiedź go. Wybierz kogoś, kogo lubisz i kto lubi ciebie. Powiedz mu, że twoja firma bada rynek: „Rozmawiamy z naszymi najcenniejszymi klientami, aby zorientować się, jak możemy im lepiej służyć w przyszłości. Czy mogę zadać panu parę pytań?".

Następnie zadaj pytania, na przykład takie:

- Dlaczego postanowiła pani kupić od nas, a nie od kogoś innego?
- Jaką konkretną korzyść lub wartość daje panu nasz produkt?
- Jak możemy w przyszłości udoskonalić ten produkt?
- Jak pani sądzi, jakiego typu klient skorzysta na naszym produkcie najbardziej?
- Czy jest coś wyjątkowego, co daje nasz produkt, a czego nie spodziewał się pan przy zakupie?

Nigdy nie bój się pytać.

Jeśli zadasz zadowolonemu klientowi wystarczająco dużo pytań i będziesz uważnie słuchał odpowiedzi, rozmówca powie ci wszystko, co powinieneś wiedzieć, aby sprzedawać więcej większej liczbie ludzi i zamykać transakcje szybciej oraz łatwiej niż kiedykolwiek wcześniej.

Regularnie ćwicz burzę mózgów

To jeden z najlepszych sposobów stymulowania kreatywności, wskazywania nowych możliwości i przyspieszania kariery w sprzedaży. Mówimy o „metodzie 20 pomysłów". Kiedy zaczniesz tą metodą regularnie tworzyć pomysły, a później wprowadzać w życie niektóre z nich, w kilka miesięcy twoje dochody podwoją się, a potem wzrosną jeszcze bardziej.

Oto jak działa ta metoda. Weź kartkę papieru. Na górze napisz, w formie pytania, swój największy cel lub najbardziej uciążliwy problem. Możesz napisać na przykład: „Jak mogę podwoić dochody w ciągu następnych dwunastu miesięcy?".

Możesz to ująć jeszcze bardziej konkretnie: „Jak mogę podnieść dochody z 50 tysięcy do 100 tysięcy dolarów rocznie w ciągu następnych dwunastu miesięcy?".

Pisz jasno i konkretnie

Im bardziej klarowne i konkretne będą twoje pytania, tym łatwiej będzie twojemu umysłowi znaleźć na nie wiele odpowiedzi. Ta metoda burzy mózgów ma największy sens wtedy, gdy poszukujesz konkretnych odpowiedzi na konkretne pytania.

Przykład? Nie pisz: „Jak mogę być bardziej szczęśliwy?". Takie pytanie jest ogólne i ulotne, więc twój umysł nie będzie wiedział, na czym ma się koncentrować i nie udzieli na nie precyzyjnych, wykonalnych odpowiedzi.

Kiedy już sformułujesz właściwe pytanie, wypracuj na nie dwadzieścia odpowiedzi i przelej je na papier. Sformułuj je w pierwszej osobie liczby pojedynczej, w czasie teraźniejszym i nadaj im pozytywny wydźwięk. Na przykład zamiast pisać „Wykonywać więcej rozmów", sformułuj to tak: „Wykonuję codziennie o pięć rozmów więcej". Im bardziej konkretnie napiszesz odpowiedzi, tym więcej pomysłów będą one stymulować.

Napisz co najmniej dwadzieścia odpowiedzi

Napisz na swoje pytanie co najmniej dwadzieścia odpowiedzi. Jeśli chcesz, napisz więcej odpowiedzi, ale nie przestawaj pisać, dopóki nie będziesz miał ich co najmniej dwudziestu. Istnieją powody, dla których liczba 20 wywołuje magiczny efekt. Bardzo często dwudziesta odpowiedź jest przełomową ideą, która odmienia karierę.

Kiedy już napiszesz dwadzieścia odpowiedzi, przejrzyj całą listę i wybierz co najmniej jedną odpowiedź-*ideę*, którą natychmiast wprowadzisz w życie. Zrób to teraz – w tej minucie. Nie odkładaj tego na później. To bardzo ważne.

Kiedy przełożysz wybraną odpowiedź na swoje działania, w każdej chwili bądź otwarty na kolejne twórcze idee. Co chwila będą ci przychodziły do głowy nowe pomysły i spostrzeżenia, które mogą poprawić twoją skuteczność i wydajność. Twój umysł będzie świecił jak świąteczna choinka z mnóstwem lampek. Wzniesiesz się na wyższy poziom świadomości i gotowości do działania. Będziesz szybko i sprawnie znajdował rozwiązania problemów nie tylko swoich, lecz także innych ludzi.

Klucz do bogactwa

Earl Nightingale, autor metody 20 pomysłów, powiedział, że dzięki tej metodzie wzbogaciło się więcej ludzi niż dzięki jakiejkolwiek innej stosowanej dotąd technice kreatywnego myślenia. Z doświadczenia własnego i tysięcy moich seminarzystów wiem, że metoda 20 pomysłów odmienia życie. Kiedy po nią sięgniesz, zaczniesz ją stosować do wszystkich swoich problemów i celów. Możesz ją wykorzystać w planowaniu każdego projektu, dużego albo małego. Metoda 20 pomysłów pomoże ci zarówno w budowaniu domu, jak i kariery. Osiągniesz dzięki niej zadziwiające rezultaty.

Skumulowane rezultaty

Gdybyś każdego ranka wybierał inny (lub nawet ten sam po kilka razy) problem lub cel i powtarzał to ćwiczenie na burzę mózgów, tworzyłbyś co najmniej dwadzieścia pomysłów dziennie. Gdybyś robił to pięć razy w tygodniu przez pięćdziesiąt tygodni w roku, miałbyś co roku pięć tysięcy nowych pomysłów, które pomogłyby ci w osiąganiu większych sukcesów.

Gdybyś codziennie wybierał po jednym z tych pomysłów i natychmiast wprowadzał go w życie, doszedłbyś do dwustu pięćdziesięciu pomysłów rocznie, które pomagałyby ci szybciej osiągać cele zawodowe i osobiste.

Ważne pytanie

Czy myślisz, że gdybyś wprowadzał w życie co roku dwieście pięćdziesiąt nowych pomysłów na sukces, wpłynęłoby to w jakikolwiek sposób na twoje życie? Czy dzięki temu wzrosłyby twoje dochody? Czy sądzisz, że jeden pomysł na ulepszenie każdego dnia może odmienić twoje życie tak bardzo, że po roku będziesz kimś całkiem innym?

Marshall McLuhan napisał kiedyś, że wszystkim, czego potrzebujesz, jest pomysł na zarobienie miliona, przy czym wystarczy, aby ten pomysł był nowy tylko w dziesięciu procentach. Nie musisz odkrywać niczego na miarę teorii względności i nie musisz dokonywać przełomu naukowego. Potrzebujesz tylko drobnego usprawnienia w tym, co obecnie robisz. Jedna mała przewaga w zupełności wystarczy, abyś znalazł się na ścieżce szybkich sukcesów i zdystansował wszystkich innych.

Kiedy zaczniesz tworzyć codziennie po jednym pomyśle, będziesz zaskoczony rezultatami. Staniesz się jednym z najbardziej twórczych i najlepiej opłacanych specjalistów w swoim zawodzie. Kiedy regularne kreatywne myślenie i wdrażanie twórczych pomysłów wejdzie ci w nawyk, nie będzie produktu, którego nie potrafiłbyś sprzedać, ani celu, którego nie potrafiłbyś osiągnąć.

Działania do przećwiczenia

1. Jesteś genialny. Postanów już dziś, że będziesz wykorzystywał swoją wrodzoną kreatywność do rozwiązywania wszelkich problemów, pokonywania wszelkich przeszkód i osiągania wszelkich celów, jakie sobie wyznaczysz.
2. Napisz na górze kartki, w formie pytania, swój najważniejszy cel. Potem napisz dwadzieścia odpowiedzi na to pytanie i zacznij działać: wprowadź w życie co najmniej jedną z tych odpowiedzi. Rób to codziennie.

3. Znajdź swoje obszary doskonałości i przewagi w sprzedawaniu twojego produktu lub usługi. Co sprawia, że sprzedajesz lepiej niż ktokolwiek z twoich konkurentów?
4. Określ, dlaczego twoi klienci kupują od ciebie, a nie od kogoś innego. Którzy potencjalni klienci mogą najbardziej skorzystać na tym, co oferujesz?
5. Którzy potencjalni klienci są dla ciebie najważniejsi? Postanów, co zrobisz, aby móc poświęcać im więcej czasu niż pozostałym.
6. Znajdź liczący się wyróżnik swojego produktu lub usługi. Dowiedz się, jacy ludzie kupują to, co oferujesz, a potem pokaż im, dlaczego twój produkt lub usługa jest dla nich najlepszą opcją.
7. Zbierz listy polecające od zadowolonych klientów. Wyróżnij flamastrem podświetlającym najlepsze zdania tych listów, a potem zapakuj je w koszulki i wsadź do segregatora. Pokazuj te listy każdemu nowemu potencjalnemu klientowi.

Największym przywilejem człowieka jest możliwość ciężkiej pracy nad dziełem, które jest tego warte.

– THEODORE ROOSEVELT

ROZDZIAŁ 5
Umawiać więcej spotkań

Jeśli człowiek zrobił co w jego mocy, dał z siebie wszystko i przy tym zaspokoił potrzeby swojej rodziny oraz społeczeństwa, to znaczy, że rozwinął w sobie nawyk sukcesu.

– Mack R. Douglas

Najważniejsza zasada sukcesu w sprzedaży brzmi: spędzaj więcej czasu z lepszymi potencjalnymi klientami. Ta zasada składa się z zaledwie siedmiu słów, lecz skutecznie podsumowuje dobrą strategię sprzedaży. Im więcej czasu spędzasz z lepszymi potencjalnymi klientami, tym większa, zgodnie z teorią prawdopodobieństwa, będzie twoja sprzedaż i tym większy osiągniesz sukces.

Znajdowanie nowych ludzi i nawiązywanie z nimi pierwszego kontaktu jest jedną z najtrudniejszych rzeczy w sprzedaży. Wszelka reklama i promocja służy temu, aby przyspieszać i ułatwiać proces poznawania nowych potencjalnych klientów. Poszukiwanie ich wywołuje stres i frustrację – najczęstsze przyczyny, dla których tak wielu handlowców traci serce do pracy i rezygnuje z możliwości owocnej kariery w sprzedaży.

Możesz opanować każdą umiejętność

Na szczęście poszukiwanie potencjalnych klientów jest umiejętnością, którą możesz opanować. To, że ktoś inny jest dobry w poszukiwaniu potencjalnych klientów, stanowi dowód na to, że ty też możesz być w tym dobry. Po prostu musisz opanować strategie i techniki stosowane przez tych najlepszych, a potem zastosować je w swojej pracy i ćwiczyć, dopóki nie będziesz czuł się w nich dobrze. Zrób to, a sukces będzie murowany.

Przećwiczyłeś już kreatywne myślenie metodą 20 pomysłów i przeanalizowałeś swój rynek. Określiłeś swoją najważniejszą przewagę konkurencyjną i sformułowałeś swoją unikalną propozycję sprzedaży. Wiesz dokładnie, z jakiego typu ludźmi powinieneś rozmawiać i co powinieneś im mówić. Wiesz, dlaczego powinni kupować od ciebie, a nie od kogoś innego. Załadowałeś swój pistolet i odciągnąłeś kurek. Teraz musisz wycelować i strzelić.

To trudna część zadania. Musisz skontaktować się, przez telefon albo twarzą w twarz, z prawdziwymi, żywymi potencjalnymi klientami, którzy nigdy wcześniej cię nie widzieli. To jeden z najbardziej stresujących kroków w sprzedaży; przestaniesz się bać dopiero wtedy, kiedy to opanujesz.

Proces poszukiwania potencjalnych klientów

Analizuj na bieżąco swój produkt i rynek, a będziesz miał nieprzerwany strumień nowych potencjalnych klientów, z którymi warto się skontaktować. Proces poszukiwania klientów zaczyna się, kiedy nawiązujesz pierwszy kontakt, i kończy się w chwili zamknięcia sprzedaży albo w chwili, kiedy staje się jasne, że do transakcji nie dojdzie. Dlatego każde słowo, jakie kierujesz do klienta od samego wprowadzenia, musi być z góry zaplanowane. Uważne planowanie i dobieranie słów pomoże ci osiągnąć kilka celów. Oto one.

Oderwij klienta od spraw bieżących

Musisz oderwać potencjalnego klienta od spraw bieżących. Każdy, do kogo dzwonisz, jest zajęty i myśli o swoich sprawach. Całkowicie pochłaniają go jego własne problemy, praca, rodzina, zdrowie, biznes lub rachunki do zapłacenia. Jeśli w swoich pierwszych słowach nie oderwiesz rozmówcy od jego spraw, nawet nie zdołasz umówić się na prezentację handlową.

Niektórzy handlowcy dzwonią, przedstawiają się i natychmiast zaczynają mówić o swoim produkcie lub usłudze. Lepiej jest się przedstawić i spytać: „Potrzebuję mniej więcej dwóch minut pani czasu. Czy teraz jest odpowiednia pora na rozmowę?”. Następnie – tylko jeśli rozmówca potwierdzi, że ma parę minut, żeby cię wysłuchać – zadaj kilka pytań nawiązujących do korzyści z tego, co sprzedajesz.

Sprzedawaj spotkanie, a nie produkt

Nigdy nie rozmawiaj przez telefon o produkcie ani o cenie, chyba że możesz zamknąć sprzedaż bez spotykania się z klientem osobiście. To ważna zasada.

Młodzi handlowcy niecierpliwie próbujący umawiać się na spotkania często już w pierwszych paru zdaniach zdradzają szczegóły związane z oferowanym produktem. Jeśli zrobisz tak jak oni, zabijesz sprzedaż. Potencjalny klient nie ma jeszcze wystarczająco dużo informacji, aby brać twoją ofertę na poważnie. Dlatego gdy na tym etapie słyszy o szczegółach, mówi: „Nie jestem zainteresowany" albo „Teraz nie możemy rozważyć tej oferty". Skończy się na tym, że będziesz mówić jak do ściany.

Uważnie dobieraj słowa

Handlowcy często zaczynają mówić o produkcie już podczas pierwszej rozmowy, kiedy rozmówca po drugiej stronie linii telefonicznej podpisuje faktury, przegląda dokumenty lub robi coś innego.

Potencjalny klient jest wtedy myślami o tysiąc kilometrów od produktu; w ogóle nie poświęca ci uwagi. Siedzisz za biurkiem i koncentrujesz się na kliencie, ale on jest zajęty swoimi sprawami. Twoim zadaniem jest oderwanie rozmówcy od tych spraw, zanim zaczniesz mówić o tym, co oferujesz.

Twoje pierwsze słowa powinny być jak cegła rzucona w szybę. Ułóż otwierające zdanie oznajmujące lub pytanie tak, aby przyciągnąć pełną uwagę rozmówcy. Wprowadzenie powinno być zorientowane na rezultat lub korzyść, jaką twój produkt lub usługa da potencjalnemu klientowi. Jednak nie wspominaj we wprowadzeniu o samym produkcie lub usłudze.

Proste odrywające wprowadzenie

Dawno temu pewien młody handlowiec pracował dla fabryki szkła Corning Glass. Był to rok, w którym firma wprowadziła na rynek szyby ochronne. Nowy produkt miał plastikowy płaszcz pomiędzy dwiema warstwami szkła i w efekcie szyba, pękając, nie rozpryskiwała się i była bezpieczniejsza niż większość przednich szyb samochodowych w tamtych czasach.

Młody handlowiec wyruszył sprzedawać swój nowy produkt. W ciągu roku sprzedał więcej szyb ochronnych niż ktokolwiek inny w Ameryce Północnej. Na dorocznym zjeździe handlowców Corning Glass uhonorowano go pierwszą nagrodą za wyniki w sprzedaży i poproszono, aby podzielił się swoim sekretem z innymi handlowcami. Uczestnicy zjazdu chcieli wiedzieć, w jaki sposób ten człowiek sprzedaje o tak wiele więcej niż ktokolwiek inny.

Zademonstruj korzyść

Młody handlowiec wyjaśnił:

„Najpierw idę do fabryki, żeby pociąć szybę na kwadraty o wymiarach sześć na sześć centymetrów. Używam tych kwadratów jako próbek. Potem biorę młotek, który także zabieram na prezentacje handlowe. Kiedy wchodzę do biura klienta, pytam:

– Czy chciałby pan zobaczyć szybę, która nie odpryskuje?

Potencjalny klient z miejsca odpowiada:

– To niemożliwe. Nie wierzę.

Więc kładę na jego biurku próbkę szyby, wyciągam młotek i uderzam. Klient instynktownie podskakuje na fotelu i podnosi rękę, żeby ochronić oczy. Po chwili spogląda na szybę i widzi, że przy uderzeniu nie odprysnął ani jeden kawałek. Jest totalnie zaskoczony.

Reszta jest prosta. Pytam:

– Ile by pan tego chciał?

Wyciągam formularz zamówienia i zaczynam wypisywać".

Naucz tego wszystkich

Kierownictwo Corning Glass było pod wrażeniem tej techniki handlowej. W następnym roku firma kupiła młotki wszystkim swoim handlowcom i rozdała im próbki szkła. To naprawdę zadziałało. Szyby ochronne Corning sprzedawały się w ogromnych ilościach – wręcz na ciężarówki.

Pod koniec następnego roku, na następnym zjeździe handlowców Corning, okazało się, że ów młody człowiek z jakichś powodów wciąż wyprzedza o głowę wszystkich innych w firmie.

Raz jeszcze zaproszono handlowca na podium i uhonorowano pierwszą nagrodą. Raz jeszcze wszyscy pytali: „Jak udało ci się w tym roku wszystkich wyprzedzić?".

Zaangażuj klienta w działanie

Młody handlowiec odpowiedział:

„Cóż, wiedziałem, że wszyscy użyjecie mojej metody, więc musiałem opracować nową. Teraz kiedy idę do klienta, biorę młotek w jedną rękę, a próbkę szyby ochronnej w drugą i pytam:

– Czy chciałby pan zobaczyć szybę, która nie odpryskuje?

Zwykle klient mówi:

– Nie wierzę.

Więc kładę szybę na biurku przed nim, wręczam jemu młotek i proszę, żeby uderzył. Uderza, a szyba nie rozpada się na kawałki. Przekonuje się, że go nie nabieram. Potem wypisuję zamówienie".

Dobrze rozpoczęte znaczy w połowie zakończone

Dobre wprowadzenie z pytaniem nie do zignorowania, zorientowanym na rezultat lub korzyść z twojego produktu, prawie zawsze prowadzi do zamknięcia sprzedaży. Mocne otwarcie odrywa potencjalnego klienta od poprzedniej czynności, stawia go na równe nogi i przykuwa jego uwagę. Sprawia, że rozmówca chce cię wysłuchać.

Guru marketingu Dan Kennedy ma doskonałą technikę testowania tego, jak dobre jest otwarcie pierwszej rozmowy handlowej. Mówi, że otwarcie powinno wywołać następującą reakcję potencjalnego klienta: „Naprawdę? Jak to robicie?".

Przykład:

– Możemy dać wam szybę, która się nie rozpryskuje.

– Naprawdę? Jak to robicie?

Takie otwarcie powinno przykuć uwagę rozmówcy w stu procentach.

Twój czas jest ograniczony

Kiedy zaczyna się spotkanie z potencjalnym klientem, masz tylko trzydzieści sekund na przykucie jego pełnej uwagi. W tych pierwszych trzydziestu sekundach klient podejmuje decyzję, czy cię wysłucha czy nie. Jeśli zaczniesz się rozwodzić na tematy ogólne, klient zniecierpliwi się. Po trzydziestu sekundach wyłączy się. Później trudno ci będzie go odzyskać.

Generalnie eksperci zgadzają się, że pierwsze 15–25 słów, które wypowiadasz, wyznacza ton reszty konwersacji. Powinieneś uważnie dobierać te słowa i regularnie je ćwiczyć. Nie pozostawiaj ich przypadkowi.

> Pierwsze 15–25 słów, które wypowiadasz, wyznacza ton reszty konwersacji.

Wielu handlowców spotyka się z potencjalnymi klientami po raz pierwszy i zastanawia się w myślach: „*Ciekawe, o czym będziemy rozmawiać?*". Ty tak nie rób.

Zaplanuj wprowadzenie słowo po słowie

Twoje pytanie lub zdanie otwierające powinno być zaplanowane słowo po słowie i wielokrotnie przećwiczone przed lustrem. Naucz się go na pamięć, a potem powtarzaj je prawdziwym potencjalnym klientom. Zobacz, jakie będą reakcje. Jeśli potencjalny klient nie odpowie z zainteresowaniem i nie poświęci ci uwagi, ułóż to inaczej. Musisz pracować nad zdaniem lub pytaniem otwierającym tak długo, aż wywołasz pożądaną reakcję:

– Naprawdę? Co to takiego?

Umawianie spotkań „na zimno"

O tym, jak trudno jest sprzedawać przez telefon nieznanym ludziom, wiem z własnego doświadczenia. Kiedy sprzedawałem usługi szkoleniowe, dzwoniłem i mówiłem mniej więcej tak: „Chciałbym porozmawiać z panem o szkoleniu dla państwa handlowców".

Takie wprowadzenie wywoływało automatyczną odpowiedź:

- Nie możemy sobie na to pozwolić.
- Nie mamy czasu szkolić naszych handlowców.
- Mamy własne programy szkoleń handlowych.

- Nasi ludzie nie potrzebują się szkolić.
- Mamy teraz niską sprzedaż i nie możemy wydawać na to pieniędzy.
- Biznes idzie nam kiepsko.
- Nie mamy w budżecie żadnych pieniędzy na szkolenia.

To właśnie, w tej czy innej formie, potencjalni klienci mówią nam cały czas.

Zmień swoje wprowadzenie

Kiedy odkryłem, że takie podejście prowadzi donikąd, zmieniłem je. Przez wiele godzin pracowałem nad słowami wprowadzającymi i zastanawiałem się, jak mógłbym podnieść skuteczność moich rozmów z potencjalnymi klientami w organizacjach zatrudniających handlowców.

W końcu doszedłem do tego, w czym popełniam błąd, i stworzyłem lepszą strategię. Stwierdziłem, że muszę najpierw połączyć się z właściwą osobą, a dopiero potem próbować umówić spotkanie.

Kim jest mój potencjalny klient w organizacji biznesowej? Oczywiście jest nim osoba odpowiedzialna za podejmowanie decyzji dotyczących szkoleń dla handlowców: właściciel albo kierownik działu sprzedaży.

Moim drugim pytaniem było: *Co jest najważniejszą potrzebą lub zmartwieniem mojego klienta idealnego?*

To także było oczywiste. Mój klient idealny n i e był zainteresowany szkoleniami handlowymi. Chciał mieć lepsze wyniki w sprzedaży. Doszedłem do wniosku, że muszę zadać pytanie skoncentrowane na tej konkretnej potrzebie, rezultacie lub korzyści, której poszukuje mój potencjalny klient.

Z powrotem za telefon

Raz jeszcze zacząłem dzwonić do potencjalnych klientów. Ilekroć słyszałem w słuchawce głos sekretarki, zadawałem pierwsze pytanie:

– Kto w pani organizacji odpowiada za sprzedaż i szkolenia handlowe?

Odpowiadała:

– Pan Bogacz, nasz dyrektor handlowy.
– Czy mogę rozmawiać z panem Bogaczem?
I sekretarka łączyła mnie z właściwą osobą.
Kiedy po drugiej stronie linii odzywał się głos, mówiłem:
– Panie Bogacz, nazywam się Brian Tracy. Jestem z Instytutu Rozwoju Zarządzających. Zastanawiałem się, czy jest pan zainteresowany sprawdzoną metodą, która może podnieść waszą sprzedaż o dwadzieścia do trzydziestu procent w ciągu następnych dwunastu miesięcy?
Jak sądzisz, co mi odpowiadano? Prawie każdy potencjalny klient mówił:
– Oczywiście tak. Jaka to metoda?

Mów wiele razy o kluczowej korzyści

W dalszej części rozmowy powtarzałem o kluczowej korzyści: naciskałem „gorący przycisk":
– Panie Bogacz, opracowaliśmy metodę, dzięki której wasza sprzedaż wzrośnie o dwadzieścia, trzydzieści, a może nawet o pięćdziesiąt procent w ciągu następnych dwunastu miesięcy.
Rozmówca często odpowiadał:
– Naprawdę? Jak to robicie?
A ja na to:
– Właśnie o tym chciałbym panu opowiedzieć. Potrzebuję tylko dziesięciu minut pana czasu: pokażę panu ten system, a pan zdecyduje, czy da się go zastosować w pana firmie, wśród waszych handlowców.
Mimo wcześniejszych porażek i frustracji związanych ze sprzedażą przez telefon, udawało mi się umawiać na spotkania z czterema, pięcioma, a czasami nawet dziewięcioma klientami na dziesięć, których numery znajdowałem w książce telefonicznej. Dzięki tej prostej zmianie w moim podejściu przez następne dwa miesiące sprzedałem więcej niż w całym poprzednim roku.
Twoje pytanie otwierające powinno wywoływać reakcję: „Co to jest?" albo „Naprawdę? Jak to robicie?". Jeśli nie wywołuje takiego odzewu, to znaczy, że musisz wypracować lepsze wprowadzenie. Ulepszaj wprowadzenie tak długo, aż w pierwszych słowach będziesz odrywać rozmówcę od jego spraw i przykuwać sto procent jego uwagi.

Opór przed handlowcem jest normalny

Jeśli potencjalny klient mówi: „Nie jestem zainteresowany", oznacza to jedną z dwóch rzeczy. Albo twoje pytanie otwierające nie jest wystarczająco silne, albo rozmawiasz z niewłaściwą osobą, czyli z kimś, kto tak naprawdę nie jest potencjalnym klientem na zakup tego, co sprzedajesz.

To, że otwierasz rozmowę silnym zdaniem oznajmującym bądź pytaniem, kwalifikuje cię do elity handlowców profesjonalistów. Zamiast tracić cenne pierwsze minuty rozmowy na mówienie o produkcie i o tym, od jak dawna mieszkasz w danej okolicy, przechodzisz wprost do sedna: do tematu, który najbardziej interesuje potencjalnego klienta.

Neutralizowanie początkowego oporu

Kiedy rozmawiasz z potencjalnym klientem po raz pierwszy, *przerywasz* mu coś, co robi, a co uważa za *ważniejsze* od wszystkiego, co masz do powiedzenia. Każdy jest zajęty. Dlatego powinieneś zawsze spodziewać się początkowego oporu, nawet jeśli oferujesz najlepszy produkt po najlepszej cenie i dzwonisz do najtrafniej dobranej próby potencjalnych klientów.

Oto prosta technika, z pomocą której możesz zneutralizować opór przed zakupem już na samym początku. Kiedy potencjalny klient mówi coś w stylu: „Dziękuję za telefon, ale nie jestem zainteresowany" albo „Nie zajmujemy się tym teraz", nie traktuj tego poważnie. Rozmówca nie ma pojęcia, ile dobrego może dać jemu i jego firmie twój produkt albo usługa. Jego reakcja jest odruchowa – w równie automatyczny sposób odpowiada na wszystkie inne oferty handlowe. Nie rezygnuj, kiedy to usłyszysz. Zbliżaj się do rozmówcy tak, jak bokser zbliża się do przeciwnika, żeby zadać cios. Powiedz:

– Nic nie szkodzi. Większość ludzi w pana branży reaguje tak samo, kiedy dzwonię po raz pierwszy. A teraz oni stali się naszymi najlepszymi klientami i polecają nas swoim przyjaciołom.

Potencjalny klient, gdy usłyszy coś takiego, natychmiast przestanie robić to, co robił, i poświęci ci uwagę. Prawie na pewno powie:

– Naprawdę? A co takiego oferujecie?

Zapowiedz swój triumf

Twoje pierwsze słowa mogą zrobić jeszcze mocniejsze pierwsze wrażenie, jeśli wymienisz w nich nazwę profesji lub branży rozmówcy, na przykład: „Nic nie szkodzi. Większość ludzi zajmujących się usługami finansowymi reaguje tak samo, kiedy dzwonię po raz pierwszy. A teraz oni stali się naszymi najlepszymi klientami i polecają nas swoim przyjaciołom".

Robert Cialdini w swojej książce *Wywieranie wpływu na ludzi. Teoria i praktyka* wyjaśnia, w jaki sposób tak zwany dowód społeczny pozwala budować wiarygodność i wzbudzać żądzę. Dowód społeczny pochodzi od innych ludzi, na przykład od klientów, którzy już kupili produkt lub usługę. Gdy tylko słyszymy, że ktoś taki jak my, działający w naszej branży lub mający takie same zainteresowania i przekonania, kupił produkt, natychmiast chcemy się dowiedzieć, jaki ten produkt jest. Jeśli dany produkt kupiło wielu ludzi takich jak my, niemal automatycznie wyciągamy wniosek, że dla nas także byłby to dobry wybór.

Powiedzmy, że potencjalny klient mówi:

– Naprawdę? Co to takiego?

Powiedz:

– Właśnie o tym chciałbym z panem porozmawiać. Potrzebuję tylko dziesięciu minut pana czasu. Potem pan zdecyduje, czy to jest dla pana dobre czy nie.

Zajęty klient zapewne spyta:

– A czy może mi pan powiedzieć o tym trochę przez telefon?

Nie sprzedawaj przez telefon

Odpowiedz:

– Szanowny Kliencie, z przyjemnością opowiedziałbym o tym przez telefon, ale mam panu coś do pokazania. Musi pan to zobaczyć na własne oczy.

To wywołuje ogromną ciekawość. Gdy tylko ją wzbudzisz, zaproponuj dwa możliwe terminy spotkania:

– Czy odpowiada panu wtorek rano? A może lepiej w środę po południu?

Pamiętaj, że celem pierwszej rozmowy nie jest sprzedanie produktu lub usługi ani nawet mówienie o tym, co oferujesz. W pierwszej rozmowie chodzi o to, aby umówić się na dziesięciominutowe spotkanie twarzą w twarz z potencjalnym klientem. Nie mów o niczym innym jak tylko o spotkaniu i nie zgadzaj się rozmawiać przez telefon o produkcie ani o cenie.

Zignoruj wymówkę

Czasami zajęty rozmówca proponuje:

– Czy może mi pan to wysłać mailem?

Jeśli wyślesz potencjalnemu klientowi e-mail z informacjami o produkcie, on najprawdopodobniej tę informację usunie, zapomni o niej albo postanowi się z tobą nie spotykać i nie rozmawiać. Poczuje, że ma wystarczająco dużo informacji, aby zdecydować, że nie będzie tracić czasu na spotkanie z handlowcem. Wysyłanie informacji e-mailem jest zwykle totalną stratą czasu i pieniędzy, chyba że ze względu na charakter produktu lub usługi sprzedajesz zdalnie.

Kiedy potencjalna klientka prosi cię o przysłanie informacji w e-mailu, odpowiedz:

– Z przyjemnością wysłałbym to w mailu, ale wie pani, jak zawodne one są. Dlaczego nie miałbym tego podrzucić osobiście we wtorek po południu, kiedy będę w pani okolicy? Czy będzie pani miała wtedy czas?

Nie pozwól się zbyć!

Rozmówca może podjąć jeszcze jedną próbę uniknięcia swojego zaangażowania:

– W porządku. Czy może pan zadzwonić do mnie w poniedziałek? Ustalilibyśmy konkretną datę i godzinę spotkania na przyszły tydzień.

Jeśli pozwolisz się w ten sposób zbyć i zadzwonisz w poniedziałek, klient będzie „na spotkaniu", z którego prawdopodobnie nigdy nie wróci.

Powiedz:

– Panie Kliencie, mam przed sobą kalendarz. Czy ma pan pod ręką swój terminarz?

Rozmówca zawsze potwierdza. Kontynuuj:

– Wyznaczmy teraz konkretny termin. Jeśli coś się stanie i ten termin przestanie być odpowiedni, będzie pan mógł zadzwonić i umówimy się na kiedy indziej. Czy odpowiada panu wtorek po południu, mniej więcej o piętnastej?

Kiedy potencjalny klient zgodzi się z tobą spotkać w konkretnym terminie, to znaczy, że zamknąłeś pierwszą sprzedaż – tę, która umożliwi sfinalizowanie prawdziwej sprzedaży. Następnie powtórz godzinę i datę spotkania. Daj rozmówcy numer telefonu do siebie na wypadek, gdyby coś miało się stać. Potem podziękuj, jeszcze raz powtórz godzinę i datę spotkania, a następnie zakończ rozmowę:

Kiedy potencjalny klient zgodzi się z tobą spotkać w konkretnym terminie, to znaczy, że zamknąłeś pierwszą sprzedaż – tę, która umożliwi sfinalizowanie prawdziwej sprzedaży.

– Dziękuję. Naprawdę spodoba się panu to, co pokażę.

Twarzą w twarz z potencjalnym klientem

Twoim pierwszym zadaniem w sprzedaży jest nakłonienie klienta, aby cię wysłuchał. Zanim rozmówca się rozluźni i zamieni się w słuch, będzie chciał mieć pewność co do pięciu rzeczy. Być może nie spyta o te rzeczy i nie wymieni ich z nazwy, ale jeśli chcesz zostać wysłuchany, musisz je zaznaczyć.

Po pierwsze, rozmówca chce się upewnić, że masz mu do powiedzenia coś ważnego. Dlatego w pierwszym zdaniu powiedz o rezultacie lub korzyści z tego, co sprzedajesz. Jeżeli to, co oferujesz, jest ważne dla klienta w pracy lub w życiu, przykujesz jego uwagę.

Po drugie, potencjalny klient chce ustalić, czy rozmawiasz z właściwą osobą. Ponieważ produkt lub usługa prawdopodobnie rozwiązuje jakiś problem, rozmówca chce wiedzieć, czy aby na pewno potrafisz zaradzić jego zmartwieniu lub zaspokoić jego potrzebę.

Na szczęście wiesz, że rozmawiasz z właściwą osobą od chwili, kiedy sekretarka połączyła cię z potencjalnym klientem.

Lecz jeśli masz jakiekolwiek wątpliwości, spytaj:

– Czy jest pani właściwą osobą, z którą należy rozmawiać o zwiększaniu sprzedaży w waszej organizacji?

Albo inaczej:

– Czy jest pani tym, z kim powinienem rozmawiać o obniżaniu kosztów przetwarzania informacji?

Albo tak:

– Czy jest pani właściwą osobą, z którą powinienem rozmawiać o [w tym miejscu wymień daną potrzebę lub problem] w waszej organizacji?

Pamiętaj, że nie sprzedajesz produktu ani usługi. Sprzedajesz rozwiązanie problemu lub zaspokojenie potrzeby. Musisz wyjść od znalezienia człowieka z tym problemem lub potrzebą. Dopiero potem możesz zacząć mówić o tym, jaką korzyść przyniesie mu to, co proponujesz.

Nie ma sensu prowadzić cudownych prezentacji handlowych przed kimś, kto nie jest zainteresowany twoim produktem czy usługą, ani przed kimś, kto nie jest upoważniony do podjęcia decyzji o zakupie. Zawsze upewniaj się, że rozmawiasz z właściwą osobą.

Po trzecie, potencjalny klient, przynajmniej na początku, chce mieć pewność, że twoja wizyta będzie krótka. Ludzie są dziś wyjątkowo zajęci i często przeciążeni problemami oraz odpowiedzialnością. Jeśli myślą, że coś zabierze im dużo czasu, stają się nerwowi i nastawiają się na „nie". Dlatego musisz ich zapewnić, że zabierzesz im tylko parę minut po to, żeby przedstawić korzyści, o których wspomniałeś we wprowadzeniu.

Po czwarte, potencjalny klient chce się upewnić, że spotkanie z tobą do niczego go nie zobowiązuje. Powiedz:

– Mam panu coś do pokazania i sam pan to osądzi.

W ten sposób zdejmiesz z klienta poczucie presji, a to często w pierwszej kolejności decyduje o tym, czy spotkanie będzie owocne i czy w ogóle do niego dojdzie.

Po piąte, potencjalny klient chce wiedzieć z góry, że nie będziesz go naciskać. Ludzie mają opory przed spotkaniami z handlowcami najczęściej dlatego, że boją się o dwie rzeczy: o to, że będą naciskani, i o to, że zostaną wykorzystani. Podchodząc do klienta pozytywnie, uprzejmie i przyjaźnie, pokonujesz ten strach. Sprawiasz, że jest odprężony i słucha cię bardziej uważnie.

O tych pięciu sprawach musisz wspomnieć już na początku spotkania albo w rozmowie przez telefon, aby w ogóle móc umówić spotkanie. Uczyłem tego tysięcy handlowców. Ci, którzy zastosowali tę metodę, szybko przekonali się, że udaje im się prowadzić spotkania i rozmowy telefoniczne z dużo większym powodzeniem niż wcześniej. Ta metoda zrewolucjonizowała ich sprzedaż.

Zacznij od dobrze przemyślanego pytania

Kiedy już spotkasz się z nowym potencjalnym klientem twarzą w twarz, przedstaw się, uściśnij dłoń, usiądź i zacznij od zadania dobrze przemyślanego pytania. To pytanie powinno być interesujące, niecodzienne i wymierzone w ukazanie korzyści z tego, co sprzedajesz.

Pytania mają w sobie moc, ponieważ każdy człowiek jest od małego uwarunkowany tak, aby zawsze na nie odpowiadać. Jeśli przed poruszeniem tematu głównego spytasz rozmówcę o godzinę, on spojrzy na zegarek i odpowie. Ludzie robią to automatycznie.

Dlatego w sprzedaży mówimy, że kontrolę ma ten, kto zadaje pytania. Osoba pytająca ma przewagę nad osobą odpowiadającą. Najszybszy sposób przejęcia kontroli nad rozmową to zrobienie pauzy i zadanie pytania. Osoba udzielająca odpowiedzi będzie całkowicie skoncentrowana na tym, co mówi, dopóki nie odpowie na pytanie.

Jeśli spytasz potencjalnego klienta: „Czy mogę zadać pytanie?", prawie na pewno odpowie twierdząco. I przejmiesz nad nim pełną kontrolę.

Zadaj więcej pytań – dobre pytania dają dobre odpowiedzi

Kiedy zapytasz potencjalną klientkę: „Czy chciałaby pani zobaczyć sprawdzoną metodę, która podniesie waszą sprzedaż o 20–30 procent rocznie?", ona odpowie na pytanie i nic poza tym. Pytający ma kontrolę.

Mimo wszystkich moich obaw o reakcje rozmówców na to pytanie, zdarzył mi się tylko jeden przypadek, kiedy potencjalny klient odpowiedział: „Nie, nie jestem zainteresowany". Okazało się, że nie był zainteresowany, ponieważ dopiero co odwiedzili go likwidatorzy i zamknęli jego firmę postawioną w stan upadłości. Powiedział przez telefon: „Dla nas już jest za późno. Szkoda, że nie zadzwonił pan sześć miesięcy temu".

Jednak każdy inny kierownik sprzedaży, któremu zadałem to pytanie, odpowiadał: „Tak. Co to za metoda? Kiedy zechciałby pan przyjść i o niej opowiedzieć?". Twoje pytanie powinno wywoływać właśnie takie odpowiedzi.

Drugim krokiem na drodze do umówienia spotkania jest odważne złożenie propozycji: „Potrzebuję tylko dziesięciu minut pani czasu, aby pokazać, co mam. A pani to oceni".

Kluczowe są słowa: „pani to oceni". Taka propozycja upewnia rozmówcę w przekonaniu, że spotkanie będzie krótkie, że nie będzie presji i że masz mu do powiedzenia coś ważnego, co go zainteresuje.

Powołaj się na innych zadowolonych klientów

W większości przypadków nawet najlepsze pytanie otwierające nie pokona oporu potencjalnego klienta przed spotkaniem z tobą. Najlepszym sposobem łagodzenia tego oporu jest powołanie się na innych zadowolonych klientów, którzy już korzystają z twojego produktu lub usługi.

Jeśli na przykład dzwonisz do drukarni, a sprzedałeś już jeden ze swoich produktów innej drukarni, powiedz: „Inna firma w waszej branży, ABC Usługi Drukarskie, już używa tego produktu i osiąga znakomite wyniki".

Taki przekonujący d o w ó d s p o ł e c z n y często zmienia nastawienie klienta z negatywnego lub neutralnego na pozytywne i wzbudza w nim żądzę obejrzenia i poznania tego, co inni w jego branży już robią.

Popraw wiarygodność swojego produktu

Kiedy sprzedawałem szkolenia dla handlowców, mówiłem: „Kilkaset firm już korzysta z tego procesu i osiąga wspaniałe rezultaty. To sprawdzone, praktyczne i w stu procentach gwarantowane. Potrzebuję tylko dziesięciu minut pana czasu, żeby to pokazać, a potem sam pan zdecyduje".

Dziesięć minut może ci dać każdy. Być może rozmówca nie da ci pół godziny – przynajmniej w pierwszych dwóch miesiącach waszej relacji biznesowej – ale dziesięć minut poświęci ci zawsze, jeśli tylko masz coś, co go interesuje.

Zawsze bądź profesjonalistą

Nie popełnij błędu i kiedy proponujesz rozmówcy dwa terminy spotkania, nie podawaj konkretnych godzin. Nie mów: „Co odpowiada pani bardziej: 10.30 dziś rano czy 11.20 jutro rano?".

Jest to stara technika manipulacji w celu umówienia się na spotkanie. Twoi rozmówcy słyszeli to już nieraz. Jeśli sięgniesz po tę technikę, zmniejszysz swoją wiarygodność. Nawet jeśli potencjalny klient jest zainteresowany twoją ofertą, może stracić zainteresowanie, gdy wyczuje, że próbujesz nim manipulować.

W pierwszej rozmowie musisz być uprzejmy, pozytywnie nastawiony i wytrwały. Zaproponuj klientowi kilka ogólnie określonych terminów, na przykład: około dziesiątej w środę lub trzecia po południu w czwartek. Jeśli rozmówcy nie odpowiada żaden z tych terminów, spytaj: „Jaki termin by pani odpowiadał?". Ten, kto pyta, ma kontrolę.

Potwierdź spotkanie

Kiedy umówisz spotkanie, nie zacieraj rąk: to jeszcze nie koniec. To dopiero początek. Zawsze zanim wybierzesz się na umówione spotkanie, dzwoń, żeby je potwierdzić. Tak działają profesjonaliści.

Wielu ludzi często boi się dzwonić i potwierdzać wizyty ze względu na obawę, że potencjalny klient odwoła spotkanie. Ci ludzie po prostu przychodzą na miejsce o umówionej godzinie. Często zdarza się, że akurat wtedy potencjalny klient musiał pójść na spotkanie albo wyjechać z miasta. Możliwe, że zachorował lub miał nagły wypadek. Umówione spotkania często nie dochodzą do skutku z przyczyn, nad którymi nie masz kontroli.

Istnieją dwie metody potwierdzania spotkań. Pierwsza polega na tym, że dzwonisz do potencjalnego klienta i mówisz, że o umówionej porze będziesz na niego czekał. To daje drugiej stronie możliwość przesunięcia terminu, jeśli wypadło mu coś nagłego.

Druga metoda potwierdzania spotkań jest taka, że po prostu dzwonisz do sekretariatu i pytasz:

– Czy jest może pan Bogacz?

Kiedy sekretarka odpowiada twierdząco, mówisz:

– Świetnie. Z tej strony Brian Tracy. Dzwonię, żeby potwierdzić spotkanie na dziesiątą jutro rano. Proszę mu powiedzieć, że będę o umówionej porze. Bardzo dziękuję.

Jeśli z jakichkolwiek powodów spotkanie zostanie odwołane, natychmiast przesuń je na inny konkretny termin. Zrób to tak, jak przy umawianiu pierwszego spotkania, zgodnie z tym, co wyjaśniłem wcześniej w tym rozdziale. Często zdarzało mi się, że umawiałem i potwierdzałem spotkanie w konkretnym terminie z kilkutygodniowym wyprzedzeniem. To zadziwiające, jak wiele umówionych spotkań przesuwa się, a mimo to dają one tak wysoką sprzedaż.

Zarządzaj przez wyjątek

Często potencjalna klientka mówi:

– Nie mogę przyrzec, że tego dnia będę w mieście. Czy może pan oddzwonić za parę dni albo w następnym tygodniu? Wtedy moglibyśmy ustalić termin.

Kiedy to słyszysz, natychmiast odpowiadasz:

– Szanowna Klientko, wiem, że jest pani zajęta. Ale zarządzajmy przez wyjątek. Ustalmy termin teraz, a jeśli coś później wypadnie, w każdej chwili będziemy mogli umówić się na kiedy indziej.

Bądź uprzejmy, ale wytrwały. Musisz jak najlepiej wykorzystać szansę rozmawiania z właściwie wybranym potencjalnym klientem – takim, który jest zainteresowany ofertą i spełnia twoje kryteria klienta idealnego. Dlatego nalegaj na ustalenie dokładnego terminu spotkania.

Oczekiwania mają duży wpływ na ludzi. Ktoś, kto spodziewa się, że spotkanie z tobą da mu korzyść lub czegoś go nauczy, będzie niecierpliwie wyczekiwał umówionego terminu. Jeśli spisałeś się dobrze na początku, to gdy zajdzie potrzeba przesunięcia terminu, druga strona prawdopodobnie zadzwoni.

Kiedy spotkasz się z potencjalnym klientem twarzą w twarz, twoje szanse zamknięcia sprzedaży będą dziesięciokrotnie lub dwudziestokrotnie większe niż podczas rozmowy przez telefon. Kiedy potencjalny klient spotka się z tobą, zobaczy cię, spojrzy ci w oczy i przekona się, że jesteś kompetentnym profesjonalistą, szanse, że potraktuje cię poważnie, będą dużo, dużo większe.

Bądź skuteczniejszy w poszukiwaniu potencjalnych klientów przez telefon

Są dwie rzeczy, które możesz zrobić, aby poprawić skuteczność poszukiwania potencjalnych klientów przez telefon. Po pierwsze, kiedy rozmawiasz przez telefon, bądź w pozycji stojącej. Kiedy stoisz, w twoim ciele jest więcej energii. Siła i ton głosu są lepsze i przebija przez nie większa pewność siebie. Masz większą siłę przebicia. Twoje słowa brzmią bardziej wiarygodnie i autorytatywnie.

Po drugie, podczas rozmowy przez telefon uśmiechaj się. To zaskakujące, ale uśmiech da się „wyczuć" po drugiej stronie linii. (Rozmówcy wyczuwają także to, że się nie uśmiechasz albo, co gorsza, marszczysz brwi).

Wielu handlowców, z którymi współpracuję, trzyma na biurku lusterko i uśmiecha się do niego podczas rozmowy z potencjalnym klientem. Kiedy połączysz pozycję stojącą z uśmiechaniem się, twoje słowa będą miały więcej energii i bardziej szczere brzmienie. Często właśnie tego brakuje, aby rozmówca umówił się z tobą na spotkanie.

Inicjatywa jest po twojej stronie

Nigdy nie oczekuj, że potencjalny klient oddzwoni, bez względu na to, jak jest uczciwy i jak inteligentny ma głos. Cała inicjatywa jest po twojej stronie, dopóki nie spotkasz się z klientem twarzą w twarz. Nie pozwól się zbyć z byle powodu i nie łudź się, że klient oddzwoni kiedy indziej. Jest zajęty, więc nigdy nie znajdzie czasu, żeby to zrobić, nawet jeśli zainteresowałeś go tym, co sprzedajesz.

Nigdy nie oczekuj, że potencjalny klient oddzwoni, bez względu na to, jak jest uczciwy i jak inteligentny ma głos.

Pamiętaj, że odrzucenie nie ma charakteru osobistego. Opór przed rozmową handlową także nie jest ciosem wymierzonym w ciebie. Kiedy potencjalny klient mówi, że nie jest zainteresowany albo że zadowala go obecna sytuacja, to nic nie znaczy. To normalna, naturalna odpowiedź na twoją propozycję. Nie bierz tego do siebie.

Trening mentalny przed spotkaniem

Trening mentalny to jedna z najważniejszych tajemnic sukcesu w psychologii sprzedaży. Tuż przed spotkaniem z klientem – zwłaszcza przed tym pierwszym – przygotowuj się psychicznie.

Zatrzymaj się na parę sekund i stwórz klarowny obraz swojej osoby całkowicie zrelaksowanej, spokojnej, pozytywnie nastawionej, uśmiechniętej i mającej pełną kontrolę nad przebiegiem rozmowy. Weź głęboki wdech: przyciśnij ręką przeponę tak, żeby płuca wypełniły się powietrzem. Przytrzymaj w sobie powietrze. Kiedy zrobisz wdech, zacznij liczyć i na siedem zrób wydech. Podczas brania tego głębokiego wdechu miej przed oczami obraz siebie jako najlepszego handlowca w branży.

Stwórz wyraźny obraz mentalny

Zaraz potem, zanim jeszcze zobaczysz się z potencjalnym klientem, stwórz w myślach jego obraz, jak reaguje na ciebie pozytywnie. Zobacz oczami wyobraźni, jak się uśmiecha, potakuje i cieszy się z twojej obecności i z rozmowy z tobą.

Możesz wzmocnić efekt treningu umysłu przed spotkaniem handlowym poprzez przywołanie wspomnienia o wcześniejszej udanej rozmowie handlowej. Pomyśl o najlepszych rozmowach handlowych, jakie ostatnio przeprowadziłeś. Przypomnij sobie, jaką przyjemność sprawiało ci mówienie do potencjalnego klienta, jak pozytywnie rozmówca był do ciebie nastawiony i, co ważne, że prezentacja handlowa zakończyła się sprzedażą. Przywołaj uczucie szczęścia i satysfakcji, jakie dała ci wcześniejsza transakcja.

Później przenieś to uczucie na obraz mentalny, który stworzyłeś, i na potencjalnego klienta, z którym masz się zobaczyć. Będziesz zaskoczony rezultatami tego ćwiczenia. Poprawi ono twoją postawę. Głębokie oddychanie, relaksacja i wizualizowanie doskonale przygotują cię do tego, abyś dał z siebie wszystko.

Pamiętaj o pozytywnych deklaracjach

Nie zapomnij stosować techniki pozytywnych deklaracji, o której wcześniej wspomniałem. Zwłaszcza gdy czujesz stres i napięcie, powtarzaj sobie z naciskiem i entuzjazmem: „Lubię siebie! Lubię siebie!

Lubię siebie!". Mów: „Kocham moją pracę! Kocham moją pracę! Kocham moją pracę!".

Rozgrzewaj się i przygotowuj psychicznie poprzez powtarzanie: „Jestem szczęśliwy! Jestem szczęśliwy! Czuję się wspaniale!". Nie ma takiej możliwości, abyś powtarzał sobie te pozytywne deklaracje, używał tych słów i nie czuł natychmiastowego przypływu zadowolenia oraz pewności siebie. Kiedy z tak doskonałym nastawieniem zobaczysz się z klientem, on wyczuje promieniującą od ciebie pozytywną energię.

Zawsze przygotowuj się na spotkanie handlowe, głęboko oddychaj, wizualizuj i składaj sobie pozytywne deklaracje. To robi wielką różnicę.

Twórz pozytywne oczekiwania od samego początku

Kiedy spotkasz się z klientem, z entuzjazmem uściśnij mu dłoń i powiedz: „Bardzo dziękuję, że zechciał mi pan poświęcić czas. To, co przedstawię, na pewno się panu spodoba".

Kiedy tworzysz pozytywne oczekiwania, wzbudzasz zainteresowanie i ciekawość potencjalnego klienta, który pomyśli: „*Ciekawe, co to takiego*". Twój uśmiech, pewność siebie i pozytywne nastawienie wzbudzą u klienta równie pogodne emocje i sprawią, że będzie szukał w twoich słowach spełnienia wielkiej obietnicy.

Spodziewaj się ciepłego powitania

Możliwe, że rano w dniu spotkania potencjalny klient wstał lewą nogą, a gdy tylko wszedł do biura, zasypały go wiadomości na automatycznej sekretarce, e-maile i skargi. Kawa był zimna. Jego pracownicy zachorowali albo byli niezadowoleni, a szef się wściekał. Potem przyszedłeś ty, a on pomyślał: „*Dzięki Bogu! Oto uprzejmy, miły, inteligentny, dobrze wyglądający człowiek, który ma mi do powiedzenia coś ciekawego*".

To zdarza się często. Możesz być punktem zwrotnym poranka albo popołudnia klienta. Bądź uprzejmy i uśmiechaj się, a klient rozchmurzy się na twój widok.

Nie zgadzaj się rozmawiać na stojąco

Może się zdarzyć, że kiedy przybędziesz na umówione spotkanie, zajęta klientka wyjdzie ci naprzeciw i już przy recepcji poprosi, abyś opowiedział o swoim produkcie. Nie zgadzaj się prowadzić prezentacji handlowej na stojąco. Gdy mówisz w tej pozycji, ryzykujesz, że twoja oferta zostanie odrzucona jako mało wartościowa. Nikt nie kupuje, kiedy stoi. Nie dopuść do tego, aby sprzedaż odbyła się w ten sposób.

Nikt nie kupuje, kiedy stoi. Nie dopuść do tego, aby sprzedaż odbyła się w ten sposób.

Pamiętaj, że *liczy się wszystko*! Jeśli mówisz o czymś i próbujesz to sprzedać na stojąco, rozmówca nie dostrzeże w twoim produkcie lub usłudze żadnej wartości, chyba że występujesz z prezentacją w sali konferencyjnej. Nie zaczynaj w takiej pozycji. Powiedz: „To, co mam do pokazania, jest naprawdę ważne i potrzebuję na to dziesięciu minut pana czasu".

Jeśli klient nie poprosi cię, abyś usiadł i omówił twoją ofertę, powiedz: „Jeśli nie ma pan teraz czasu, to może powinniśmy przełożyć te dziesięć minut na inny termin, który bardziej by panu odpowiadał?".

Cokolwiek się stanie, nie zgadzaj się mówić na stojąco. Przyjmij jako podstawową zasadę, że jeśli potencjalny klient *nie kupuje*, kiedy stoi, to nie ma sensu, abyś próbował *sprzedawać* w tej pozycji.

Szanuj swój produkt

To samo dotyczy rozmowy przez telefon. Jeśli potencjalny klient nie kupuje przez telefon, nie próbuj w ten sposób sprzedawać. Jeśli nie kupuje i nie płaci za pośrednictwem poczty, nie próbuj tej formy sprzedaży. Jeśli sprzedaż twojego produktu wymaga twojej fizycznej obecności u potencjalnego klienta, nalegaj na spotkania i prowadź prezentacje handlowe.

Ludzie nie podejmują decyzji zakupowych na stojąco. Kiedy kupują, siedzą, i wówczas czują się komfortowo, w swoim biurze albo w domu. Klient zdecyduje się na zakup dopiero wtedy, kiedy cię wysłucha, rozważy twoją propozycję, głębiej się nad nią zastanowi i przyjrzy się twoim materiałom handlowym. Kupi dopiero wtedy, gdy oceni twoją propozycję i stwierdzi, że korzyści, które oferujesz, są warte więcej niż cena, jakiej żądasz.

Działania do przećwiczenia

1. Określ, z iloma dokładnie nowymi potencjalnymi klientami musisz codziennie i co tydzień nawiązywać kontakt, aby osiągnąć cel dochodu i cel sprzedaży.
2. Poświęć osiemdziesiąt procent swojego czasu na poszukiwanie potencjalnych klientów. Dzwoń tak długo, aż będziesz miał tylu ludzi do odwiedzenia, że nie znajdziesz czasu na ani jeden nowy telefon.
3. Napisz swój scenariusz rozmowy telefonicznej, naucz się go na pamięć i ćwicz go nieustannie, aż zaczniesz odgrywać swoją rolę naturalnie, bez stresu.
4. Ignoruj początkowy opór potencjalnych klientów. Skoncentruj się na korzyści z tego, co sprzedajesz. Powołuj się na innych zadowolonych klientów, którzy już korzystają z twojego produktu lub usługi.
5. Pamiętaj, że inicjatywa jest po twojej stronie. Ustalaj konkretną datę i godzinę pierwszego spotkania z potencjalnym klientem.
6. Nie zgadzaj się rozmawiać przez telefon o produkcie lub usłudze ani o cenie. W rozmowie telefonicznej dąż tylko do umówienia się na spotkanie twarzą w twarz. I do niczego więcej!
7. Przygotowuj się przed każdym spotkaniem handlowym. Dowiedz się o potencjalnym kliencie jak najwięcej, najlepiej przez Internet. Na pierwszym spotkaniu musisz mówić i wyglądać jak profesjonalista.

Skrupulatne planowanie jest podstawą wszystkiego, co ma wyglądać spontanicznie.

– Mark Caine

ROZDZIAŁ 6
Siła sugestii

Cokolwiek zasiejemy w podświadomości i będziemy odżywiać powtarzaniem oraz emocjami, któregoś dnia stanie się rzeczywistością.

– EARL NIGHTINGALE

Ogromny wpływ na ludzi mają sugestywne elementy w ich otoczeniu, zwłaszcza jeśli tymi elementami są inni ludzie. Sugestywny wpływ spokojnego, pewnego siebie i zrelaksowanego handlowca jest bardzo silny. Oto dlaczego przez najlepszych handlowców przemawiają: siła spokoju i przekonanie, że sprawy idą gładko. Skuteczni handlowcy są zwykle dobrze ubrani, dbają o swój wizerunek i wyglądają na profesjonalistów w każdym calu.

Najlepsi handlowcy wywierają na klientów uspokajający, wręcz kojący wpływ. Wierzą w siebie oraz w swój produkt lub usługę. Dlatego gdy ich słuchamy, czujemy, że możemy im zaufać. Jesteśmy przekonani o prawdziwości tego, co mówią, oraz o jakości produktów lub usług, które oferują.

Otoczenie zewnętrzne

Na każdego z nas silnie wpływa także otoczenie fizyczne. Nawet małe zmiany w otoczeniu mogą decydować o tym, jak reagujesz i odpowiadasz na to, co dzieje się wokół ciebie.

Przykład? Temperatura pomieszczenia, którą uznajemy za normalną, to 21 stopni Celsjusza. Jeśli obniżyć tę temperaturę o 5 stopni, twój poziom komfortu zdecydowanie spadnie i będziesz znacznie mniej koncentrować się na słowach rozmówcy. Jeśli jest ci za ciepło albo za zimno, czujesz dyskomfort i stajesz się poirytowany, wymagający oraz niecierpliwy.

Ludzie dookoła ciebie

Być może najsilniej w twoim sugestywnym otoczeniu oddziałują na ciebie ludzie, z którymi masz do czynienia. To, jak inni na ciebie reagują i jak zachowują się w twojej obecności, ma na ciebie przemożny wpływ.

Twoje pierwsze reakcje na innych ludzi często są p o d ś w i a d o m e. Każdy z nas miał okazję spotkać kogoś, do kogo natychmiast poczuł niechęć albo sympatię, zanim padło pierwsze słowo. Z czego wynika nasza początkowa ocena nowo poznanej osoby? Z tego, że nasza podświadomość przechowuje w banku pamięci trwałej wspomnienia wcześniejszych doświadczeń z wieloma podobnymi osobami. Kiedy spotykasz nową osobę, twoja podświadomość łączy punkciki i wystawia drugiej osobie natychmiastową ocenę opartą na poprzednich doświadczeniach.

Reagujesz na innych ludzi podświadomie, a klienci reagują podświadomie na c i e b i e. Wszystko, co robisz przed prezentacją handlową, i wszystko, co dzieje się w tym czasie wokół ciebie, podnosi lub obniża jakość sugestywnego otoczenia i decyduje o tym, czy zamkniesz sprzedaż, czy nie.

Twoje otoczenie wewnętrzne

Niektóre z czynników sugestywnych możesz kontrolować. Są to przede wszystkim: twój w y g l ą d, g ł o s i n a s t a w i e n i e.

Jeśli dobrze wyglądasz, twój głos jest wyraźny i przebija przez niego pewność siebie, jesteś nastawiony optymistycznie. W efekcie twoja obecność wywołuje pozytywne pierwsze wrażenie potencjalnego klienta.

Na szczęście swój wygląd fizyczny możesz kontrolować w niemal każdym aspekcie. Możesz ubierać się jak profesjonalista, mieć odpowiednią fryzurę, być schludnym i przyjmować prawidłową postawę. Zawsze powinieneś wyglądać jak ktoś, kto jest jednym z najlepszych w twojej branży.

Mów przed lustrem

Ćwicz prezentację handlową na głos przed lustrem, aby nadać swojemu głosowi większą siłę i mówić wyraźniej. Zawodowi aktorzy spędzają w ten sposób wiele godzin: chodzą, mówią, gestykulują i bardzo głośno czytają tekst, tak jakby stali przed publicznością i przemawiali do widzów w ostatnich rzędach. Kiedy po takim ćwiczeniu spotykasz się z potencjalnym klientem, po prostu ściszasz głos, ale zachowujesz tę samą pewność siebie i energię. Ma to nadzwyczaj sugestywny wpływ na umysł rozmówcy.

Miej pozytywne nastawienie i bądź pogodny

Z pomocą treningu mentalnego, o którym wcześniej wspomniałem, możesz kontrolować swoje nastawienie i dodawać sobie energii oraz pewności siebie. Stosuj wizualizację: wyobrażaj sobie siebie jako jednego z najlepszych handlowców profesjonalistów w swojej branży. Przed spotkaniem z potencjalnym klientem możesz składać sobie pozytywne deklaracje: „Jestem najlepszy! Jestem najlepszy! Jestem najlepszy!". Stój prosto, z wyprostowanymi plecami i uniesioną brodą. Patrz rozmówcy prosto w oczy i z entuzjazmem uściśnij mu dłoń. Bądź pogodny i dobrze przygotowany do spotkania. Możesz być handlowcem profesjonalistą w każdym calu.

Zadbaj o to, by twój ubiór pracował na twój sukces

Jeden z punktów zwrotnych w mojej karierze miał miejsce, gdy przyjaciel wziął mnie na bok i spytał, czy kiedykolwiek czytałem coś o odpowiednim ubiorze podczas spotkania z klientem. Pochodzę z rodziny, w której nikt nigdy nie nosił garnituru, więc wcześniej nie zwrócono mi uwagi na to, jak ważny w biznesie jest ubiór. Jednak byłem pilnym uczniem.

Przyjaciel opowiedział mi trochę o tym, jak odpowiedni ubiór przekłada się na sukces w biznesie. Później kupiłem kilka książek na ten temat i zacząłem uczyć się o ubiorze. Dowiedziałem się, że za 95 procent pierwszego wrażenia, jakie wywierasz na potencjalnym kliencie, odpowiada twój ubiór.

Potencjalny klient jest wzrokowcem

Twój ubiór jest bodźcem wizualnym. Wywołuje silne podświadome wrażenie – uderza potencjalnego klienta tak, jak fala uderza o falochron.

Ludzie są wzrokowcami bardziej, niż się wydaje. Twój ubiór jest bodźcem wizualnym. Wywołuje silne podświadome wrażenie – uderza potencjalnego klienta tak, jak fala uderza o falochron. Twój wygląd zewnętrzny wyraża to, jakim typem człowieka jesteś wewnątrz.

Kiedy odpowiednio się ubierasz i dbasz o swój wizerunek, klient nieświadomie zakłada, że jesteś z dobrej firmy, a twój produkt lub usługa jest dobrej jakości. Jeśli na pierwszym spotkaniu wyglądasz jak najlepszy handlowiec w branży, potencjalny klient traktuje cię poważniej i jest bardziej otwarty na to, co chcesz mu przekazać.

Kto zarabia najwięcej?

Po przeprowadzeniu ponad tysiąca seminariów dla ponad miliona handlowców doszedłem do wniosku, że najwięcej zarabiają zawsze ci handlowcy, którzy są najlepiej ubrani. Ilekroć rozmawia ze mną dobrze ubrany handlowiec, widzę w nim pewność siebie i dobre nastawienie. Przyjmuję za oczywiste, że ten człowiek świetnie zarabia.

Widuję też wielu handlowców, którzy nie zdają sobie sprawy z tego, że sabotują swoją sprzedaż, ponieważ codziennie rano wychodzą z domu źle ubrani. Tragedia polega na tym, że nikt nigdy nie wziął ich na bok i nie wyjaśnił, jak ważne jest ubieranie się nastawione na sukces. Co gorsza, nikt nie lubi krytykować handlowców za to, że nieodpowiednio się ubierają. Wszyscy to widzą, ale nikt nic nie mówi.

Każdy handlowiec powinien przeczytać co najmniej dwie książki o odpowiednim ubiorze w biznesie i skrupulatnie zastosować się do tego, co jest w nich napisane. Pamiętaj, że w ubiorze, jak i w każdym innym aspekcie sprzedaży, liczy się wszystko! Każdy element albo ci pomaga, albo szkodzi. Dodaje albo ujmuje. Ubiór albo zbliża cię do sprzedaży, albo cię od niej oddala. Ubiór jest jednym z najsilniejszych czynników sugestywnych w sprzedaży.

Czynnik przyjaźni

Oto jedna z najważniejszych prawd w sprzedaży, o której już wcześniej krótko wspomniałem: potencjalny klient nie kupi od ciebie, dopóki nie będzie autentycznie przekonany, że jesteś jego przyjacielem i że działasz w jego najlepiej pojmowanym interesie.

Inna ważna rzecz, na jaką zwraca uwagę Robert Cialdini w książce *Wywieranie wpływu na ludzi. Teoria i praktyka*, to lubienie w procesie sprzedaży. Jeśli potencjalny klient cię lubi, szczegóły nie przeszkodzą w zamknięciu sprzedaży. Lecz jeśli klient jest do ciebie nastawiony neutralnie lub negatywnie, szczegóły będą podcinać ci skrzydła na każdym kroku i z dużym prawdopodobieństwem uniemożliwią sprzedaż.

Najważniejsze niewypowiedziane pytanie, jakie zadaje ci klient podczas pierwszego spotkania, brzmi: „Czy troszczysz się o mnie?". Jeśli w pierwszej minucie albo w dwóch nie dasz na to pytanie twierdzącej odpowiedzi, klient niepostrzeżenie straci wolę do robienia z tobą interesów. Być może nadal będzie siedział i uprzejmie wysłucha twojej prezentacji, ale na końcu podziękuje ci za wizytę i powie, że „musi to przemyśleć".

Lubimy robić interesy z ludźmi, do których jesteśmy przyjaźnie nastawieni. O tym, czy spotkanie będzie w przyjaznym tonie, decyduje kilka pierwszych sekund rozmowy i kilka pierwszych słów.

Fryzura

Potencjalny klient podczas rozmowy koncentruje się na twarzy handlowca. Dlatego twoja fryzura jest niezwykle ważna. Zasadą jest, że w twoim uczesaniu i ubiorze nie powinno być niczego, co zakłócałoby komunikat, jaki chcesz przekazać rozmówcy.

Słyszałeś powiedzenia w stylu „kiedy wkraczasz między wrony, musisz krakać jak i one" albo „jeśli lubisz innych, inni lubią ciebie". Jest faktem, że lubimy robić interesy – jako kupujący i jako sprzedający – z ludźmi, którzy są do nas podobni pod tak wieloma względami, jak to tylko możliwe. Czujemy się bardziej komfortowo, jeśli przebywamy z ludźmi ubierającymi się tak jak my, stylizującymi się tak jak my, mającymi te same opinie, takie samo nastawienie i tak dalej. Im bardziej zgrasz swój wygląd z wyglądem ludzi w otoczeniu klienta, tym bardziej złagodzisz jego opór przed słuchaniem cię i kupowaniem.

W każdej sytuacji osobistej lub biznesowej chcemy czuć się bezpiecznie. To jedna z naszych najsilniejszych potrzeb. Wszystko, z pomocą czego podnosisz poziom komfortu potencjalnego klienta, poprawia twoje szanse na zamknięcie sprzedaży.

Długie włosy – niska sprzedaż

Parę lat temu na jednym z moich seminariów podszedł do mnie młody handlowiec. Poprosił o radę, jak podnieść sprzedaż. Rzuciłem okiem na jego długie, zmierzwione włosy i od razu wiedziałem, w czym jest problem. Spytałem, kim są jego klienci. Odparł, że najczęściej sprzedaje ludziom w biznesie i prowadzi rozmowy handlowe w ich biurach. Miał dobry produkt w dobrej cenie i niską sprzedaż. Powód tego był dla mnie oczywisty.

Powiedziałem mu, że jeśli chce więcej sprzedawać ludziom w biznesie, powinien skrócić włosy. Nie spodobało mu się to. Odpalił, że długość włosów nie robi żadnej różnicy. Powiedział, że lubi „wyrażać swoją osobowość" długimi, zmierzwionymi włosami wystającymi za kołnierz. Wyjaśniłem mu, że może mieć tak długie włosy, jak tylko zechce, ale kosztem sprzedaży.

Natychmiastowe działanie – natychmiastowy rezultat

Na szczęście długowłosy handlowiec był pilnym uczniem. Ściął włosy, ale tylko trochę. To wystarczyło, aby jego sprzedaż natychmiast wzrosła. Więc przyciął włosy jeszcze bardziej. Sprzedaż znowu wzrosła. W końcu poszedł na całość i przeszedł na konserwatywną, biznesową fryzurę. Sprzedaż poszybowała w górę.

Handlowiec zaczął zarabiać tyle, że mógł wyprowadzić się z domu rodziców, kupić samochód i rozpocząć własne przyzwoite życie. Był wniebowzięty.

Niestety, po pewnym czasie zaczął myśleć, że zawdzięcza swój sukces wyłącznie temu, że ma doskonały produkt i wyjątkową osobowość. Wrócił do starych zwyczajów i znowu zapuścił długie włosy. Im dłuższe miał włosy, tym niższa była jego sprzedaż.

Zapuszczał się coraz bardziej i kiedy włosy znowu zaczęły wystawać za kołnierz, wyglądał jak kudłaty pies pałętający się od klienta do klienta. Skończyły mu się pieniądze i musiał wrócić do domu rodziców. Ostatnim razem, kiedy go widziałem, wciąż miał długie włosy. Nosił stare ubranie i dziurawe buty. Z coraz mniejszym powodzeniem, pozbawiony nadziei, powłóczył nogami w drodze z jednego spotkania na następne.

Prezentowanie produktu

Twój produkt zawsze powinien być czysty, schludny i prezentowany w możliwe najlepszym oświetleniu. Produkty kolorowe i atrakcyjne wpływają na ludzi bardzo sugestywnie. Nie mniej sugestywny wpływ na potencjalnych klientów mają produkty zabrudzone, wyglądające obskurnie, poplamione kawą, niedbale wykonane i nieuporządkowane. Zawsze upewniaj się, że twoje próbki i materiały handlowe wyglądają doskonale od każdej strony. Pamiętaj, że ludzie są wyczuleni na bodźce wizualne. To, co widzą, ma nadzwyczajny wpływ na opinie, jakie formułują o tobie, twoim produkcie i twojej firmie.

Ćwicz swoją prezentację handlową

Twoja prezentacja handlowa powinna być dobrze zorganizowana, wyćwiczona i dopracowana w szczegółach. Wartość twojego produktu lub usługi w percepcji potencjalnego klienta zależy aż w osiemdziesięciu procentach od jakości twojej prezentacji handlowej. Jeśli twoja prezentacja jest niespójna i nieprzejrzysta, potencjalny klient uzna to, co oferujesz, za mniej potrzebne i mniej atrakcyjne.

Jeśli twoja prezentacja przemawia do odbiorcy i przedstawiasz ją logicznie, krok po kroku, klient uzna, że twój produkt, usługa i firma są równie poukładane i skuteczne. Profesjonalna prezentacja handlowa może bardzo podnieść postrzeganą wartość tego, co sprzedajesz, i złagodzić opór cenowy klienta.

Twoje miejsce pracy

Twoje miejsce pracy zawsze powinno być czyste i uporządkowane, a oprócz tego powinno kojarzyć się z sukcesem i prosperity. Ktoś, kto odwiedza cię przy twoim stanowisku pracy, powinien mieć poczucie, że znalazł się w znakomicie funkcjonującej organizacji. Wszystko powinno być uporządkowane i na swoim miejscu.

W ramach naszego zaawansowanego programu konsultacji doradzamy skutecznym przedsiębiorcom, jak mają doskonalić swój wizerunek w percepcji klientów. Uczestnicy tego programu często osiągają zdumiewające rezultaty.

Ostatnio pewna para prowadząca małą firmę narzekała, że choć z powodzeniem udaje im się umawiać z potencjalnymi klientami na pierwsze spotkania, klienci po wizycie w ich siedzibie wychodzą i nigdy więcej nie wracają. Bez wytchnienia pracowali więc nad poprawą prezentacji i materiałów handlowych. Na próżno. Zaniedbywanie wyglądu miejsca pracy sporo tę parę kosztowało.

Upiększaj swoje biuro

Okazało się, że para, z którą mieliśmy do czynienia, z początku prowadziła firmę w domu. W końcu ludzie ci zdecydowali się przenieść siedzibę do tanio wynajętego biura, a do jej wyposażenia wykorzystać używane meble. Tak jak ja nie wiedziałem kiedyś, jak powinienem się ubierać jako handlowiec, ta para nie wiedziała, jak zadbać o wizerunek swojego biura. Ponieważ nikt wcześniej nie udzielił im porady, ich biuro wyglądało jak stary warsztat samochodowy.

Potencjalni klienci, przyciągnięci do tego biura przez działania handlowe i marketingowe pary właścicieli, odnosili fatalne pierwsze wrażenie. Uznawali, że trafili do firmy drugorzędnej. Wygląd biura wskazywał na trudności finansowe. Bez względu na to, jak czarujący i pogodni byli właściciele, potencjalni klienci nie mogli pokonać negatywnego podświadomego wrażenia wywoływanego przez wygląd biura. Wychodzili i nie wracali.

Działaj natychmiast

Sesje konsultacyjne w ramach naszego programu odbywają się co dziewięćdziesiąt dni. Ta para, gdy zrozumiała, jak ważne jest wizualne oddziaływanie ich biura na klientów, postanowiła całkowicie zmienić wystrój siedziby. Wstawili nowe meble, położyli nowe dywany, zawiesili na ścianach dzieła sztuki, zainstalowali profesjonalny system dźwiękowy i umieścili w sekretariacie wazon ze świeżymi kwiatami. Te środki zaradcze zostały podjęte natychmiast.

Po dziewięćdziesięciu dniach, na następnych konsultacjach, para promieniowała entuzjazmem. Wcześniej zamykali sprzedaż tylko z 5 procentami potencjalnych klientów. Po zmianie wskaźnik ten wzrósł do 50 procent. Firma potroiła sprzedaż i zyski. Para była kompletnie zaskoczona tym, jak wielki wpływ miało na potencjalnych klientów atrakcyjnie urządzone biuro. Nowi klienci komplementowali wystrój siedziby. Inwestycja w dekorację wnętrz zwróciła się w niespełna trzydzieści dni, w postaci dodatkowej sprzedaży i zysków.

Pracuj przy uprzątniętym biurku

Jedna z zasad etykiety biurowej brzmi: „Miej porządek na biurku!". Jeśli masz uprzątnięte biurko i schludny gabinet, wyglądasz jak człowiek sukcesu. A jeśli twoje biurko jest zarzucone różnego rodzaju rzeczami, sprawiasz wrażenie rozkojarzonego i niekompetentnego bałaganiarza. Ludzie patrzą na twoje miejsce pracy i dochodzą do wniosku, że niebezpiecznie jest robić z tobą interesy.

W danym czasie powinieneś mieć na biurku tylko jedną rzecz: tę, nad którą pracujesz. Wszystko inne powinno być odłożone na bok albo schowane do szuflad, do szafek za tobą lub do akt. Możesz nawet uprzątać biurko poprzez układanie wszystkich rzeczy w stos i przekładanie tego stosu na podłogę za biurkiem. Jednak samo biurko powinno być uprzątnięte.

Podnieś swoją produktywność o sto procent

Ludzie pracujący przy uprzątniętym biurku są dwa albo nawet trzy razy bardziej produktywni od tych, na których biurkach panuje bałagan.

Od ponad dwudziestu lat zajmuję się zarządzaniem czasem i osobistą produktywnością. Odkryłem, że ludzie pracujący przy uprzątniętym biurku są dwa albo nawet trzy razy bardziej produktywni od tych, na których biurkach panuje bałagan. Kiedy pracujesz przy uprzątniętym biurku, możesz koncentrować się tylko na jednej rzeczy w danym czasie.

Kiedy masz nieposprzątane biurko, musisz nieustannie przekopywać dokumenty i wszystko, nad czym pracujesz. Przez większość czasu nie wiesz, gdzie co jest. Poświęcasz mnóstwo czasu na przeglądanie i przerzucanie papierków, a niewiele robisz. Kluczem do produktywności jest koncentrowanie się na jednej rzeczy w danym czasie. A kluczem do koncentrowania się na jednej rzeczy w danym czasie jest czyste biurko.

Stwórz percepcję wartości

Kiedy wyglądasz jak profesjonalista, dobrze się ubierasz i dbasz o swój wizerunek, a twoja prezentacja handlowa jest uporządkowana, logiczna i skuteczna, klient podświadomie wyczuwa, że sprzedajesz cenny produkt, który jest wart kwoty, jaką podajesz. W miarę jak rośnie zaufanie klienta do ciebie i twojej firmy, jego opór cenowy zanika. Pierwszorzędne firmy reprezentowane przez najlepszych handlowców łatwiej uzyskują od klientów wyższe ceny niż ich drugorzędni konkurenci.

To, co widzisz, jest tym, co będzie

Musisz widzieć siebie jako najlepszego profesjonalistę pod każdym względem. Traktuj siebie i klientów jak najlepiej wykształconych i mających największą wiedzę ludzi w branży.

Pomyśl, jak zachowują się księgowi i konsultanci od zarządzania. Nie zaczynają ot tak po prostu z tobą rozmawiać. Zadają ci serię pytań w określonej kolejności. W sposób systematyczny uzyskują od ciebie konkretne informacje ilościowe i jakościowe. A im bardziej koncentrują się na zadawaniu ci pytań o tobie i twojej sytuacji, tym bardziej im ufasz i tym bardziej chcesz robić z nimi interesy.

Jesteś światowej klasy profesjonalistą

Wyobraź sobie siebie jako „lekarza od sprzedaży". Im więcej czasu poświęcisz na zadawanie „pacjentowi" logicznych, inteligentnych, dobrze poukładanych pytań, tym bardziej będzie czuł, że zajmuje się nim profesjonalista. To złagodzi jego początkowy sceptycyzm i opór przed sprzedażą. Sprawi, że zacznie ci bardziej ufać. Zrelaksuje się i otworzy. Zorientuje się, że jesteś z nim, żeby mu pomóc w rozwiązaniu problemu lub w osiągnięciu celu. Zacznie z tobą współpracować, zamiast się od ciebie dystansować.

Niech twój chód mówi za ciebie

Język ciała także jest ważny w sprzedaży. Według Alberta Mehrabiana z Uniwersytetu Kalifornijskiego w Los Angeles, w rozmowie handlowej komunikat jest przekazywany w 55 procentach przez język ciała, w 38 procentach przez ton głosu i tylko w 7 procentach przez treść słów, jakich używasz. Ponieważ ludzie kierują się przede wszystkim bodźcami wzrokowymi, to właśnie one w pierwszej kolejności odpowiadają za przekaz, który dociera do odbiorcy. Te bodźce wzrokowe zależą w dużym stopniu od tego, jakie przybierasz pozycje i jak używasz swojego ciała.

Kiedy chodzisz, wyobrażaj sobie, że twoja głowa wisi na sznurku, utrzymując całe ciało w pionie. Oddychaj głęboko, odchylaj ramiona do tyłu i prostuj kręgosłup. Unoś brodę i patrz prosto przed siebie.

Niech przez twój chód i przez wszystkie twoje ruchy przebijają siła i pewność siebie. Unoś stopy wysoko. Nie zamiataj butami podłogi. Poruszaj się szybko, jakbyś miał wiele miejsc, w które musisz pójść, i wielu ludzi, z którymi masz się spotkać. Musisz sprawiać ogólne wrażenie kogoś, kto jest zajętym, aktywnym, pewnym siebie i skutecznym profesjonalistą w sprzedaży.

Przy powitaniu podawaj całą dłoń. Ściskaj dłoń drugiej osoby mocno i serdecznie

Kiedy się witasz, ściskaj dłoń drugiej osoby mocno i serdecznie. Ten pierwszy kontakt fizyczny może zamknąć sprzedaż za ciebie. Ludzie oceniają twój charakter według uścisku twojej dłoni. Jeśli twój uścisk jest mocny i zdrowy, zakładają, że masz dobry charakter i – co za tym idzie – że oferujesz dobry produkt lub usługę.

Niektórzy handlowcy, których spotkałem, mają słaby i obojętny uścisk dłoni. Kiedy podajesz im dłoń, czujesz się tak, jakbyś chwytał zimną rybę. Inni, zwłaszcza kobiety, mają „półuścisk" – podają ci palce, a nie całą dłoń. Taki uścisk sugeruje, że jesteś „półosobą".

Niedawno na jednym z moich seminariów podszedł do mnie pewien dżentelmen. Spytał, dlaczego ma tak wiele problemów w swojej karierze handlowca. Dość dobrze szło mu dzwonienie do potencjalnych klientów i umawianie się na pierwsze spotkanie. Później relacje z klientami psuły się.

Coś, czego nie możesz ukryć

Gdy tylko ów dżentelmen podał mi dłoń, wiedziałem, w czym jest problem. Wywodził się z Indii – z kultury, w której nie podaje się ręki na powitanie. Gdy podawał dłoń potencjalnemu klientowi, jego uścisk był słaby i niedbały. Druga strona natychmiast traciła zainteresowanie nim i jego produktem, a on to wyczuwał.

Nikt wcześniej nie powiedział mu, jak ważny jest uścisk dłoni. Nie miał pojęcia, jaką rolę odgrywa w inicjowaniu relacji biznesowych w naszej kulturze. Sądził, że to jedynie formalność bez znaczenia. Kiedy dowiedział się o znaczeniu uścisku dłoni, zaczął ćwiczyć: mocno i serdecznie ściskał całą dłoń każdemu, kogo spotykał. Później napisał mi, że jego sprzedaż wzrosła już w pierwszym tygodniu, w którym zaczął ćwiczyć.

Należyte powitanie

Kiedyś ktoś napisał list do Pani Maniery[5], amerykańskiej konsultantki w dziedzinie savoir-vivre'u. Autor listu pytał, czy nowo poznaną osobę lepiej jest powitać słowami „Miło mi pana (panią) poznać" czy „Witam serdecznie".

Pani Maniera odpowiedziała, że właściwym powitaniem jest „Witam serdecznie". Dodała z humorem, że nie mówi się „Miło mi pana (panią) poznać", ponieważ w pierwszej chwili jeszcze nie wiemy, czy będzie nam miło.

Kiedy po raz pierwszy spotkasz się z potencjalnym klientem, uściśnij mu dłoń, spójrz mu prosto w oczy i powiedz: „Witam serdecznie". Te pierwsze słowa są jak pierwszy serw w meczu siatkówki.

---

[5] W oryginale: „Ms. Manners" – *przyp. tłum.*

Jeśli są odpowiednie, wcinasz się w pole drugiej strony i od samego początku zdobywasz punkty prowadzące do zwycięstwa.

Siedź prosto i patrz przed siebie

Kiedy siedzisz, zawsze patrz prosto w twarz potencjalnego klienta. Nigdy nie odchylaj się do tyłu na krześle. To sugerowałoby, że jesteś zanadto rozluźniony i nie dbasz o cel wizyty. Siedź z wyprostowanymi plecami i lekko pochylaj się do przodu. Bądź w pogotowiu. W pełni angażuj się w rozmowę, fizycznie i psychicznie. Bądź jak sprinter gotowy do biegu, czekający na wystrzał pistoletu startowego.

Co ciekawe, język ciała osoby, z którą rozmawiamy, ma na nas wielki wpływ. Kiedy siedzisz prosto, pochylasz się do przodu i jesteś świadomy otoczenia, sprawiasz, że potencjalny klient także jest bardziej zainteresowany i świadomy otoczenia. Zwraca większą uwagę na ciebie i na przekaz handlowy, który od ciebie odbiera. Nieświadomie zakłada, że to, co mu przekazujesz, jest ważne i cenne. Poświęca ci znacznie więcej uwagi, niż gdybyś w trakcie rozmowy odchylał się do tyłu i był zanadto rozluźniony.

Spraw, by potencjalny klient się otworzył

Jeśli potencjalny klient siedzi z założonymi rękami, to nie jest dobry znak. Poza nielicznymi wyjątkami (na przykład gdy w pomieszczeniu jest za zimno) wskazuje to na brak zainteresowania. Założone ręce zwykle oznaczają zamknięty umysł. Zakładanie ręki na rękę to w mowie ciała nieświadomy sygnał, że dana osoba blokuje się przed napływającymi informacjami. Kiedy rozmówca otwiera ramiona, otwiera także swój umysł.

Spraw więc, by potencjalny klient otworzył ramiona. Na szczęście jest to dość proste. Zacznij zadawać mu pytania. Jeśli to nie pomoże – jeśli rozmówca nie zrelaksuje się – wręcz mu jakiś przedmiot: broszurę albo cennik do przejrzenia. Poproś, aby podał jakąś liczbę albo wręczył ci wizytówkę. Bądź pomysłowy. Zrób co trzeba, aby potencjalny klient otworzył się na ciebie i na twoją wiadomość.

Nastawiaj rozmówcę pozytywnie za pomocą mowy ciała

Noga założona na nogę to także znak, że rozmówca jest zamknięty w sobie, nie mówi wszystkiego. Jeśli ma nogi skrzyżowane w kostkach, to znaczy, że ukrywa przed tobą coś, co powinieneś wiedzieć.

Zgodnie z zasadą „lustrzanego odbicia" potencjalny klient naśladuje twoją mowę ciała. Jeśli masz otwarte ramiona i rozłożone ręce, a twoje nogi i stopy nie są skrzyżowane, potencjalny klient przyjmie podobną postawę i zacznie mówić tym samym językiem ciała.

Jeśli pochylisz się lekko do przodu i będziesz z uwagą słuchał potencjalnego klienta, potakiwał mu, koncentrował się na nim podczas mówienia i uśmiechał się do niego, on przyjmie podobny sposób zachowania. Po krótkiej chwili zacznie mówić, pytać i słuchać uważniej.

Ogranicz hałas i wyeliminuj wszystko, co może przerwać rozmowę

Człowiek w danej chwili może koncentrować się tylko na jednej rzeczy. Dlatego tak ważne jest ograniczanie hałasu i eliminowanie wszystkich elementów otoczenia, które mogą odwracać uwagę potencjalnego klienta od tego, co mówisz. Zadbaj o to, aby nic nie przeszkadzało w rozmowie. Jeśli rozmawiasz w miejscu pracy potencjalnego klienta i dookoła sporo się dzieje, spytaj, czy możecie udać się gdzieś, gdzie będziecie mogli porozmawiać przez parę minut bez obawy, że coś lub ktoś oderwie was od tematu. Powiedz:

– Szanowna Klientko, potrzebuję tylko dziesięciu minut pani czasu. Czy możemy usiąść w miejscu, w którym nikt i nic nie będzie nam przeszkadzać?

Będziesz zaskoczony, jak wielu potencjalnych klientów natychmiast przystanie na tę propozycję.

Unikaj barier w komunikacji

Kiedy siadasz do rozmowy, postaraj się wyeliminować bariery w komunikacji pomiędzy tobą i klientem, takie jak stół czy biurko. Jeśli widzisz, że klient siada za biurkiem, spytaj, czy nie mógłby zająć miejsca przy stoliku, gdzie łatwo mógłbyś pokazać materiały handlowe. Nigdy nie widziałem, żeby potencjalny klient odmówił w sytuacji, gdy handlowiec wyraził tę prośbę uprzejmie i grzecznie.

Jeśli siadasz obok potencjalnego klienta, miej go zawsze po swojej lewej stronie. W ten sposób, kiedy będziesz przewracał strony swojej prezentacji handlowej, potencjalny klient będzie mógł łatwiej widzieć wszystko, co robisz. Już sama prośba o to, żeby klient usiadł tam, gdzie chcesz – na którą on przystanie – przełącza go na tryb odpowiadania na twoje uzasadnione pytania. To zbliża cię do punktu, w którym będziesz mógł zwrócić się o złożenie zamówienia.

Rozmowa handlowa w domu

Jeśli prowadzisz rozmowę handlową w domu potencjalnego klienta, musisz zwracać uwagę na kilka ważnych aspektów psychologicznych. Po pierwsze, nigdy nie prowadź prezentacji handlowej w salonie. Ludzie nie podejmują ważnych decyzji rodzinnych w salonie – podejmują je w kuchni lub przy stole w jadalni. W tych miejscach ludzie rozmawiają o ważnych dla nich sprawach biznesowych.

Jeśli gospodarz zaprosi cię do salonu, powiedz: „A może byśmy usiedli przy stole w kuchni? Czulibyśmy się tam bardziej komfortowo". Kiedy to powiesz, stój w miejscu. Sugestywny wpływ profesjonalnego handlowca stojącego i czekającego, aż gospodarz zaprowadzi go do kuchni albo do stołu w jadalni, jest bardzo silny i nie sposób mu się oprzeć.

Poczekaj, aż gospodarz wskaże ci krzesło

Kiedy wejdziesz do kuchni albo do jadalni, poczekaj, aż gospodarz wskaże ci krzesło. Każdy ma swoje ulubione krzesło, na którym codziennie siada. Musisz mieć pewność, że nie usiądziesz akurat na tym krześle. Jeśli będziesz rozmawiał z dwiema lub więcej osobami, usiądź tak, żeby mieć kontakt wzrokowy z każdym z rozmówców. Kiedy będziesz zadawał pytania i mówił o produkcie, patrz to na jedną, to na drugą osobę, żeby wszyscy uczestnicy prezentacji czuli się w nią zaangażowani.

Zawsze bądź uprzejmy

Pamiętaj o etykiecie. Zawsze, czy to w firmie, czy w domu potencjalnego klienta, pamiętaj o dobrym wychowaniu. Bądź kurtuazyjny i odnoś się z szacunkiem do klienta, jego pracowników, współmałżonka i innych ludzi w jego otoczeniu.

Jeśli rozmowa handlowa ma się odbyć w miejscu pracy potencjalnego klienta, zawsze traktuj sekretarkę z szacunkiem. Obchodź się ze wszystkimi jak z ludźmi ważnymi i wartościowymi. Zachowuj się przy nich tak, jakby byli klientami wartymi miliony (albo przynajmniej mieli szanse stać się takimi klientami).

Nagroda za dobre traktowanie ludzi

Być może największą korzyścią z dobrego traktowania ludzi jest to, że ilekroć robisz coś, żeby podnieść samoocenę drugiej osoby, twoja samoocena wzrasta o tyle samo. Jeśli jesteś dla innych uprzejmy i odnosisz się do nich z szacunkiem, ci inni bardziej cię lubią i szanują. W efekcie ty sam bardziej lubisz i szanujesz siebie samego. Im intensywniej będziesz ćwiczył czynniki sugestywne w sprzedaży, tym staniesz się silniejszy, bardziej pozytywnie nastawiony i bardziej pewny siebie. I tym wyższa będzie twoja sprzedaż.

Działania do przećwiczenia

1. Liczy się wszystko! W pełni kontroluj każdy czynnik sugestywny w otoczeniu potencjalnego klienta – wszystko, co klient widzi, słyszy, czuje i robi. Planuj swoje działania z góry.
2. Wizualizuj. Wyobrażaj sobie siebie jako „lekarza od sprzedaży" – jako światowej klasy profesjonalistę, mającego wszechstronną wiedzę oraz doskonały produkt lub usługę.
3. Zadbaj o to, by twój ubiór pracował na twój sukces – ubieraj się tak, jak najskuteczniejsi i najlepiej opłacani ludzie w twojej branży. Wyglądaj jak człowiek, od którego klienci mogą z ufnością przyjmować porady.

4. Traktuj z grzecznością każdego, kogo poznajesz, od sekretarki do klienta. Zawsze bądź pozytywnie nastawiony i serdeczny.

5. Stosuj trening mentalny przed każdą rozmową z potencjalnym klientem. Wyobrażaj sobie siebie jako kogoś spokojnego, kontrolującego swoje słowa i gesty, optymistycznie nastawionego i zrelaksowanego. Staniesz się człowiekiem, którego widzisz oczami wyobraźni.

6. Rób wszystko, co w twojej mocy, aby uniknąć hałasu i wyeliminować z otoczenia to, co może ci przerywać spotkanie z potencjalnym klientem. Jeśli to konieczne, nakłoń go do podjęcia rozmowy w spokojniejszym miejscu, gdzie będzie mógł koncentrować się na tobie i produkcie.

7. Chodź prosto, z uniesioną brodą. Na powitanie ściskaj dłoń mocno i pewnie. Poruszaj się jak ktoś, kto jest najlepszy w tym, co robi.

Gdy wizualizujesz swoje cele, skłaniasz swoją podświadomość do pracy nad urzeczywistnieniem tych obrazów.

– „Success Magazine"

ROZDZIAŁ 7
Zamykanie sprzedaży

Żaden fakt nie jest tak ważny jak nasze nastawienie do niego. To ono decyduje o naszym sukcesie albo o porażce.

– NORMAN VINCENT PEALE

Wszystko, co robisz w procesie sprzedaży, od pierwszego kontaktu do zamknięcia transakcji i dostarczenia produktu bądź wykonania usługi, ma znaczenie. Nic nie jest neutralne. Twoje działania zbliżają cię do sprzedaży albo cię od niej oddalają. Niczego nie można pozostawić przypadkowi. Liczy się wszystko.

Proces, który prowadzi do transakcji albo do odrzucenia twojej oferty, zaczyna się od pierwszych słów, które wypowiadasz. Opór potencjalnego klienta przed transakcją jest największy wtedy, kiedy spotykasz się z nim po raz pierwszy. Wszyscy potencjalni klienci mają coś, co można nazwać „uogólnionym oporem przed sprzedażą". Ujawnia się to na początku każdego spotkania z handlowcem, niemal niezależnie od okoliczności. Jest normalną, naturalną częścią życia w komercyjnym społeczeństwie. Jest jak odruch obronny.

Odruch obronny przed przekazem handlowym

Przeciętny klient styka się codziennie średnio z trzema tysiącami przekazów reklamowych z różnych źródeł. Od chwili, kiedy rano wstaje, jest nimi bombardowany. Docierają do niego za pośrednictwem radia, telewizji, billboardów, szyldów sklepowych, gazet, czasopism, telefonu i poczty. Wszędzie, gdzie zagląda, widzi reklamy krzyczące: „Kup to!".

Człowiek, aby przetrwać w komercyjnym społeczeństwie, musi wytworzyć w sobie opór przed kupowaniem. Po pierwsze, musi odfiltrowywać większość przekazów handlowych i nauczyć się je ignorować, ponieważ inaczej nie będzie w stanie skutecznie funkcjonować. Po drugie, musi umieć opierać się perswazji handlowców takich jak ty, gdyż w przeciwnym razie musiałby kupować wszystko, co mu oferują. Jesteś profesjonalistą, więc weź pod uwagę ten naturalny opór potencjalnego klienta, kiedy rozważasz swoje oczekiwania dotyczące każdego pierwszego spotkania handlowego. A potem naucz się skutecznie ten opór zwalczać.

Zamknięcie „na uczciwą propozycję"

Technika uczciwej propozycji bardzo pomaga w rozpoczęciu rozmowy handlowej. Jeśli zastosujesz ją dobrze, potencjalny klient z uwagą weźmie udział w twojej prezentacji handlowej, a potem podejmie decyzję. Uczciwa propozycja ułatwia ci zwrócenie się w ten czy inny sposób do rozmówcy o podjęcie decyzji. A chodzi ci przecież o to, żeby nie kończyć spotkania na: „No dobrze, muszę to przemyśleć" ani „Muszę to z kimś omówić".

Początkowy opór przed sprzedażą złagodzisz, jeśli powiesz:

– Szanowna Klientko, bardzo dziękuję za pani czas. Proszę się zrelaksować. Nie jestem tu po to, żeby teraz coś pani sprzedać. To nie jest celem mojej wizyty.

Jeśli otworzysz w ten sposób rozmowę i zrobisz to z uśmiechem, potencjalny klient trochę się zrelaksuje. Nadal będzie podejrzliwy, ale nie tak jak wcześniej.

Później powiedz:

– W czasie, który mamy dla siebie, chcę tylko przedstawić pani niektóre z powodów, dla których tak wielu innych ludzi kupiło i nadal kupuje ten produkt. Proszę tylko, aby z otwartym umysłem przyjrzała się pani temu, co mam do pokazania, i zastanowiła się, czy moja oferta jest odpowiednia w pani sytuacji. A potem, na końcu naszej rozmowy, poproszę, aby powiedziała mi pani, czy uznaje ten produkt za dobry. Czy to uczciwa propozycja?

Poprzez złożenie uczciwej propozycji oferujesz wymianę. To tak, jakbyś powiedział: „Nie będę próbował pani niczego sprzedawać, jeśli wysłucha mnie pani z otwartym umysłem".

Uczciwa wymiana. Potencjalny klient prawie na pewno zgodzi się na uczciwą propozycję. Nic na tym nie straci. Poza tym zaciekawi go, dlaczego tak wielu innych ludzi kupiło i nadal kupuje twój produkt. Będzie miał otwarty umysł i będzie gotowy cię wysłuchać.

W takie zamknięcie sprzedaży jest wbudowany bardzo silny czynnik sugestywny. Sugerujesz, że twój produkt już jest popularny i stosowany przez wielu ludzi. I prosisz potencjalnego klienta tylko o zdecydowanie, czy powody, dla których inni ludzie używają twojego produktu, są dla niego ważne, czy nie.

Po złożeniu uczciwej propozycji zadawaj potencjalnemu klientowi pytania. Dowiedz się, czym się zajmuje i jak może wykorzystać w swojej sytuacji twój produkt albo usługę. Bądź jak lekarz od sprzedaży. Przeprowadź wszechstronny wywiad i odkryj potrzeby potencjalnego klienta, które twój produkt albo usługa może zaspokoić.

Kiedy poznasz sytuację i potrzeby rozmówcy, będziesz mógł przedstawić mu produkt jako idealne rozwiązanie dla niego w danym czasie przy uwzględnieniu jego trosk i problemów. Pod koniec prezentacji handlowej będziesz miał przewagę psychologiczną.

Poproś o odpowiedź. Załóżmy, że klient powie:

– No dobrze, muszę to przemyśleć.

Zdyscyplinuj go słowami:

– Panie Kliencie, rozumiem, że musi pan to przemyśleć. Jednak obiecał mi pan, że w ten czy w inny sposób powie mi pan, czy ten produkt ma zastosowanie w pana sytuacji, czy nie.

Po chwili dodaj:

– A to, co pan mi powiedział, sugeruje, że to jest dla pana teraz idealne rozwiązanie, chyba że jest coś, czego nie rozumiem.

To zmusza rozmówcę do podania powodów jego wahania lub rezygnacji z zakupu. Bez względu na to, jaka padnie odpowiedź, będziesz mógł rozwiać wątpliwości klienta i zbliżyć się w stronę zamknięcia sprzedaży. Lecz jeśli rozmówca powtórzy: „Chcę to przemyśleć", nie będziesz mógł zrobić niczego więcej. Nie będziesz mógł kontynuować procesu sprzedaży, jeśli nie usłyszysz wątpliwości, którą mógłbyś rozwiać. Jednak w większości przypadków zamknięcie na uczciwą propozycję skutecznie zmusza potencjalnego klienta do podzielenia się obiekcjami, z którymi najprawdopodobniej będziesz w stanie sobie poradzić.

Tę technikę zamykania sprzedaży możesz stosować do prawie każdego produktu i usługi. Poprzez sugerowanie, że wielu klientów już kupiło i nadal kupuje to, co oferujesz, wzbudzasz pozytywne oczekiwania już na samym początku, podobnie jak ciekawość potencjalnego klienta. Sprawiasz, że słucha cię z otwartym umysłem, i zachęcasz, aby na końcu prezentacji podał ci przyczyny swoich obiekcji, zamiast zbywać cię wymówką: „Muszę to przemyśleć".

Zamknięcie „na demonstrację"

Jest to bardzo skuteczna technika zamknięcia. Jeśli się na nią zdecydujesz, musisz zacząć przygotowywać grunt pod nią już od początku rozmowy handlowej. Chodzi o to, aby już wtedy ustalić z potencjalnym klientem warunki, które pozwolą ci zamknąć sprzedaż, kiedy skończysz prezentację.

Zamknięcie „na demonstrację" zaczyna się od mocnego pytania kierującego uwagę klienta na korzyść, jaką on uzyska, kiedy kupi twój produkt lub usługę. To pytanie jednocześnie pozwala ci zakwalifikować rozmówcę do grona klientów docelowych na dany produkt lub usługę albo ocenić, że osoba, z którą rozmawiasz, nie należy do twojego rynku.

Kiedy sprzedawałem fundusze inwestycyjne, ta metoda okazała się bardzo skuteczna. Otwierałem rozmowę pytaniem: „Panie Kliencie, czy gdybym przedstawił panu najlepszą możliwą dziś inwestycję na rynku, zainwestowałby pan w nią w tej chwili pięć tysięcy dolarów?".

Przenieś punkt ciężkości konwersacji. To pytanie zmienia naturę rozmowy. Już nie pytasz: „Czy mnie pan wysłucha?", lecz „Jaką kwotę będzie pan skłonny zainwestować, jeśli spełnię obietnicę daną w pytaniu otwierającym?".

Klient może odpowiedzieć:

– No cóż, jeśli inwestycja jest taka dobra, jak pan mówi, mógłbym dziś zainwestować dwadzieścia tysięcy dolarów.

Kiedy słyszysz taką odpowiedź, mógłbyś zadać pytanie sprawdzające, do jakiego typu klientów należy twój rozmówca:

– A gdyby ta propozycja n a p r a w d ę się panu spodobała, to czy mógłby pan zainwestować czterdzieści tysięcy albo więcej?

Na to pytanie klient może odpowiedzieć „tak" albo „nie". W obu przypadkach odpowiedź pomaga ci ocenić, czy potencjalny klient jest kwalifikowany, to jest: czy należy do twoich klientów docelowych. Poznasz dokładnie jego sytuację finansową, jeszcze zanim zaczniesz mówić o swoim produkcie lub usłudze.

Załóżmy, że potencjalny klient powie:

– Nie sądzę, abym znalazł na to dwadzieścia tysięcy dolarów.

Wówczas możesz spytać:

– A czy w takim razie zainwestuje pan dwanaście tysięcy, jeśli uzna pan to za najlepszą inwestycję, jaką pan w życiu widział?

Na to pytanie klient może odpowiedzieć tak:

– Cóż, gdyby ta propozycja była aż tak dobra, zapewne mógłbym zainwestować dwanaście tysięcy.

Jeśli potencjalny klient jest kwalifikowany. Dzięki wcześniej wymienionym pytaniom zbadałeś sytuację finansową potencjalnego klienta i określiłeś, czy jest kwalifikowany. Rozmówca, poprzez odpowiedzi, dał ci przyzwolenie na przeprowadzenie prezentacji handlowej i na udowodnienie, że to, co proponujesz, jest najlepszą możliwą inwestycją – że twoja oferta daje duże korzyści, o jakich wspomniałeś w pytaniu otwierającym.

Po tym wszystkim możesz rozpocząć prezentację handlową i zademonstrować, że to, co proponujesz, jest dla rozmówcy w danej chwili absolutnie doskonałe, jeśli weźmie się pod uwagę wszystkie istotne ograniczenia po jego stronie. Na końcu prezentacji klient nie będzie mógł powiedzieć, że nie stać go na twoje rozwiązanie, że nie ma w danej chwili pieniędzy ani że musi porozmawiać o twojej propozycji z kimś innym. Już się zgodził, że uzna twój produkt albo usługę za doskonały wybór, i zdecyduje się na zakup.

To działa przy każdym produkcie. Techniką „na demonstrację" możesz otwierać i zamykać rozmowę handlową dotyczącą prawie każdego produktu lub usługi. Możesz z jej pomocą sprzedawać oprogramowanie, możliwości biznesowe, usługi doradztwa finansowego albo ubezpieczenia. Jeśli na przykład sprzedajesz ubezpieczenia na życie, pytasz:

– Pani Klientko. Powiedzmy, że pokażę pani najszerszą dostępną dziś na rynku polisę ubezpieczeniową obejmującą panią oraz pani rodzinę oraz dom. Zaproponuję tę polisę po być może najniższej cenie dostępnej dziś na rynku. Czy jeśli to zrobię, zdecydowałaby się pani teraz kupić tę polisę?

Kiedy sprzedawałem firmom usługi szkoleniowe, pytałem: „Panie Kliencie, czy gdybym pokazał panu metodę podniesienia sprzedaży o 20–30 procent w ciągu następnych sześciu lub dwunastu miesięcy, to czy teraz by ją pan zaakceptował?".

Załóżmy, że potencjalny klient odpowie:

– Tak, gdyby powiedział mi pan, jak podnieść sprzedaż o 20–30 procent, natychmiast podjąłbym decyzję.

Wówczas twoim zadaniem będzie pokazanie, że twój produkt lub usługa na pewno spełni obietnicę, którą złożyłeś w zdaniu otwierającym.

Możesz żądać odpowiedzi. Piękno zamknięcia „na demonstrację" polega na tym, że zmuszasz potencjalnego klienta do tego, żeby na końcu prezentacji dał ci odpowiedź. Klient obiecał udzielić ci odpowiedzi natychmiast, w ten czy w inny sposób, więc nie będzie się wymawiał, że musi to przemyśleć albo z kimś przedyskutować.

Typy osobowości kupujących

Istnieje sześć podstawowych typów osobowości, z jakimi spotykasz się na co dzień w sprzedaży. Jeśli chcesz skutecznie zawierać transakcje z ludźmi o różnych stylach, musisz nauczyć się rozpoznawać, kto reprezentuje jaki styl.

1. Apatyczny kupujący

Pierwszy typ osobowości, z jakim spotkasz się w sprzedaży, to apatyczny kupujący. Do tego typu zalicza się około pięciu procent ludzi. Apatyczny kupujący to ktoś, kto nigdy nie zamierza niczego kupować, bez względu na to, jak dobry jest produkt lub usługa. Zwykle jest pesymistyczny, cyniczny, zmartwiony i niezainteresowany.

Apatyczny kupujący wzrusza ramionami, gdy mówisz, że to, co oferujesz, jest dobre, tanie i z powodzeniem stosowane przez innych ludzi. On po prostu nie zamierza tego kupić, nawet jeśli dasz mu to za darmo.

Od czasu do czasu, chcąc nie chcąc, natrafiasz na apatycznych kupujących. To zwykle ci, którzy mają w życiu osobistym i zawodowym wiele problemów. Są źli na siebie samych, na życie i na ciebie. Mają tak wiele problemów, że po prostu nie interesuje ich,

> Apatyczny kupujący nie kupi, nawet jeśli zaoferujesz mu sto dolarów w zamian za pięć.

co masz do zaoferowania. Apatyczny kupujący nie kupi, nawet jeśli zaoferujesz mu sto dolarów w zamian za pięć.

Apatyczni kupujący marnują twój czas. Kiedyś mój przyjaciel sprzedawał doskonały produkt po 295 dolarów. Rozmawiał z człowiekiem, który bez wątpienia należał do klientów docelowych na ten produkt. Klient potrzebował tego produktu i mógł sobie na niego pozwolić. Jednak był apatycznym kupującym.

Bez względu na to, co mówił mój przyjaciel, klient powtarzał jak nakręcony:

– To jest za drogie. To jest za drogie. To jest za drogie.

W końcu mój przyjaciel, rozdrażniony, spytał:

– A co, jeśli oddam to panu za dwieście dolarów?

– To też za dużo.

Na to handlowiec:

– A może za sto?

– Wciąż za dużo. Nie mogę sobie na to pozwolić.

Wreszcie mój przyjaciel zaproponował:

– A może za pięć dolarów?

– Za tyle też nie mogę kupić.

Tak zachowuje się typowy apatyczny kupujący. Takich ludzi twoja oferta po prostu nie interesuje. Są nastawieni na „nie" i obojętni. Kiedy spotkasz takiego człowieka, natychmiast go rozpoznasz. Zamiast szargać sobie nerwy, zakończ rozmowę tak uprzejmie, jak tylko potrafisz, i wyjdź. Znajdź kogoś innego, kto będzie bardziej chętny do zakupu.

2. Zdecydowany kupujący

Na drugim końcu skali są zdecydowani kupujący. Są całkowitym przeciwieństwem apatycznych kupujących i także stanowią mniej więcej pięć procent klientów.

Zdecydowany kupujący wie dokładnie, czego chce. Zna w szczegółach cechy i korzyści, jakich poszukuje. I wie, jaką dokładnie cenę jest skłonny zapłacić. Jeśli masz to, czego taki klient poszukuje, kupi to natychmiast, bez wielu – a może nawet bez żadnych – pytań. Musisz tylko mieć produkt lub usługę, jakiej poszukuje zdecydowany kupujący, a sprzedaż masz jak w banku.

Tacy kupujący są rzadkością. Zdecydowani kupujący, podobnie jak apatyczni, trafiają się nie częściej niż raz na dwadzieścia razy. Lecz jeśli nawiążesz kontakt z wystarczającą liczbą osób, prawdopodobnie znajdziesz wśród nich także zdecydowanych kupujących. Zawieranie z nimi transakcji jest tak łatwe, że mówisz sobie: „*Gdybym mógł tak sprzedawać cały czas, byłbym bogaty!*".

Jeśli zdecydowany kupujący mówi ci, że czegoś chce, zaproponuj mu dokładnie to, o czym mówi. Nie oferuj mu niczego nawet trochę innego i nie zmieniaj specyfikacji. Możesz mu podać dodatkowe informacje, ale nie próbuj namawiać go na coś innego niż to, na co się nastawił. Jeśli nie masz tego, czego chce zdecydowany kupujący, powiedz mu wprost, że tego nie masz, i doradź, gdzie może to znaleźć.

3. Analityczny kupujący

Trzecim typem są analityczni kupujący. Tacy ludzie to około 25 procent rynku. Są racjonalni, zorientowani na zadania i charakteryzuje ich rezerwa. Nie są zbyt wylewni. Koncentrują się na dokładności i szczegółach. Ich motywacją jest przede wszystkim dokładność.

Takich ludzi znajdziesz w każdym obszarze, w którym sukces wymaga koncentrowania się na szczegółach. Analityczni kupujący to często księgowi, inżynierowie, bankowcy, finansiści i informatycy. Pytają o dokładne liczby, detale i specyfikacje tego, co sprzedajesz.

Zwolnij i bądź dokładny. Podczas rozmowy z analitycznym kupującym musisz wykazać się cierpliwością i unikać uogólnień. Bądź konkretny i wyrażaj się jasno. Bądź gotów udowodnić na piśmie wszystko, o czym mówisz. Im precyzyjniej wyłuszczysz korzyści z twojego produktu lub usługi i im dokładniej powiesz, jak klient może je osiągnąć, tym łatwiej mu będzie podjąć decyzję o zakupie.

Im bardziej szczegółowo opowiesz, jak działa twój produkt, ile kosztuje, jakie daje rezultaty, jak go serwisować i tak dalej, tym bardziej zadowolony będzie taki klient. Analityczni kupujący uwielbiają szczegóły. Mogą całymi godzinami siedzieć nad wykresami i diagramami, zagłębiając się w detale.

Nie podejmują decyzji na gorąco. Długo zastanawiają się nad zakupem. Potrzebują pozostawienia ich sam na sam z materiałami, nad którymi mogliby się zastanowić i które mogliby przeanalizować. Spodziewaj się, że wrócą do tematu i poproszą o wyjaśnienia. Takich ludzi nie ma sensu ponaglać. Wolą mieć pewność, że podejmują właściwą decyzję, niż zaoszczędzić pieniądze albo przyspieszyć transakcję.

4. Relacyjny kupujący

Innym typem osobowości, z jakim spotkasz się w sprzedaży, jest kupujący z o r i e n t o w a n y n a l u d z i. Tacy klienci również stanowią około 25 procent rynku, jednak ta liczba może być różna w zależności od tego, co sprzedajesz. Oni również podchodzą do zakupu racjonalnie i z rezerwą, a ponadto cechują się małą ekstrawagancją i niezbyt dużą ekspresyjnością. Jeśli chcesz dojść z nimi do porozumienia, musisz poświęcić czas na nawiązanie z nimi dobrego kontaktu.

Relacyjni kupujący w pierwszej kolejności zwracają uwagę na to, z k i m m a j ą d o c z y n i e n i a. Interesuje ich, co inni ludzie myślą i jakie mają przeczucia w różnych kwestiach. Kiedy rozważają zakup produktu lub usługi, troszczą się o to, jak inni mogliby potraktować ich decyzje i na nie zareagować. Wyobrażają sobie, jakie inni mogliby mieć opinie, negatywne albo pozytywne. Są wyjątkowo wrażliwi na poglądy ludzi w otoczeniu.

Takich kupujących w naturalny sposób przyciągają zawody zorientowane na „pomaganie". Są nauczycielami, kadrowcami, psychologami, pielęgniarkami i pracownikami społecznymi.

Relacyjny kupujący pragnie być lubiany. „Co pomyślą inni, jeśli to kupię?". To jest coś, o co w szczególności troszczą się klienci zorientowani na ludzi. Oni zawsze muszą „omówić to z kimś innym", często z więcej niż jedną osobą. Czasami przed podjęciem decyzji o zakupie muszą spytać o zdanie wszystkich członków rodziny oraz przyjaciół i znajomych.

Ich najważniejszą motywacją są d o b r e r e l a c j e z i n n y m i. Poszukują harmonii i szczęścia wśród ludzi dookoła i czują się źle, gdy ktoś jest z jakiegoś powodu nieszczęśliwy.

Koncentruj się na klientach zadowolonych. Kiedy sprzedajesz relacyjnemu kupującemu, spodziewaj się wielu pytań o innych, którzy korzystają z twojego produktu lub usługi. Rozmówca zechce się dowiedzieć, czy to, co oferujesz, jest popularne, i czy korzystanie z tego nie wywiera złego wpływu na innych ludzi. Będzie potrzebował zapewnienia, że inni uznają to, co oferujesz, za atrakcyjne i odpowiednie. Jeśli sprzedajesz dom, relacyjny kupujący będzie ciekaw, jak zareagowaliby inni oglądający tę nieruchomość.

Jeśli sprzedajesz odzież albo samochody, kupujący reprezentujący ten typ będzie chciał wiedzieć, czy innym spodoba się jego wybór.

Buduj relacje. Relacyjni kupujący lubią rozmawiać i pytać, co myślisz oraz co czujesz. Lubią mówić o produkcie lub usłudze i o tym, jak inni reagują, kiedy to kupują i z tego korzystają. Chcą rozwijać z tobą relacje tak długo, aż poczują, że są w stanie swobodnie rozmawiać o twoim produkcie lub usłudze.

Relacyjny kupujący chce spędzić z tobą godzinę albo dwie, żeby cię poznać. Potem będzie chciał, żebyś wrócił i poświęcił mu następną godzinę albo dwie na rozwijanie relacji. Będzie chciał czuć się w twojej obecności komfortowo i dopiero wtedy skoncentruje myśli na tobie oraz na twoim produkcie lub usłudze.

Nie ponaglaj. Relacyjni kupujący powoli mobilizują się do zakupu. Zwykle wahają się i są niezdecydowani. Lubią dużo myśleć. Są w stanie kupić twój produkt, a potem kompletnie zmienić opinię, jeśli ich decyzja spotka się z krytyką lub z dezaprobatą ze strony innych. W kontaktach z relacyjnymi kupującymi musisz być cierpliwy, wrażliwy i wyrozumiały.

5. Energiczny kupujący

Klient piątego typu jest zorientowany na zadania bardziej niż kupujący o pozostałych rodzajach osobowości. To typ osobowości kierownika. Jest bezpośredni i niecierpliwy. Zmierza prosto do celu. Ma podejście biznesowe i praktyczne. Jego największą troską jest osiąganie rezultatów.

Ponieważ kupujący zorientowany na zadania jest niecierpliwy i wylewny, rozmawia z tobą wprost i do rzeczy. Chce wiedzieć, czym jest twój produkt, co robi, jakie daje rezultaty, ile kosztuje, a także jak pewne jest to, że przyniesie obiecywane korzyści, i ile to potrwa.

Zmierzaj prosto do celu. Energiczny kupujący nie lubi ogólnych pogawędek i nie widzi potrzeby nawiązywania ciepłych relacji z handlowcem. Chce szybko przejść do tematu zysku i sprawnie podjąć decyzję na „tak" albo na „nie".

Ludzie zorientowani na rezultaty i zadania zajmują się rzeczami, przy których temperament jest najbardziej pożądany. Są przedsiębiorcami, spalającymi się w biznesie handlowcami i kierownikami sprzedaży. Obejmują stanowiska zarządzających, na których bezpośrednio odpowiadają za wymierne rezultaty. Są strażakami i dowódcami jednostek antyterrorystycznych. To ludzie, którzy wykonują zadania szybko i dobrze.

Są zajęci i oddani pracy. Kupujący nastawieni na zadania są zajęci. Kiedy z nimi rozmawiasz, przerywasz im i odciągasz ich od tego, co uznają za ważniejsze niż spotkanie z tobą. Chcą, żebyś szybko przeszedł do rzeczy. Nie chcą przemówienia o tym, jak twój produkt został zaprojektowany i obmyślony. Chcą tylko odpowiedzi na pytanie: „Co w tym jest dla mnie?".

Chcą tylko odpowiedzi na pytanie: „Co w tym jest dla mnie?".

Interesy z takimi klientami to przyjemność, jeśli tylko potrafisz zademonstrować, że twój produkt lub usługa przyniesie pożądane rezultaty. Energiczni kupujący, podobnie jak wszyscy inni klienci, chcą ulepszeń. Im lepiej wyklarujesz, jak twój produkt udoskonali energicznemu klientowi życie lub pracę, tym szybciej usłyszysz „tak".

Kupujący zorientowani na zadania są zdecydowani i od razu przechodzą do rzeczy. Wiedzą, czego chcą, i jeśli to masz, chcą to natychmiast dostać i zacząć z tego korzystać. Kiedy zorientujesz się, że masz do czynienia z takim kupującym, przyspiesz prezentację, szybko przejdź do sedna i skoncentruj się na rezultatach lub korzyściach dla klienta. Energiczni stanowią około 25 procent klientów, w zależności od tego, co sprzedajesz.

6. Społeczny kupujący

Szósty typ klienta, społeczny kupujący, jest wylewnym ekstrawertykiem. Lubi pracować z ludźmi i przy pomocy ludzi. Ten typ często nazywa się „zintegrowanym kupującym", ponieważ osoby tego typu łączą orientację na ludzi z orientacją na zadania i znajdują równowagę pomiędzy tymi dwoma priorytetami.

Kupujący, którzy reprezentują ten typ, często zajmują się tym, co wymaga koordynowania pracy wielu różnych ludzi. Są przełożonymi: kierownikami, zarządzającymi, dyrygentami, menedżerami wysokiego szczebla w dużych firmach świadczących profesjonalne usługi albo prezesami organizacji *non profit*. Obejmują stanowiska, na których konieczna dla osiągania celów jest umiejętność łączenia działań wielu osób.

Społeczny kupujący jest zorientowany na osiągnięcia. Klient reprezentujący ten typ, jako że jest ekstrawertykiem i dobrze czuje się w środowisku, troszczy się przede wszystkim o ludzi: tak o siebie, jak i o innych. Lubi mówić o tobie i o sobie, o osiągnięciach i o rezultatach. Znajduje przyjemność w opowiadaniu ci, co osiągnął w przeszłości. Chce poznać ciebie i twoje osiągnięcia.

Czasami zgadza się na propozycje zbyt pochopnie i nie pamięta o szczegółach. Może zgodzić się, że coś kupi albo zrobi, a po paru dniach kompletnie o tym zapomnieć. Co gorsza, może zapamiętać rozmowę po swojemu i być zdziwiony twoją interpretacją, kiedy później się z nim spotkasz.

Przelej to na papier. Jeżeli dojdziesz do jakiegokolwiek porozumienia z wylewnym i ekstrawertycznym kupującym, zapisz ustalenia i dostarcz mu kopię. Pamiętaj, że w relacjach z tym typem kupującego „po zawarciu porozumienia następują nieporozumienia".

Kupujący tego typu reprezentują około 25 procent rynku. Społecznego kupującego zawsze rozpoznasz po tym, że jest ciepły, przyjazny, wylewny, okazuje ci zainteresowanie i zadaje wiele pytań.

Różne sposoby na różnych klientów

Najlepsi handlowcy to w większości ludzie reprezentujący typ s p o ł e c z n y lub e n e r g i c z n y albo typ będący połączeniem tych dwóch. Handlowcy relacyjni są często zbyt wrażliwi na opinie innych, aby prosić o złożenie zamówienia i próbować zamykać sprzedaż. Handlowcy analityczni koncentrują się na szczegółach i zbieraniu informacji do tego stopnia, że rzadko dzwonią do potencjalnych klientów. A podczas spotkań handlowych tak bardzo zajmuje ich zasypywanie klientów informacjami, że zapominają poprosić o złożenie zamówienia.

Poważnym problemem w sprzedaży jest to, że każdy z nas widzi świat swoimi własnymi oczami. W efekcie tego traktujemy każdego tak, jakby był nami. Jeśli jesteś typem społecznym, podchodzisz do innych tak, jakby również byli typami społecznymi. Jeśli reprezentujesz typ energicznego kierownika, jesteś bezceremonialny, to dążysz prosto do celu i oczekujesz od innych podejmowania szybkich decyzji, gdy tylko dasz im dobry powód do zakupu.

Elastyczność stylu osobistego. Jeśli chcesz osiągnąć sukces w sprzedaży, twój styl osobisty musi być elastyczny. To oznacza, że musisz poświęcić parę chwil na ocenienie, z jakiego typu osobą rozmawiasz, a potem dostosować się do niej.

Jeśli rozmawiasz z typem relacyjnym, zwolnij, zadawaj wiele pytań i skoncentruj się na budowaniu relacji. Poświęć czas na to, by pomóc klientowi zrozumieć, dlaczego inni docenią go, gdy kupi twój produkt lub usługę. Nie ponaglaj i nie próbuj nakłaniać takiego klienta do szybkiej decyzji. Nie spiesz się i bądź cierpliwy, a dojdziesz z typem relacyjnym do porozumienia.

Jeśli będziesz miał do czynienia z klientem analitycznym, również musisz zwolnić, a oprócz tego skoncentrować się na szczegółach. Znajdź czas, żeby odpowiedzieć na każde pytanie, najlepiej na piśmie. Mów tylko to, co możesz uzasadnić. Pozwól na chwile ciszy i daj klientowi możliwość rozważenia twoich słów. Bądź cierpliwy, uprzejmy i wytrwały.

Daj klientowi to, czego chce

Jeśli rozmawiasz z energicznym kupującym, przejdź od razu do sedna. Kontroluj swoje tendencje, zwłaszcza jeśli jesteś typem społecznym i lubisz rozmawiać z ludźmi oraz ich poznawać. Odpowiadaj na pytania wprost i mów o wpływie twojego produktu lub usługi na wynik finansowy. Im bardziej klient będzie przekonany, że twój produkt lub usługa pomoże mu w krótkim czasie, tym szybciej podejmie decyzję na „tak".

Kiedy rozpoznasz, że rozmówca jest typem społecznym, bądź nastawiony pozytywnie i otwarcie. Jeśli klient rozpocznie rozmowę o sprawach osobistych lub zawodowych, które nie mają nic wspólnego z produktem, grzecznie wróć do podstawowego tematu spotkania. Kiedy klient powie „tak", szybko spisz ustalenia na kartce i poproś, żeby rozmówca się na niej podpisał. W przeciwnym razie może o tym zapomnieć.

Rozpoznawaj typy osobowości potencjalnych klientów

Przed rozpoczęciem prezentacji handlowej rozpoznaj typ osobowości potencjalnego klienta, a potem odpowiednio dostosuj swoje odpowiedzi i całą prezentację tak, żeby zaspokoić *jego*, a nie *twoje* potrzeby.

Najlepiej przygotuj cztery oddzielne prezentacje handlowe: szczegółową dla analitycznego kupującego, zorientowaną na ludzi dla relacyjnego, bezpośrednią dla energicznego i skoncentrowaną na osiągnięciach dla społecznego. Kiedy zaczynasz rozmowę z potencjalnym klientem, musisz być gotowy wejść w każdą z tych czterech ról.

Sprzedawaj krok po kroku

Tak naprawdę proces sprzedaży może się rozpocząć dopiero *po tym*, jak handlowiec nawiąże z potencjalnym klientem relację opartą na zaufaniu. Zaufanie jest dziś najważniejszym czynnikiem w procesie sprzedaży. Dopóki klient cię nie polubi i nie nabierze do ciebie zaufania, nie otworzy się na to, co sprzedajesz, i nie dostrzeże, jak dobre to może być dla niego albo dla jego firmy. Zaufanie jest kluczem do wszystkiego.

Im większa ma być sprzedaż, tym dłużej zwykle trwa nawiązywanie relacji zaufania. Jeśli spodziewasz się bardzo dużej transakcji, całe pierwsze spotkanie może być poświęcone wzajemnemu wyczuwaniu się i badaniu, czy pomiędzy handlowcem i firmą możliwe jest dojście do porozumienia.

Sposób na zbudowanie zaufania

Oto najlepszy sposób na zbudowanie zaufania w relacjach handlowych: *zadawaj potencjalnemu klientowi pytania i uważnie słuchaj odpowiedzi*. Im bardziej pokazujesz, że rzeczywiście interesujesz się klientem i jego sytuacją, tym bardziej klient otworzy się na ciebie i tym większe będą szanse, że zaakceptuje twoje sugestie.

Nigdy, przenigdy nie zaczynaj mówić o produkcie lub usłudze, zanim nie włączysz *czynnika przyjaźni*. Musisz najpierw nawiązać nić przyjaźni, a dopiero potem budować relację dostawca–klient.

Klienci są ostrożni

Jeśli sprzedajesz kosztowne, zaawansowane produkty z długim okresem trwałości, wymagające czasochłonnego wdrażania, często potrzeba trzech lub czterech wizyt tylko po to, żeby nawiązać relację wystarczająco silną, aby rozmówca na poważnie zaczął z tobą rozmawiać o biznesie. Często zdarza się, że proces sprzedaży wymaga sześciu lub więcej miesięcy spotkań i składania propozycji, zanim klient poczuje się wystarczająco komfortowo, aby podjąć duże, wieloletnie zaangażowanie. Bądź cierpliwy.

Takie odwlekanie zakupu i ostrożność nie są bezzasadne. W wielu przypadkach potencjalny klient, podejmując decyzję o zakupie, kładzie na szalę swoją reputację, a nawet karierę. Jeśli mocą jego decyzji firma dokona złego zakupu, może go to sporo kosztować. Może zostać zdegradowany albo zwolniony, więc nie stać go na błąd.

Ustal typ klienta na samym początku rozmowy

Podczas pierwszego spotkania z potencjalnym klientem użyj zamknięcia „na uczciwą propozycję" albo „na demonstrację". W ten sposób natychmiast ustalisz, jakim typem osobowości jest rozmówca. Odpowiedź na jedno lub drugie pytanie otwierające (albo na obydwa) pozwoli ci określić już na początku rozmowy, czy człowiek, z którym rozmawiasz, jest twoim potencjalnym klientem – czy jest szansa sprzedania mu twojego produktu lub usługi:

– Gdybym pokazał pani dokładnie taki samochód, jakiego pani szuka, po być może najlepszej cenie w mieście, to czy byłaby pani zainteresowana wypożyczeniem go na jazdę próbną?

Załóżmy, że odpowiedź będzie taka:

– Nie, dziękuję. Właśnie kupiłam samochód i nie będę potrzebowała kolejnego przez następnych parę lat.

Od razu będziesz wiedział, że ten człowiek nie jest twoim potencjalnym klientem. Poznasz jego sytuację i zorientujesz się, że nie ma sensu budować z nim najlepszych relacji. On po prostu nie należy do twojego rynku.

Cel prezentacji

Twoje pytanie otwierające zmierza do sprawdzenia, czy rozmówca jest, czy nie jest potencjalnym klientem na to, co sprzedajesz. Kolejne pytania służą dalszemu kwalifikowaniu potencjalnego klienta i zmierzają do odkrycia najważniejszych powodów, dla których mógłby dokonać zakupu.

Każdy produkt ma określone cechy i daje określone korzyści. Jak mówią, cechy budzą zainteresowanie, ale korzyści wzbudzają żądzę. Celem prezentacji handlowej jest wyjaśnienie cech produktu lub usługi i zademonstrowanie korzyści dla klienta. Podczas prowadzenia prezentacji handlowej przyjmujesz rolę detektywa. Szukasz wskazówek, które doprowadzą cię do sprzedaży. Prezentujesz cechy i korzyści po to, żeby wzbudzić u kupującego zainteresowanie. Obserwujesz i słuchasz, żeby odkryć przyczyny, dla których mógłby kupić.

W jednym kroku przedstawiaj tylko jedną cechę lub korzyść

Nie prezentuj wszystkich dostępnych informacji o produkcie lub usłudze. Omawiaj cechy i korzyści jedną po drugiej i zorientuj się, które z nich są dla potencjalnego klienta najbardziej interesujące.

Zrób listę, powiedzmy, dziesięciu cech i korzyści, w kolejności od najatrakcyjniejszych do najmniej atrakcyjnych. Omawiaj je właśnie w takim porządku. Jeśli rozmówca rozpromieni się i okaże duże zainteresowanie drugą cechą lub korzyścią, możesz pominąć pozostałe pozycje na liście i sterować ku zamknięciu sprzedaży.

Zmierzaj do konkluzji

Kiedy dojdziesz do cechy lub korzyści, której klient pożąda najbardziej, nie musisz omawiać dalszych pozycji listy. Gdy tylko zlokalizujesz „gorący przycisk", skoncentruj się tylko na nim i pokaż rozmówcy, jak osiągnie wybraną korzyść, kiedy kupi twój produkt lub usługę.

Załóżmy, że kiedy dotrzesz do któregoś z punktów prezentacji, klient powie:

– Szok! To niesamowite. Nigdy czegoś takiego nie widziałem. To właśnie jest nam tu potrzebne. Ile potrwa, zanim to dostarczycie?

Jeśli tak się stanie, możesz n a t y c h m i a s t poprosić o złożenie zamówienia. Nie będziesz musiał niczego więcej dodawać. Po prostu powiedz:

– A jak szybko tego potrzebujecie?

I zamknij sprzedaż.

Czasami klient jest gotowy szybciej, niż sądzisz

Pewien handlowiec sprzedający fundusze inwestycyjne powiedział mi coś bardzo ważnego. Był to jeden z najlepszych handlowców w branży, jakich spotkałem. Doskonalił swoją prezentację handlową przez wiele lat. Zawierała każdą możliwą korzyść, jaką fundusz inwestycyjny mógł dać inwestorowi. Prezentacja ta, choć nie była jeszcze ukończona, miała trzydzieści dwa punkty, w których można było przejść do zamknięcia sprzedaży.

Handlowiec ten powiedział mi, że na początku pierwszego spotkania każdy potencjalny klient jest bliżej lub dalej od zawarcia transakcji. Czasami jest bardzo blisko albo bardzo daleko, ale najczęściej jest gdzieś pośrodku. Niektórzy potencjalni klienci, aby powiedzieć „tak", potrzebują zaledwie jednej lub dwóch przyczyn. Inni, zanim będą gotowi, muszą przejść znacznie dłuższy proces sprzedaży. Zaprojektował prezentację tak, żeby była skuteczna w odniesieniu do każdego potencjalnego klienta, niezależnie od tego, na jakim jest etapie cyklu kupowania.

Zamykaj sprzedaż szybko

Czasami, gdy potencjalny klient był blisko zawarcia transakcji, ów handlowiec zamykał sprzedaż już na początku spotkania. Zaczynał prezentację funduszy inwestycyjnych od słów:

– Czy chciałby pan zobaczyć, jak uzyskać dziś najwyższy zwrot z pana kapitału przy możliwie najniższym ryzyku rynkowym?

Jeśli rozmówca odpowiadał „tak", mój przyjaciel wyjmował kartkę i rysował na niej dwa kółka. Wyjaśniał:

– Panie Kliencie, te dwa koła pokazują, co może pan zrobić ze swoimi pieniędzmi. Jeśli ulokuje pan pieniądze w pierwszym kole, to jest na tradycyjnym rachunku oszczędnościowym, może pan zarobić od trzech do pięciu procent przed opodatkowaniem. Zgadza się?

Po chwili kontynuował:

– Lecz jeśli ulokuje pan pieniądze w drugim kole, to jest w dobrze zarządzanym funduszu inwestycyjnym, może pan zarobić od dziesięciu do piętnastu procent i nie płacić podatku, dopóki nie wypłaci pan oszczędności. Które z tych dwóch kół pan wybiera?

Zwykle rozmówca odpowiadał:
– Cóż, wybrałbym dziesięć do piętnastu procent.
Na to handlowiec:
– Świetnie! Dlaczego nie zacząć natychmiast?

Zadziałaj w kierunku zamknięcia sprzedaży

Następnie handlowiec wyjmował formularz przystąpienia do funduszu, wpisywał w prawym górnym rogu datę i pytał:

– Ma pan na nazwisko...?

W chwili, gdy potencjalny klient podawał nazwisko, sprzedaż była zamknięta. Później pozostawały tylko formalności. W końcu ów handlowiec stał się jednym z najskuteczniejszych i najlepiej opłacanych ludzi w branży w całych Stanach Zjednoczonych.

Pamiętaj, że inicjatywa jest po twojej stronie

Czasami potencjalny klient mówił:

– Chwileczkę, chwileczkę. Potrzebuję czasu, żeby to przemyśleć.

Handlowiec reagował natychmiast:

– Czy mogę spytać, ile pieniędzy ma pan dziś na rachunku oszczędnościowym?

– Mniej więcej pięć tysięcy dolarów.

– Panie Kliencie, co według pana jest lepsze: trzy do pięciu procent czy dziesięć do piętnastu procent?

Klient odpowiadał:

– Dziesięć do piętnastu procent, jak sądzę.

– No właśnie! Czy ma pan przy sobie dowód osobisty?

W tym momencie handlowiec p o d s u m o w y w a ł s p r z e d a ż – po prostu zaczynał wypełniać formularz. Gdyby rozmówca nie chciał zawrzeć transakcji, musiałby go powstrzymywać. Rzadko do tego dochodziło.

> Doszliśmy do wniosku, że moment zawarcia transakcji często jest niepotrzebnie odwlekany, ponieważ handlowcy niechętnie zwracają się o złożenie zamówienia i zamknięcie sprzedaży.

Ów handlowiec odkrył, że może zamykać sprzedaż, gdy tylko potencjalny klient da sygnał, że chce osiągnąć najatrakcyjniejszą dla niego korzyść z zakupu produktu. Po latach doświadczeń doszliśmy do wniosku, że moment zawarcia transakcji często jest niepotrzebnie odwlekany, ponieważ handlowcy niechętnie zwracają się o złożenie zamówienia i zamknięcie sprzedaży.

Sprzedawanie produktów materialnych i niematerialnych

Zamknięcie sprzedaży produktu materialnego wymaga innych metod niż zamknięcie sprzedaży produktu niematerialnego. Jeśli sprzedajesz coś, co ma postać materialną – samochody, kserokopiarki, telefony komórkowe czy lodówki – a potencjalny klient nie ma więcej pytań, powinieneś natychmiast poprosić o złożenie zamówienia. Twój rozmówca dobrze rozumie, co sprzedajesz, jak to działa i wie, jak osiągnie z tego korzyść. Gdy tylko mu to wyklarujesz, powinieneś zamknąć sprzedaż.

Jeśli sprzedajesz coś, co ma wymiar materialny, w chwili zakończenia prezentacji potencjalny klient wie, co kupuje i jakie osiągnie z tego korzyści. Kiedy go zostawisz, nie dowie się o produkcie niczego nowego, co by go zaskoczyło. Zamknięcie sprzedaży powinno nastąpić w apogeum prezentacji handlowej. Po przekroczeniu tego punktu krytycznego klient będzie stopniowo zapominał o cechach i korzyściach produktu i będzie tracił zainteresowanie zakupem.

Bądź uprzejmy, ale uparty

Załóżmy, że klientka powie:

– Widzę, że to wygląda całkiem nieźle. Proszę mi pozwolić to przemyśleć.

Możesz natychmiast odpowiedzieć:

– Pani Klientko, w tym momencie wie pani o tym produkcie tyle, że nigdy nie dowie się więcej. Z tego, co mi pani powiedziała, wnioskuję, że to dla pani doskonały wybór. Dlaczego nie miałaby pani tego po prostu kupić?

Będziesz kompletnie zdziwiony, jak często klientka powie:

– No tak, dobrze. Kupię to.

Jeśli jednak pozwolisz klientowi odejść i „to przemyśleć", prawdopodobnie będzie stopniowo zapominał, co w twoim produkcie go zainteresowało. Co gorsza, może spotkać się z innym handlowcem, który okaże się nieco bardziej asertywny, i kupić od niego podobny produkt. To zdarza się non stop.

Nie oddzwaniaj

Kiedy byłem świeżo upieczonym handlowcem, sprzedawałem po biurach karty zniżkowe do około setki lokalnych restauracji. Cena wynosiła dwadzieścia dolarów. Ilekroć posiadacz karty pokazał ją w restauracji, dostawał zniżkę rzędu 10–20 procent. Koszt zakupu karty zwracał się po jednej lub dwóch wizytach w restauracji. Prosty produkt, prosta korzyść, prosta decyzja i prosta sprzedaż.

Jednak w czasie rozmów z klientami bardzo się denerwowałem. Przeprowadzałem prezentację, a potem czekałem. I za każdym razem niezmiennie słyszałem to samo: „No dobrze, proszę pozwolić mi to przemyśleć".

Dziękowałem za rozmowę i obiecywałem zadzwonić po paru dniach, w trakcie których klient miał zastanowić się nad moją ofertą. I co? Niespodzianka! Nikt nigdy tego nie przemyślał i nikt nie kupił karty. Kiedy dzwoniłem, klient zawsze był nieosiągalny. Czasami nie dzwoniłem, tylko wybierałem się do biura klienta. Bez rezultatu. Za każdym razem kazano mi w nieskończoność czekać w sekretariacie. Nie sprzedawałem prawie nic i popadałem w desperację.

Światełko w tunelu

Któregoś dnia dokonałem wielkiego odkrycia. Zorientowałem się, że to j a byłem powodem, dla którego potencjalni klienci powstrzymywali się od zakupu. Miałem już zakodowane w głowie, że ludzie potrzebują czasu, żeby przemyśleć moją ofertę. Kiedy widziałem, że klient się waha, sam sugerowałem: „Może pan to przemyśli?".

Aż w końcu przyjąłem nową taktykę. Przeprowadzałem prezentację i kiedy klient mówił: „Proszę pozwolić mi to przemyśleć", odpowiadałem: „Przykro mi, ale nie ponawiam wizyt i nie dzwonię do klientów".

Pamiętam, kiedy powiedziałem to po raz pierwszy. Klient był zdziwiony:

– Jak to?

A ja na to:

– Szanowny Kliencie, wie pan wszystko, co trzeba, żeby podjąć decyzję dziś. To świetny produkt. Cena karty zwraca się po jednej albo dwóch wizytach. Potem będzie pan mógł zaoszczędzić od pięciu do stu razy tyle, ile wydał pan na kartę. Dlaczego po prostu jej pan nie kupi?

Ku mojemu zdziwieniu klient odpowiedział:

– Racja, to ma sens. Biorę ją.

Kiedy wychodziłem z tego spotkania, miałem już nowe nastawienie do zamykania sprzedaży. Następnemu klientowi powiedziałem to samo i sprzedałem kolejną kartę. Za trzecim razem było tak samo. Wkrótce sprzedawałem więcej niż ktokolwiek inny w mojej firmie, więcej niż większość innych handlowców razem wziętych. Prawie każdy, z kim rozmawiałem, kupował kartę, ponieważ nie zgadzałem się ponawiać wizyt i dzwonić. Pomyśl, jak możesz zastosować to w swojej sprzedaży.

Z produktami niematerialnymi i usługami jest inaczej

Jeśli sprzedajesz coś, co nie ma postaci materialnej, a potencjalny klient nie zawsze dostrzega korzyści wynikające z twojej oferty, zwykle potrzeba więcej niż jednej rozmowy handlowej.

W takim wypadku celem pierwszej rozmowy jest jedynie określenie, czy rozmówca należy do grona twoich docelowych klientów. Zadajesz pytania, które pozwalają ci ocenić, czy rozmówca może skorzystać na tym, co oferujesz. Rozpoznajesz dokładne potrzeby drugiej strony, a potem umawiasz się na powtórną rozmowę. Dopiero podczas niej rekomendujesz klientowi zakup i przedstawiasz pisemną ofertę.

Sprzedaż w dwóch krokach

Oferując produkt niematerialny lub usługę – na przykład polisę ubezpieczeniową, fundusz inwestycyjny lub jakąkolwiek usługę wymagającą indywidualizacji i dostosowania jej do potrzeb konkretnego klienta – sprzedawaj w dwóch krokach. W pierwszym kroku, czyli podczas pierwszej rozmowy, zadawaj pytania, aby określić, czy potencjalny klient może skorzystać na twoim produkcie lub usłudze. W drugim kroku, czyli podczas drugiej rozmowy, zarekomenduj klientowi zakup, pokaż mu cenę oraz warunki umowy i zademonstruj, jak najlepiej może skorzystać na tym, co sprzedajesz.

Coś, co jest złożone, sprzedajesz w dwóch krokach, ponieważ podczas pierwszej rozmowy nie jesteś jeszcze w stanie zarekomendować klientowi zakupu. Masz bowiem za mało informacji i nie zbudowałeś relacji opartych w wystarczającym stopniu na zaufaniu, aby prosić o złożenie zamówienia.

Planowanie chroni przed nietrafioną prezentacją

Wysoko opłacanych handlowców profesjonalistów odróżnia od źle zarabiających amatorów między innymi to, że ci pierwsi planują swoje prezentacje. Prezentacja planowana jest dwadzieścia razy skuteczniejsza niż prezentacja spontaniczna. Wszyscy handlowcy profesjonaliści należący do dziesięciu procent najlepszych prowadzą prezentacje planowane. Handlowcy marnie zarabiający, ci w dolnych osiemdziesięciu procentach, po prostu mówią to, co podczas spotkania z klientem przychodzi im do głowy. Ty tak nie rób.

Handlowcy marnie zarabiający, ci w dolnych osiemdziesięciu procentach, po prostu mówią to, co podczas spotkania z klientem przychodzi im do głowy. Ty tak nie rób.

Planowana prezentacja to proces uczenia się oraz uczenia innych krok po kroku. Zaczyna się pytaniem otwierającym. Kiedy je zadajesz, uruchamiasz proces poznawania sytuacji i potrzeb potencjalnego klienta oraz pokazywania mu, co twój produkt może dla niego zrobić. Przechodzisz od ogółu do szczegółu, od tego, co wiesz, do tego, czego nie wiesz.

Pokazuj, opowiadaj i pytaj

Najprostsza jest prezentacja typu „cechy i korzyści". Każdą cechę i korzyść możesz przedstawiać w prostej, trzyczęściowej formule: *pokaż, opowiedz, zapytaj*.

Jeśli na przykład sprzedajesz nowe oprogramowanie, możesz zacząć od pokazania potencjalnemu klientowi, jak wygląda to oprogramowanie na ekranie komputera. Następnie możesz opowiedzieć, jak twoje oprogramowanie pomoże klientowi w biznesie. A na końcu możesz zapytać: „Czy to będzie pomocne także w pana działalności?".

Mów, dlaczego...

Inna trzyczęściowa metoda prezentacji produktu lub usługi opiera się na formule: „*Ponieważ... możesz..., a to oznacza, że...*". Te trzy części to: cecha produktu, korzyść z produktu oraz korzyść dla konkretnego klienta. To ostatnie jest prawdziwym powodem, dla którego klient kupi.

Jeśli na przykład sprzedajesz telewizory płaskoekranowe, które da się wieszać na ścianie, możesz mówić:

– Ponieważ ten telewizor ma płaski ekran [cecha produktu], wyraźnie widać obraz pod prawie każdym kątem [korzyść z produktu], a to oznacza, że może pani zmienić salon w kino dla rodziny i przyjaciół [korzyść z produktu].

Przedstaw w ten sposób każdą cechę i korzyść z produktu lub usługi, a potem połącz obie formuły prezentacji. Pokazuj, czym produkt jest i co robi, a potem zadawaj pytanie, aby uzyskać informację zwrotną lub akceptację. Wyjaśniaj cechy produktu oraz korzyści z nich płynące, a potem wyraźnie mów o tym, co z tych cech i korzyści wynika dla konkretnego klienta. Będziesz zaskoczony, jak perswazyjna stanie się dzięki temu twoja prezentacja.

Co robi twój produkt?

Każdy produkt lub usługę można prezentować na dwa sposoby. Pierwszego sposobu używają profesjonaliści, a drugiego amatorzy. Pierwszy sposób, stosowany przez najlepiej opłacanych handlowców, to koncentrowanie się na tym, co produkt robi. Drugie podejście, z którego korzystają mało zarabiający amatorzy, to koncentrowanie się na tym, czym produkt jest.

Wszyscy klienci bez wyjątku interesują się tym, co produkt r o b i, czyli tym, „co jest w tym dla nich". Jeśli sprzedajesz firmom, najważniejszym powodem zakupu jest to, że twój produkt daje większe przychody albo większe oszczędności. W każdym przypadku chodzi o odpowiedź na pytanie, co twój produkt robi. Jeśli sprzedajesz ludziom w biznesie, pamiętaj, że interesuje ich jedynie końcowy rezultat – bezpośredni, wymierny efekt, jaki uzyskają dzięki zainwestowaniu pieniędzy w twój produkt lub usługę.

Cztery pytania, na które musisz odpowiedzieć

Ludzie w biznesie zadają sobie cztery pytania. Jeśli chcesz zamknąć sprzedaż, musisz odpowiedzieć na nie jasno i wyraźnie. Oto one:

1. Ile zapłacę?
2. Ile dostanę z powrotem?
3. Jak szybko osiągnę rezultaty?
4. Jaką mam pewność, że osiągnę obiecywane rezultaty?

Cała twoja prezentacja handlowa musi być zbudowana wokół odpowiedzi na te pytania. W przeciwnym razie nie zdołasz zadowolić potencjalnego klienta.

Traktuj swoją prezentację handlową jak uzasadnienie pokazujące, dlaczego warto kupić twój produkt i z niego korzystać. Podobnie jak prawnik przedstawiający swoje argumenty w sądzie, musisz zaprezentować dowody, jeden po drugim, w odpowiedniej kolejności, tak żeby każda omawiana cecha i korzyść stawała się fundamentem pod kolejną cechę i korzyść.

Emocje czy logika?

Czasami zadaję uczestnikom seminarium pytanie: „W jakim procencie ludzie podejmują decyzje na podstawie emocji, a w jakim na podstawie logiki?".

Prawie każdy odpowie, że ludzie w dziewięćdziesięciu procentach kierują się emocjami, a w dziesięciu procentach logiką. Tymczasem prawdziwa odpowiedź jest taka, że ludzie kierują się emocjami w stu procentach. Myślenie zabiera czas i wymaga wysiłku, a emocje działają natychmiast. Jak już wspomniałem, właśnie dlatego potencjalni klienci najpierw podejmują decyzje emocjonalnie, a potem logicznie je uzasadniają.

Jeśli potencjalny klient jest dobrze nastawiony do ciebie i twojej firmy, lubi cię i szanuje, a ponadto łączą go z tobą dobre relacje, emocje często są tym, co skłania go do zakupu.

Logika robi sprzedaż

Bez względu na to, jak bardzo potencjalny klient pożąda twojego produktu lub usługi, i tak potrzebuje logicznego argumentu, który przekona go, że uzyska korzyści. Jak mówi znane porzekadło: „logika robi sprzedaż".

Jeśli logicznie zbudujesz prezentację handlową i będziesz przechodzić od punktu do punktu, omawiać poszczególne korzyści i wyjaśniać, jak klient je uzyska, twój przekaz będzie miał solidne fundamenty. Jeśli klient podejmie decyzję w oparciu o logiczne przesłanki, pozostanie zadowolony także po zakupie: nie będzie się skarżyć ani robić wyrzutów.

Oto przykład. Kiedy sprzedawałem szkolenia handlowe, zaczynałem prezentację handlową od emocji – chęci poprawienia wyników sprzedaży – a potem wzmacniałem przekaz poprzez podanie logicznych argumentów na to, że obiecywane przeze mnie rezultaty są osiągalne.

Moje pytanie otwierające było takie:

– Szanowny Kliencie, czy chciałby pan zobaczyć sposób na podniesienie waszej sprzedaży o 20–30 procent w ciągu następnych sześciu do dwunastu miesięcy?

Jeśli mój rozmówca był w firmie osobą odpowiedzialną za sprzedaż i jeśli uznałem go za kwalifikowanego potencjalnego klienta, mówił:

– Oczywiście, jaki to sposób?

Wyjaśniałem:

– Panie Kliencie, to sprawdzona metoda, z pomocą której setki firm podniosły sprzedaż. Daję bezwarunkową gwarancję sukcesu. Jeśli to nie zadziała, nic pan nie zapłaci.

Takim otwarciem rozluźniałem potencjalnego klienta i stwarzałem warunki, w których mógł się otworzyć i wysłuchać mnie z wielkim zainteresowaniem.

Zadawaj logiczne pytania

– Panie Kliencie, kim są pana najlepiej opłacani handlowcy? Ludźmi o najwyższej czy o najniższej motywacji?

Każdy potencjalny klient odpowiadał:

– Moi najlepsi handlowcy to ci o najwyższej motywacji.

Kontynuowałem:

– Świetnie. Wszyscy tak mówią. Pozwoli pan, że przedstawię najlepszą definicję motywacji, jaką znam. Oto ona: „motywacja wypływa ze wzbogaconego poczucia kompetencji".

Wyjaśniałem:

– Czyli inaczej mówiąc, szanowny Kliencie, ludzie są najlepiej zmotywowani wtedy, gdy czują, że mają największe szanse osiągać rezultaty. Czy myślimy podobnie?

Rozmówca prawie zawsze zgadzał się ze mną. Mówiłem dalej:

– Panie Kliencie, odkryliśmy, że im intensywniej szkoli się ludzi w zakresie sprawdzonych technik sprzedaży, tym lepiej są oni zmotywowani, żeby tych technik używać i osiągać wyższą sprzedaż oraz wyższe dochody osobiste. Czy zgadza się pan ze mną?

W tym miejscu prawie każdy klient potakiwał. A ja kontynuowałem:

– Szanowny Kliencie, odkryliśmy, że kiedy szkolimy ludzi w tych zaawansowanych technikach handlowych, ich sprzedaż natychmiast rośnie. Co ważniejsze, ludzie, gdy raz opanują nowe umiejętności, będą ich używać raz za razem i osiągać coraz lepsze wyniki. A im intensywniej będą z tych umiejętności korzystać, tym będą w nich lepsi. Czy to rozsądna argumentacja?

Pokaż wymierne korzyści

– Szanowny Kliencie, gdyby sprzedaż waszych handlowców wzrosła w pierwszym miesiącu średnio o dziesięć procent, to prawdopodobnie wzrost byłby kontynuowany przez cały rok. Czy tak?

Potencjalny klient zgadzał się również w tym miejscu. Mówiłem dalej:

– Panie Kliencie, gdyby sprzedaż rosła stabilnie od pierwszego miesiąca przez cały rok, handlowcy zwiększyliby przychody o średnio dwadzieścia do trzydziestu procent. O jaką kwotę wzrósłby zysk firmy, gdyby w ciągu następnych dwunastu miesięcy sprzedaż powiększyła się o dwadzieścia do trzydziestu procent?

Rozmówca szybko kalkulował, że zwrot z inwestycji w szkolenia handlowe byłby rzędu tysiąca albo więcej procent. Każdy dolar wydany na szkolenia handlowe przyniósłby mu dziesięć lub więcej dolarów zysku. Kiedy klient dochodził do tej kwoty, zamknięcie sprzedaży było proste.

Jeśli tylko możesz, gwarantuj satysfakcję

Zamykałem sprzedaż argumentem:

– Szanowny Kliencie, jeśli ktokolwiek, kto przejdzie to szkolenie, będzie czuł, że mimo wprowadzenia w życie nowych pomysłów nie podniesie swojej sprzedaży ani o dziesięć, ani o dwadzieścia procent, nie będziemy żądać od tej osoby zapłaty. A jeśli pan osobiście uzna, że przy zastosowaniu tych nowych pomysłów wasi ludzie wcale nie zwiększą sprzedaży o dziesięć czy o dwadzieścia procent, nie zażądamy żadnej zapłaty za cały program szkoleniowy. Co pan na to?

W tej prezentacji przechodziłem od ogółu do szczegółu. Najpierw mówiłem o korzyści, a potem podawałem logiczne, finansowe uzasadnienie. Sprzedałem w ten sposób szkolenia handlowe za miliony dolarów. A ponieważ moje metody i techniki sprzedaży okazywały się skuteczne, nikt nigdy nie żądał zwrotu kosztów ani rabatu. Twoja prezentacja handlowa może dawać podobny rezultat. Wystarczy, że odpowiednio ją skonstruujesz.

O cenie mów na końcu

Co ciekawe, gdy tylko zamykałem sprzedaż i otrzymywałem zgodę na przeprowadzenie programu szkoleń handlowych, klient natychmiast zrywał się z miejsca i pytał:

– Chwileczkę. Ile to ma kosztować?

Jeśli odpowiednio skonstruowałeś i skutecznie poprowadziłeś prezentację handlową, pytanie o cenę pojawi się na końcu, po tym jak klient podejmie już decyzję o zakupie. Jeśli klient spyta cię o cenę, zanim skończysz mu pokazywać, co uzyska i co twój produkt albo usługa dla niego zrobi, nie podawaj kwoty. Odwróć kota ogonem. Powiedz: „To dobre pytanie. Odpowiem na nie za chwileczkę".

Oto mądre powiedzenie ze świata sprzedaży: „cena w złym czasie zabija sprzedaż". Jeśli podasz cenę za wcześnie, zanim klient dowie się, za co ma zapłacić, będzie myślał już tylko o wymienionej kwocie, a nie o korzyściach z produktu albo usługi. Zawsze zwlekaj z podawaniem ceny do końca prezentacji – dopiero wtedy dla klienta będzie jasne, że potrzebuje tego, co oferuje mu twój produkt lub usługa.

Ciągły proces uczenia się i uczenia innych

Prezentacja handlowa jest dobra, jeśli podczas jej prowadzenia poznajesz potrzeby potencjalnego klienta i mówisz mu, jakie korzyści da mu twój produkt lub usługa.

Kiedy prowadzisz prezentację i zadajesz pytania w celu uzyskania informacji zwrotnych, coraz lepiej rozumiesz, czego chce potencjalny klient. Jeśli twoja prezentacja jest dobrze zaplanowana, jej logice nie sposób jest się oprzeć. Kiedy kończysz prezentację, potencjalny klient powinien być gotowy do zakupu. Dlatego tak naprawdę zamknięcie sprzedaży tkwi w samej prezentacji.

Jeśli masz dobrą prezentację, a potencjalny klient jest przekonany, że twój produkt przyniesie mu korzyści dalece przewyższające koszt zakupu, zamknięcie sprzedaży wymaga jedynie, abyś podsumował najważniejsze szczegóły prezentacji.

Poznawanie potrzeb klienta i pytania otwarte

Zanim będziesz mógł rozpocząć prezentację handlową, musisz bardzo dokładnie rozpoznać potrzeby konkretnego klienta i wiedzieć, jak twój produkt lub usługa może te potrzeby zaspokoić. Najlepszym sposobem rozpoznawania potrzeb rozmówcy jest zadawanie zaplanowanych pytań otwartych. Tak przeprowadzona faza kwalifikowania potencjalnego klienta pozwoli ci uzyskać niezbędne szczegółowe informacje.

Słuchanie jest kluczem do budowania zaufania i poznawania prawdziwych potrzeb potencjalnego klienta. Jest także kluczem do nawiązywania dobrych, bliskich relacji i do sukcesu w sprzedaży.

Jedną z najsilniejszych potrzeb każdego człowieka jest zyskanie poczucia, że jest się potrzebnym i docenianym przez innych ludzi. Słuchanie jest nazywane „białą magią”, ponieważ ma ogromny wpływ na emocje i postawę mówiącego.

Zostań doskonałym słuchaczem

Istnieje pięć sposobów na skuteczne słuchanie. Każdy kurs umiejętnego słuchania, każdy artykuł i film szkoleniowy na ten temat ostatecznie do nich się sprowadza.

1. Słuchaj uważnie

Po pierwsze, słuchaj uważnie i nie przerywaj. Nie próbuj przemycać pomiędzy słowami rozmówcy swoich własnych pomysłów.

Patrz wprost w twarz potencjalnego klienta. Pochyl się do przodu. Potakuj, uśmiechaj się i wyrażaj aprobatę. Bądź słuchaczem aktywnym, a nie pasywnym. Koncentruj się na ustach i oczach mówiącego.

Oto znakomite ćwiczenie. Wyobraź sobie, że twoje oczy to lampy solarium. Chcesz opalić twarz potencjalnego klienta. W trakcie słuchania przesuwaj wzrok z dołu do góry twarzy rozmówcy. Chwytaj każde słowo tak, jakby mówiący dyktował ci zwycięskie liczby na loterię i nie miał zamiaru się powtarzać.

Wyobraź sobie, że twoje oczy to lampy solarium. Chcesz opalić twarz potencjalnego klienta.

Słuchaj, jakbyś miał na to cały niczym nieograniczony czas, tak, że gdyby rozmówca chciał do ciebie mówić przez osiem lat, ty z radością rozkoszowałbyś się każdym jego słowem.

Słuchanie wpływa na ludzi. Potencjalny klient, kiedy go uważnie słuchasz, doświadcza określonych zmian fizycznych. Podnosi mu się ciśnienie i puls. Rośnie elektryczne przewodnictwo jego skóry. I co najważniejsze, ma coraz wyższą samoocenę. Czuje się bardziej doceniany. Bardziej lubi siebie i w rezultacie darzy większą sympatią osobę, która tak uważnie go słucha.

Słuchanie jest najpotężniejszą z technik sprzedaży. Wszyscy najlepiej opłacani handlowcy profesjonaliści są opisywani jako bardzo dobrzy słuchacze. „Najpierw chcą zrozumieć, a potem być zrozumiani". Koncentrują całą swoją uwagę na tym, aby zrozumieć myśli, uczucia i potrzeby klienta, a dopiero później podejmują próby zamknięcia sprzedaży.

2. Zrób pauzę, zanim odpowiesz

Po drugie, rób pauzy pomiędzy wypowiedziami potencjalnego klienta i twoimi. Ilekroć klient skończy mówić, milcz przez trzy do pięciu sekund, zanim się odezwiesz. Zdyscyplinuj się i zrób przerwę, nawet jeśli rozmówca zadał ci pytanie, na które znasz odpowiedź.

Robienie przerw daje *trzy* korzyści. Po pierwsze, kiedy milczysz, sygnalizujesz potencjalnemu klientowi, że rozważasz w myślach to, co właśnie powiedział. Dajesz mu do zrozumienia, że cenisz jego i jego słowa – że to, co powiedział, jest dla ciebie zbyt ważne, aby natychmiast odpowiadać. W ten sposób podnosisz jego samoocenę i szacunek, jakim darzy sam siebie. Sprawiasz, że czuje się lepiej ze sobą i – co za tym idzie – także z tobą.

Druga korzyść jest taka, że kiedy robisz pauzę, słyszysz słowa klienta na głębszym poziomie świadomości. To prawie tak, jakby jego słowa wsiąkały w ciebie jak woda w glebę. Jeśli pozwalasz na chwilę milczenia po słowach mówiącego, lepiej rozumiesz, co miał na myśli – o wiele lepiej, niż gdybyś natychmiast odpowiadał.

Trzecią korzyścią z robienia pauz jest to, że unikasz ryzyka przerwania dalszej wypowiedzi mówiącego. Być może klient przestał na chwilę mówić tylko po to, żeby na nowo zebrać myśli i przygotować się do kolejnej wypowiedzi.

Pozwól na chwile ciszy w trakcie rozmowy. Handlowcy nie mogą czuć dyskomfortu, kiedy milczą. To warunek sukcesu w sprzedaży. Handlowcy są w większości trochę niecierpliwi i czasami nerwowi. Palą się do zamykania sprzedaży. W związku z tym czują, że kiedy w rozmowie handlowej zapada cisza, muszą coś powiedzieć, cokolwiek.

Pamiętaj, że sprzedaż robią słowa, ale kupuje się w milczeniu.

Klienci potrzebują czasu, żeby przetrawić rozmowę handlową. Jeśli nie pozwolisz na chwile milczenia, wypowiedziane słowa nie wsiąkną w umysł rozmówcy i twój przekaz handlowy nie zostanie przetworzony. A kiedy rozmowa się skończy, potencjalny klient będzie mógł powiedzieć tylko jedno: „Proszę zostawić mi to pod rozwagę. Proszę pozwolić mi to przemyśleć”. Kiedy padną te słowa, najprawdopodobniej będzie to oznaczało, że straciłeś sprzedaż.

3. Proś o wyjaśnienia

Po trzecie, proś rozmówcę o wyjaśnianie tego, co powiedział. Nigdy nie zakładaj, że wiesz, co potencjalny klient miał na myśli, tylko dlatego, że słyszałeś, co mówił. Zamiast tego zrób pauzę, a potem spytaj: „*Co pan przez to rozumie?*".

To doskonałe, niemal uniwersalne pytanie w każdej sytuacji handlowej. Bez względu na to, co potencjalny klient powiedział i jakie ma obiekcje, zawsze możesz go zapytać, co przez to rozumie.

– To jest za drogie.	– Co pan przez to rozumie?
– Nie możemy sobie na to pozwolić.	– Co pan przez to rozumie?
– Jesteśmy zadowoleni z dotychczasowego dostawcy.	– Co pan przez to rozumie?
– Nie mamy tego w budżecie.	– Co pan przez to rozumie?

Ilekroć spytasz „Co pan przez to rozumie?", potencjalny klient rozwinie to, co właśnie powiedział. Poda ci więcej szczegółów. Każde takie rozwinięcie zwiększy prawdopodobieństwo tego, że potencjalny klient powie ci to, czego potrzebujesz, żeby pomóc mu podjąć decyzję o zakupie.

Pytania dają kontrolę. Pozwól, że raz jeszcze powtórzę tę niezwykle ważną zasadę obowiązującą w sprzedaży i w komunikacji w ogóle: kontrolę ma ten, kto zadaje pytania. Ludzie są od dzieciństwa uwarunkowani tak, by odpowiadać na zadawane pytania. Kiedy zadajesz pytanie, rozmówca niemal automatycznie na nie odpowiada.

Kiedy mówisz w tempie 100–150 słów na minutę, potencjalny klient przetwarza 600 słów na minutę. To oznacza, że słuchacz przez trzy czwarte czasu myśli o czymś innym niż to, co mówisz. Często odpływa w świat własnych myśli, ponieważ kiedy prezentujesz mu swoją ofertę, ma na to wystarczająco dużo czasu.

Jednak kiedy zadajesz pytanie, potencjalny klient koncentruje na tobie sto procent swojej uwagi. To prawie tak, jakbyś chwycił go za klapy marynarki i przyciągnął do siebie. Kiedy zadajesz pytanie, rozmówca nie może myśleć o niczym innym, jak tylko o udzieleniu odpowiedzi, dopóki jej nie udzieli. Do tego czasu rozmówca przekazuje ci pełną kontrolę nad sytuacją.

4. Potwierdzaj własnymi słowami

Potwierdzaj, że rozumiesz, poprzez parafrazowanie własnymi słowami komentarzy lub pytań rozmówcy. Tę technikę często nazywa się „testem lakmusowym" słuchania. W ten sposób dajesz klientowi informację zwrotną o tym, co powiedział, i udowadniasz, że przykładasz wagę do jego słów. Pokazujesz, że nie jesteś jak piesek z kiwającą się głową na półce z tyłu samochodu, który potakuje, choć nie rozumie ani słowa. Sygnalizujesz, że słuchałeś ze zrozumieniem.

Jeśli słuchałeś ze zrozumieniem, zrobiłeś pauzę przed swoją wypowiedzią, poprosiłeś o wyjaśnienie i sparafrazowałeś własnymi słowami to, co powiedział rozmówca, możesz pozwolić sobie na inteligentny komentarz i kontynuować prezentację handlową.

Słuchanie buduje zaufanie, a najlepszym sposobem zapewnienia sobie możliwości słuchania jest kontrolowanie rozmowy za pomocą pytań.

5. Używaj pytań otwartych

O tym, do czego służą i jak stosować pytania otwarte, wspomniałem już wcześniej. Są to pytania, na które nie można odpowiedzieć „nie" albo „tak". Ilekroć zadajesz pytanie zaczynające się na „kto", „dlaczego", „gdzie", „kiedy", „jak", „co", „który", zachęcasz potencjalnego klienta do mówienia i podania ci więcej informacji, które mogą ci pomóc w zamknięciu sprzedaży.

Pytania zamknięte

Pytań zamkniętych używaj wtedy, kiedy zechcesz przyspieszyć lub zakończyć rozmowę. Na te pytania potencjalny klient może odpowiedzieć tylko „nie" albo „tak". Pytania zamknięte zawsze zaczynają się na „czy": Czy jest pan gotów podjąć decyzję dziś? Czy to jest to, czego pan poszukuje? Czy chce pan zacząć teraz?

Zbuduj prezentację handlową na pytaniach, które zaplanujesz z góry. Jak już wiesz, opowiadanie to nie sprzedawanie.

Metody prezentacji

W swojej prezentacji powinieneś zawsze przechodzić w logicznej kolejności od ogółu do szczegółu. Stosuj to, co nazywamy w sprzedaży zamknięciem narastającym. Przedstawiaj cechy i korzyści z produktu w kolejności od najważniejszej do najmniej ważnej. Zwykle jest tak, że chęć zakupu wzbudza ta korzyść, która jest najważniejsza. Ale nie zawsze tak jest. Omawiaj po kolei cechy i korzyści i uważnie obserwuj reakcje potencjalnego klienta. Może się zdarzyć, że trzecia albo czwarta korzyść będzie tą, która zainteresuje klienta bardziej niż wszystkie pozostałe.

Skłaniaj klienta do reagowania i przyciągaj jego uwagę

Angażuj potencjalnego klienta w prezentację i nie pozwól mu odpłynąć. Skłaniaj go do reagowania. Klient siedzący w bezruchu jak kamień, nie reagujący, prawdopodobnie nie kupi, kiedy skończysz prezentację.

Najlepsi handlowcy prowadzą prezentację i rozmowę handlową w sposób aktywny. Nie tylko mówią, ale też poruszają się, używają mimiki twarzy i gestykulują. Nie ograniczają się do przekazywania informacji. Proszą klientów o wykonywanie obliczeń i podawanie wyników.

Poproś potencjalnego klienta, aby usiadł w innym miejscu

Podczas prezentacji handlowej nie bój się przestawiać krzesła bliżej potencjalnego klienta i siadać obok niego, a nie po drugiej stronie biurka. Zrobisz jeszcze lepiej, jeśli poprosisz rozmówcę, aby wyszedł zza biurka i usiadł obok ciebie przy stoliku okolicznościowym albo w innym pomieszczeniu, gdzie jest więcej miejsca na twoje materiały handlowe. Im więcej potencjalny klient mówi

> Im więcej potencjalny klient mówi i porusza się podczas prezentacji, tym bardziej jest prawdopodobne, że na końcu rozmowy zdecyduje się kupić.

i porusza się podczas prezentacji, tym bardziej jest prawdopodobne, że na końcu rozmowy zdecyduje się kupić.

Korzystaj z pomocy wizualnych

Używaj pomocy wizualnych, przy czym tylko się da. Nerwów wzrokowych przekazujących informacje do mózgu jest dwadzieścia dwa razy więcej niż nerwów słuchowych. Jeśli ograniczasz się tylko do mówienia, potencjalnemu klientowi trudno będzie skupiać na tobie całą uwagę i zapamiętać cokolwiek z tego, co mówisz.

Używaj zdjęć i rysunków, żeby zaakcentować najważniejsze punkty prezentacji, nawet jeśli porównujesz dane finansowe.

Przeciętna osoba dorosła jest w stanie koncentrować się nieprzerwanie przez czas, jakiego potrzeba na wypowiedzenie mniej więcej trzech zdań. Kiedy wypowiesz trzy zdania pod rząd bez zadania pytania i bez pokazania zdjęcia albo rysunku, słuchacz odpłynie w swój własny świat. Zajmie się myśleniem o tym, co zrobi, kiedy wyjdziesz.

Lecz gdy tylko zadasz pytanie, rozbudzisz umysł potencjalnego klienta i zmusisz go do skupienia całej uwagi na prezentacji. Używaj ilustracji połączonych z pytaniami, a bez reszty zaangażujesz klienta w to, co chcesz mu przekazać.

Opowiadanie to nie sprzedawanie

Powtórzyłem to po raz kolejny. Dlaczego? Dlatego, że najskuteczniejszy sposób prezentowania to zbieranie wszystkich ważnych informacji, które chcesz przekazać potencjalnemu klientowi, i tworzenie z nich pytań. Zamiast mówić: „To kosztuje 295 dolarów od osoby", mów: „Czy ma pan pojęcie, ile coś takiego normalnie kosztuje od osoby?". Przedstaw to jako pytanie, a przykujesz sto procent uwagi rozmówcy, kiedy będziesz na nie odpowiadać.

Zamknięcie „na próbę"

Grunt pod zamknięcie „na próbę" musisz przygotować już na samym początku prezentacji. Jest to jedna z najskuteczniejszych technik zamykania sprzedaży i możesz jej używać praktycznie bez względu na to, co sprzedajesz. Czasami tę metodę nazywa się zamknięciem „na drogowskaz" albo „na sprawdzenie". Zamknięcia „na próbę" używasz po to, żeby sprawdzić, czy jesteś na dobrej drodze i czy to, o czym mówisz, jest dla potencjalnego klienta ważne. To doskonały sposób uzyskiwania od klienta informacji zwrotnych, od początku do końca prezentacji.

Piękno zamknięcia „na próbę" polega na tym, że klient nie jest w stanie osłabić siły prezentacji, nawet jeśli odpowie „nie". Na przykład:

– Czy lubi pani ten kolor?

– Nie, nienawidzę go. To najgorszy kolor, jaki w życiu widziałam.

– Nie ma problemu. Mamy mnóstwo innych kolorów, które bardziej się pani spodobają.

Proś o informacje zwrotne

Oto kilka najczęściej stosowanych pytań zmierzających do zamknięcia „na próbę":

- Czy jak na razie uważa pan, że to jest dobre?
- Czy to jest to, co miała pani na myśli?
- Czy podoba się panu to, co pokazałem do tej pory?
- Czy to poprawiłoby pani sytuację?
- Czy jesteśmy co do tego zgodni?
- To nowe ksero ma wydajność stu pięćdziesięciu stron na minutę, a ksero standardowe kopiuje tylko sto stron na minutę. Czy taki wzrost wydajności jest ważny w waszej działalności?

Załóżmy, że na ostatnie pytanie potencjalny klient odpowie:

– Nie, myślę, że nie. Nigdy nie potrzebowaliśmy robić tylu kopii w krótkim czasie.

Wtedy ty możesz powiedzieć tak:

– Nie ma problemu. To ksero ma kilka innych funkcji, które, jak sądzę, spodobają się pani.

A potem kontynuujesz prezentację.

Informacje zwrotne są niezbędne

Potencjalny klient, odpowiadając „nie" na pytanie o daną cechę lub korzyść, daje ci cenną informację zwrotną. Nie mówi „nie" całej ofercie. Mówi tylko, że nie interesuje go dana cecha lub korzyść.

Jeśli chodzi o zamknięcie „na próbę", różnica pomiędzy doświadczonymi handlowcami i amatorami polega na tym, że ci pierwsi prezentują jedną cechę lub korzyść i zaraz po tym proszą o informację zwrotną. Upewniają się w ten sposób, że rozumieją, co myśli klient na każdym etapie prezentacji handlowej.

Amatorzy, ponieważ są spięci i zdenerwowani, przedstawiają wszystkie cechy i korzyści jedna po drugiej – nie zatrzymują się, żeby poprosić o informację zwrotną. Na końcu prezentacji słuchacz jest zasypany danymi i nie ma innego wyjścia, jak tylko powiedzieć: „Proszę pozwolić mi zostać z tym sam na sam. Muszę to przemyśleć".

Zamknięcie „na siłę sugestii"

Zamknięcie „na siłę sugestii" polega na tym, że podczas prezentacji siejesz w umyśle klienta gotowość do zakupu. Ludzie myślą i podejmują decyzje zakupowe w dużej mierze na podstawie zasłyszanych historii i obrazów słownych. Przyjmują informacje w logicznej formie, ale ludzki umysł może przechowywać ograniczoną ilość suchych danych. Może jednak gromadzić miliony obrazów i historii.

Najlepsi handlowcy to ci, którzy nieustannie malują słowami emocjonalne obrazy swoich produktów. Tworzą w umysłach klientów obrazy za pomocą słów. Te obrazy często wywołują emocje takie jak chęć zakupu. Po dłuższym czasie od prezentacji potencjalny klient zapomni fakty, które mu podałeś, ale wciąż będzie wyraźnie pamiętał obrazy i historie.

Maluj słowem obrazy

Wyobraź sobie, że sprzedajesz samochód. Możesz powiedzieć potencjalnemu nabywcy: „Naprawdę spodoba się panu, jak ten samochód radzi sobie w górach".

Co się stanie, kiedy to powiesz? Potencjalny nabywca zobaczy w myślach, jak oferowany samochód przemierza góry. Zobaczy siebie prowadzącego ten samochód krętą drogą w krainie jezior i lasów.

Jeśli sprzedajesz domy, możesz powiedzieć: „Naprawdę dobrze będzie wam się mieszkało na tej cichej i spokojnej ulicy. Tu jest tak pięknie. Wieczorami nie ma żadnych hałasów. To okolica sprzyjająca odprężeniu się".

Potencjalni klienci, gdy słyszą taki opis, natychmiast czują i wyobrażają sobie zalety nieruchomości. Kiedy później przyjaciele spytają ich, dlaczego kupili właśnie ten dom, najprawdopodobniej opowiedzą, jak cicha i spokojna jest okolica.

Zwiększaj zainteresowanie swoją ofertą

W agencji pośrednictwa nieruchomości, w której pracowałem jako konsultant handlowy, opracowaliśmy pytanie, które było tak skuteczne, że liczba zainteresowanych oglądaniem nieruchomości podwoiła się.

Firmy pośredniczące w handlu nieruchomościami mieszkalnymi zamieszczają w prasie oferty sprzedaży. Potencjalni nabywcy dzwonią, aby zasięgnąć więcej informacji. Najczęściej kończy się na jednym telefonie: potencjalny nabywca pyta o cenę i szczegóły, a potem już się nie kontaktuje. Firma pośrednicząca nie ma nawet okazji spotkać się z tą osobą i porozmawiać z nią bezpośrednio.

Odpowiadaj pytaniem na pytanie

Uczyliśmy naszych agentów, żeby zamiast podawać szczegóły dotyczące domów, zaczynali rozmowę telefoniczną pytaniem:

– Dziękuję za telefon. Czy mogę zadać pani pytanie? Czy poszukuje pani idealnego domu w cichej okolicy?

To pytanie było bardzo dobrze przemyślane. W chwili, gdy handlowiec odbierający telefon je zadawał, w umyśle dzwoniącego powstawały dwa obrazy mentalne. Pierwszym był dom zgodny z jego własną definicją „ideału". Ten obraz był inny w przypadku każdego dzwoniącego. Sformułowanie „idealny dom" wywoływało natychmiastową wizualizację domu, jaki rozmówca sobie wymarzył.

Drugim obrazem mentalnym było ciche sąsiedztwo. Połączenie tych dwóch obrazów zawsze wywoływało odpowiedź::

– Oczywiście, tak. Czy macie coś, co odpowiada temu opisowi?

Wtedy agent mówił:

– Właśnie wpisaliśmy na naszą listę dwa domy, które zapewne chciałaby pani zobaczyć. Jeszcze nie zamieściliśmy o nich ogłoszenia w prasie. Kiedy miałaby pani czas je obejrzeć?

To proste pytanie tworzące grunt pod zamknięcie „na siłę sugestii" więcej niż podwoiło liczbę potencjalnych klientów, którzy zgodzili się na obejrzenie domu. Klienci oglądali domy w towarzystwie agentów, z którymi rozmawiali przez telefon, i zwykle pozostawali z nimi do czasu znalezienia domu, jakiego szukali.

Zamknięcie „na fakt dokonany"

Zamknięcie „na siłę sugestii" możesz łączyć z zamknięciem „na fakt dokonany". To bardzo prosta technika. Rozmawiasz z potencjalnym klientem tak, jakby już kupił twój produkt lub usługę. Nawet nie prosisz o podjęcie decyzji. Po prostu rozmawiasz o tym, jak wiele radości da mu produkt lub usługa, którą już nabył.

Przykład? Potencjalny klient rozważa zakup usługi twojej firmy. Mówisz:

– Spodoba się panu nasza obsługa klienta. Złoży pan zamówienie i po trzydziestu minutach je potwierdzimy, a po trzech dniach wykonamy. Jesteśmy szybsi niż jakakolwiek inna firma w branży.

W chwili, gdy to mówisz, w umyśle klienta powstaje obraz szybkości i sprawności. Klient wchodzi w rolę zadowolonego nabywcy i czuje radość, jaką dają mu opisane przez ciebie korzyści.

Oto dwa inne przykłady zamknięcia „na fakt dokonany":

- Będzie pani zadowolona, mieszkając w tej okolicy. Jest tu cicho i spokojnie, a jednocześnie blisko do szkół, sklepów i do autostrady, którą będzie pani jeździć do pracy.
- Kiedy ustawi pan to ksero w biurze, o tam, w sekretariacie, będzie można kopiować z szybkością stu stron na minutę. Będzie tak ciche, że nawet nie będzie pan wiedział, czy pracuje, czy nie.

W każdym przypadku potencjalny klient podejmuje decyzję w chwili, gdy ma przed oczami wyraźny i atrakcyjny, namalowany słowem obraz, na którym widzi siebie zadowolonego z korzyści, jakie daje mu twój produkt lub usługa. Twoim zadaniem jest stworzenie jak

> Twoim zadaniem jest stworzenie jak największej liczby atrakcyjnych obrazów pokazujących klientowi korzyści z tego, co sprzedajesz.

największej liczby atrakcyjnych obrazów pokazujących klientowi korzyści z tego, co sprzedajesz. Im więcej takich obrazów namalujesz, tym bardziej kusząca będzie twoja oferta.

Najlepsza strategia sprzedaży

Jedna z absolwentek moich szkoleń jest obecnie najlepszym handlowcem w sprzedaży pojazdów rekreacyjnych. Oferuje samochody kempingowe, które kosztują po 500 tysięcy dolarów. Sprzedaje od trzech do pięciu razy tyle co konkurenci, zarówno w jej własnym salonie samochodowym, jak i w sprzedaży bezpośredniej na terenie całego stanu. Jest supergwiazdą swojej branży. Osiąga tak znakomite rezultaty za pomocą prostej techniki.

Ilekroć jakaś para przychodzi do salonu i ogląda samochód kempingowy, moja absolwentka najpierw określa, czy para na poważnie myśli o zakupie. Jeśli oglądający okazuje się kwalifikowanym potencjalnym klientem, moja znajoma pokazuje odwiedzającym kilka samochodów. W ten sposób dowiaduje się, o jakiej wielkości pojeździe i o jakiej cenie myślą potencjalni klienci. Następnie umawia się z nimi na piknik połączony z jazdą próbną samochodem, którym para jest najbardziej zainteresowana.

W umówionym terminie moja absolwentka zajeżdża pod dom klientów wybranym przez nich samochodem. Zaprasza ich do środka. Kiedy para klientów siada w komfortowych fotelach, moja absolwentka jedzie do przepięknego miejsca w parku, skąd widać jezioro na tle odległych gór. Zatrzymuje się tak, żeby klienci, którzy siedzą za stołem kuchennym, mieli tę cudowną scenerię wprost przed sobą. Wyciąga kosz piknikowy z przepysznym posiłkiem i serwuje go parze wpatrzonej w bajkowy krajobraz.

Po posiłku i po udzieleniu odpowiedzi na wszystkie pytania klientów mówi: „Czyż to nie przepiękny sposób na życie? Czy nie wspaniale jest móc gdzieś pojechać tym samochodem, kiedy tylko zechcecie?".

Klienci spoglądają na nią, na siebie nawzajem, potem na góry, na stół... i decyzja jest podjęta. Ta profesjonalistka sprzedaje więcej samochodów kempingowych niż ktokolwiek w jej branży. Nie bez powodu!

Działania do przećwiczenia

1. Planuj z góry każdą swoją prezentację handlową. Skonstruuj ją tak, żeby przechodzić od ogółu do szczegółu, od tego, co wiesz o kliencie, do tego, czego jeszcze o nim nie wiesz. Zacznij od korzyści, która jest najatrakcyjniejsza.
2. Zadawaj pytania zmierzające do zamknięcia „na próbę". Proś o informacje zwrotne i skłaniaj rozmówcę do reagowania po przedstawieniu mu każdej kolejnej cechy lub korzyści produktu lub usługi.
3. Na początku spotkania rozpoznaj styl osobowości potencjalnego klienta. Notuj w pamięci pytania, jakie zadaje – to ważne wskazówki.
4. Ćwicz umiejętność dostosowywania swojego stylu osobistego do typu potencjalnego klienta. Zwalniaj i przyspieszaj prezentację. Na przemian mów ogólnikowo i przykładaj wagę do detali. W ten sposób będziesz w stanie sprzedawać kupującym reprezentującym różne typy.
5. Maluj słowami obrazy emocjonalne pokazujące zadowolenie klienta z twojego produktu lub usługi.
6. Skonstruuj każdą część prezentacji zgodnie z formułą *pokaż, opowiedz, zapytaj*. Podczas prezentacji każdej z cech lub korzyści najpierw ją pokaż, potem o niej opowiedz, a następnie zadaj potencjalnemu klientowi jedno lub więcej pytań. Angażuj rozmówcę w prezentację i pilnuj, żeby był aktywny.
7. Zostań doskonałym słuchaczem. Zadawaj trafne pytania, słuchaj bez przerywania, rób pauzy pomiędzy wypowiedziami klienta i swoimi, a także dawaj mu informacje zwrotne, poprzez parafrazowanie własnymi słowami tego, co mówi. W ten sposób udowodnisz, że w pełni rozumiesz sytuację potencjalnego klienta.

Jedyna pewna metoda prowadząca do sukcesu to poziom obsługi wykraczający poza oczekiwania.

– OG MANDINO

ROZDZIAŁ 8
10 sposobów na sukces w sprzedaży

Bądź autentyczny, jak tylko potrafisz. To ideał, do którego dążysz. Daj z siebie tyle, że nie będziesz mógł zrobić niczego więcej.

– H.W. DRESSER

Dwadzieścia procent najlepszych handlowców zarabia osiemdziesiąt procent pieniędzy. Pięć procent najlepszych z tych dwudziestu procent zarabia jeszcze o wiele więcej. Twoim celem jest stać się jednym z najlepszych i najlepiej opłacanych ludzi w twojej branży. Na szczęście jest to łatwiejsze, niż mógłbyś sądzić.

Sukces jest przewidywalny

Jak już wspominałem, jeden z punktów zwrotnych w moim życiu miał miejsce, kiedy poznałem prawo przyczyny i skutku. To prawo mówi, że każdy skutek – jak na przykład wysokie dochody – ma konkretną przyczynę, jedną lub więcej. Jeśli robisz to, co inni ludzie osiągający sukcesy, w końcu uzyskasz takie same rezultaty.

Na pozostałych stronach tej książki chciałbym przekazać ci niektóre z przyczyn czy też metod prowadzących do wielkiego sukcesu. Im więcej z nich przećwiczysz, tym lepsze będziesz osiągał rezultaty. Kiedy poznasz te metody, będziesz mógł je ćwiczyć raz po raz. Im intensywniej będziesz ćwiczył, tym mniejszy wysiłek będziesz musiał podejmować, aby osiągać optymalne rezultaty. Wejdziesz na ścieżkę szybkiej kariery w sprzedaży.

1. Rób to, co uwielbiasz robić

Wszyscy wysoko opłacani ludzie sukcesu, w tym handlowcy, uwielbiają robić to, co robią. Musisz nauczyć się kochać swoją pracę, a potem z zaangażowaniem dążyć do doskonałości w swojej branży. Te dwie rzeczy idą ze sobą w parze; są jak ręka w rękawiczce.

Zainwestuj tyle czasu, ile trzeba. Zapłać cenę, jaką musisz zapłacić. Przejdź każdą drogą, jaką musisz przejść. Daj z siebie tyle, ile musisz, aby stać się najlepszym w tym, co robisz. Poświęć się na rzecz doskonałości. Dołącz do dziesięciu procent najlepszych.

Doskonałość to kwestia twojej decyzji. Smutna prawda jest taka, że większość handlowców poświęca sprzedaży całe życie i nigdy nie postanawia zaangażować się na rzecz doskonałości.

Jest też dobra wiadomość: aby żyć na ponadprzeciętnym poziomie, nie musisz być najlepszy na świecie. Sukces w sprzedaży należy do tego, kto jest tylko odrobinę lepszy w kluczowych obszarach rezultatowych. Jeśli poświęcisz wystarczająco dużo czasu i podejmiesz określony wysiłek, jeśli włożysz całe swoje serce w to, co robisz, i jeśli nauczysz się kochać zawód handlowca, dołączysz do profesjonalistów zarabiających duże pieniądze.

Samoocena i sukces. Wcześniej mówiliśmy o tym, jak ważne są samoocena i sukces. Psycholodzy odkryli, że możesz czuć się ze sobą dobrze i być szczęśliwy tylko wtedy, kiedy wiesz, że jesteś dobry w tym, co robisz. Nigdy naprawdę nie polubisz siebie, dopóki nie staniesz się bardzo dobry w wybranym obszarze.

To przerażające, jak wielu ludzi jest nieszczęśliwych. Ci ludzie budzą się rano i kiedy przeglądają się w lustrze, widzą, że patrząca na nich postać nie jest dobra w niczym, co ma dla nich znaczenie. Zwłaszcza mężczyźni czerpią poczucie własnej wartości ze świadomości tego, że są kompetentni w tym, co robią. Mężczyzna, jeśli nie jest szczególnie dobry w tym, czym się zajmuje, a inni nie uznają jego kompetencji i zdolności, czuje się nieszczęśliwy i niespełniony.

Możesz być najlepszy. Każdy człowiek może być w czymś dobry. Każdy ma w sobie talent i może stać się doskonały. To tak, jakby natura dała każdemu z nas „gen doskonałości". Każdy człowiek może odkryć swój obszar doskonałości, a potem ze wszystkich sił dążyć do znakomitych wyników w tej dziedzinie. To, czy odkryjemy ten obszar, zależy tylko od nas samych.

Kiedyś pewien dziennikarz skomplementował talent koszykarski Michaela Jordana.

– Miałeś wielkie szczęście urodzić się z tak niesamowitymi zdolnościami atletycznymi – powiedział.

– Zdolności ma każdy – sprostował Jordan – tyle że talent wymaga ciężkiej pracy.

Ludzie często tkwią w błędnym przekonaniu, że gdyby byli uzdolnieni w jakimś obszarze, w naturalny sposób osiągnęliby w tym sukces. Tymczasem doskonałość wynika z lat ciężkiej pracy i poświęcenia w jednym wybranym kierunku. Ciężkiej pracy nie da się niczym zastąpić.

2. Zdecyduj, czego dokładnie chcesz

Musisz mieć silną wolę i precyzyjnie określić, do czego dążysz. Zdecyduj, co dokładnie chcesz w życiu osiągnąć. Wyznacz to sobie jako cel, a potem określ, jaką cenę musisz zapłacić, żeby to zrealizować. Większość ludzi nigdy tego nie robi.

Badania wykazały, że tylko około trzech procent dorosłych ma cele zapisane na papierze. To ludzie najlepiej opłacani i osiągający największe sukcesy w każdej branży. To pionierzy i reformatorzy, twórcy i nowatorzy, najlepsi handlowcy i przedsiębiorcy. Prawie każdy pracuje dla nich.

> Tylko około trzech procent dorosłych ma cele zapisane na papierze. To ludzie najlepiej opłacani i osiągający największe sukcesy w każdej branży.

Formuła osiągania celów

Oto prosta, złożona z siedmiu kroków formuła wyznaczania i osiągania celów. Uczę jej na każdym seminarium. Często odmienia moim seminarzystom życie.

Po pierwsze – zdecyduj, czego d o k ł a d n i e chcesz. Jeśli chcesz podnieść swoje dochody, określ, o ile więcej chcesz zarabiać.

Po drugie – przelej cel na papier. Jeśli go nie zapiszesz, pozostanie zaledwie wytworem fantazji. Nie będzie stała za nim siła ani energia.

Będzie jak nabój bez prochu albo jak dym papierosowy rozpływający się w powietrzu.

Po trzecie – określ termin realizacji celu. Twoja podświadomość uwielbia terminy. Wyznaczanie celu zmusza ją do zaangażowania wszystkich twoich mocy.

Jeśli cel jest duży, określ k a m i e n i e m i l o w e: cele cząstkowe i terminy ich realizacji. Gdyby droga do celu miała zabrać ci dziesięć lat, wyznacz cele na każdy kolejny rok, a potem na każdy miesiąc najbliższego roku. Regularnie porównuj swoje postępy z planowanymi celami i terminami.

Po czwarte – zrób listę kroków, czyli wszystkich działań, jakie jesteś w stanie podjąć, aby osiągnąć cel. Pracuj tak długo, aż uznasz, że lista jest kompletna.

Im więcej pozycji wpiszesz na listę kroków, tym większy będzie twój entuzjazm w osiąganiu celu i tym lepiej będziesz zmotywowany. Henry Ford powiedział: „Każdy cel, nieważne jak duży, możesz osiągnąć, jeśli tylko rozbijesz go na wystarczająco małe kroki".

Po piąte – ułóż listę kroków według kolejności i ważności poszczególnych działań. Przy jej sporządzaniu myśl o tym, co musi być zrobione, abyś mógł zacząć to, co ma być następne. Zdecyduj, co będzie najpierw, a co potem.

Zacznij od tego, co jest dla ciebie priorytetem. Potem przejdź do drugiego, trzeciego, czwartego i każdego następnego działania.

Gotowa lista kroków, ułożona według kolejności i ważności działań, będzie twoim p l a n e m. Człowiek mający cel i plan zatacza koła wokół wszystkich, którzy mają tylko życzenia i nadzieje.

Po szóste – podejmij działania prowadzące do celu, obojętne jakie. Ludzie osiągający sukcesy są z o r i e n t o w a n i n a d z i a ł a n i e. Kiedy ludzie ponoszą porażki, to dlatego, że nie podejmują działań – nieustannie znajdują wymówki i powody, dla których zwlekają, aż w końcu ich energia rozpływa się w powietrzu, a wtedy wracają do punktu wyjścia.

Po siódme – c o d z i e n n i e rób coś, co zbliża cię do twojego najważniejszego celu. Rób w tym kierunku cokolwiek, byleby codziennie. Rób to przez 365 dni w roku. Znajdź w sobie dyscyplinę, aby każdego dnia pracować nad celami, a stanie się to dla ciebie tak naturalne jak wdychanie i wydychanie powietrza.

Natychmiast wyznacz dziesięć celów

Oto ćwiczenie dla ciebie. Weź kartkę. Na górze kartki napisz słowo „Cele", a obok aktualną datę. Poniżej napisz dziesięć celów, które chcesz osiągnąć w ciągu najbliższych dwunastu miesięcy. Pisz tak szybko, jak tylko potrafisz. To ćwiczenie powinno zająć ci od trzech do pięciu minut.

Kiedy już będziesz miał listę dziesięciu celów, przejrzyj ją i zadaj sobie pytanie: „*Który z celów na liście, gdybym miał go osiągnąć w dwadzieścia cztery godziny, najbardziej wpłynąłby na moje życie?*".

Odpowiedź na to pytanie jest twoim najważniejszym zdefiniowanym celem. Jest zasadą organizującą twoje życie albo – inaczej mówiąc – punktem, na którym powinno skupić się twoje życie.

Zapisz ten cel na górze pustej kartki. Zrób to wyraźnie i doprecyzuj go, uczyń wymiernym.

Określ termin, w jakim zamierzasz ten cel osiągnąć.

Przygotuj listę wszystkiego, co według ciebie będziesz musiał zrobić, aby ten cel osiągnąć.

Zorganizuj tę listę według kolejności i ważności poszczególnych działań – zamień tę listę w plan.

Podejmij działanie zmierzające do tego celu, a potem codziennie rób coś, aż go osiągniesz.

Twój najważniejszy zdefiniowany cel

Kiedy rano wstajesz, myśl o swoim celu. Myśl o nim, kiedy pracujesz. Omawiaj go z ludźmi, którzy najwięcej dla ciebie znaczą. Wieczorami przed pójściem spać myśl o nim i o tym, jak to będzie, kiedy już go osiągniesz. Nieustannie wizualizuj go, jakby już stał się rzeczywistością. Załóż z góry, że nigdy nie zrezygnujesz, dopóki nie dojdziesz tam, dokąd zmierzasz. Nie ma takiej opcji jak porażka!

Zmień swoje życie

To ćwiczenie odmieni twoje życie. Jeśli znajdziesz w sobie dyscyplinę i determinację, by podjąć kroki niezbędne do realizacji tego, co znalazło się na twojej liście, to po roku, a być może szybciej, całe twoje życie będzie inne. Stopniowo zwiększysz swoją sprzedaż i dochody. Będziesz czuł się ze sobą wspaniale. Zaczniesz robić wielkie postępy w każdym obszarze życia. Przyciągniesz ludzi i doprowadzisz do zbiegów okoliczności, które ci pomogą. Zdziałasz cuda.

Po roku spojrzysz za siebie i oniemiejesz ze zdumienia. Zorientujesz się, jak wielkie zmiany zaszły w ciągu tych dwunastu miesięcy. Potrzebujesz jedynie kartki papieru, siebie i mniej niż dziesięciu minut. Daj sobie szansę, spróbuj. Napisz dziesięć celów, wybierz jeden z nich, stwórz plan i zobacz, co się stanie.

3. Wspieraj swój cel uporem i determinacją

Kiedy zaczniesz realizować swój cel, nawet nie bierz pod uwagę możliwości porażki. Wspieraj ten cel wytrwałością i niezłomną siłą woli. Postanów, że włożysz w ten cel całe swoje serce i całą swoją duszę.

Nie podchodź do tego z rezerwą. Całkowicie poświęć się na rzecz swojego celu. Postanów, że nic cię nie powstrzyma i nie zniechęci.

To, gdzie będziesz za rok, dwa albo trzy lata, zależy od tego, jak zareagujesz na trudności, przeszkody i rozczarowania, których nie da się uniknąć, a których codziennie doświadczasz. Miarą twojej w i a r y w s i e b i e jest twoja wytrwałość w obliczu kryzysów.

Grecki filozof Epiktetos powiedział: „Okoliczności nie decydują za człowieka; jedynie odkrywają go przed nim samym".

Kryzys pokazuje, z jakiej jesteś gliny. Jak zauważył mój przyjaciel Charlie Jones: „Liczy się nie to, jak nisko upadasz, ale jak wysoko się wzbijasz".

Jaki odniesiesz sukces, zależy od tego, jak szybko odbijasz się od dna. Odporność na niepowodzenia świadczy o twoim charakterze. Ostatecznie twój sukces zależy od tego, jak ciężko potrafisz pracować, jak radzisz sobie z porażkami w sprzedaży i jak wytrwale posuwasz się do przodu.

4. Ucz się przez całe życie

Twoim najcenniejszym narzędziem jest umysł. A od jakości twojego myślenia zależy to, jaka jest jakość twojego życia. Postanów, że będziesz się uczył przez całe życie.

Nie tak dawno temu pewien student college'u wysłał trzydziestodziewięciopunktowy kwestionariusz do wszystkich prezesów firm z listy Fortune 500. Kwestionariusz wypełniło i odesłało osiemdziesiąt trzy procent spośród tych prezesów. To nadzwyczajny wskaźnik odzewu jak na respondentów, którzy są tak zajętymi ludźmi.

Student przeanalizował kwestionariusze, chcąc się dowiedzieć, co liderzy świata biznesu uznają za najważniejszą przyczynę swojego sukcesu. Być może najcenniejszą poradą, jakiej w tej ankiecie udzielili ludzie znajdujący się na szczycie, było: „Nigdy nie przestawaj się uczyć i doskonalić". To odnosi się także do ciebie.

Twój umysł może być wart więcej. Czytaj, słuchaj audiobooków treningowych, uczęszczaj na kursy oraz seminaria i nigdy nie zapominaj, że twoim najcenniejszym narzędziem jest twój umysł.

Możesz sprawić, że twój umysł będzie z y s k i w a ł na wartości. Jeśli kupisz samochód, zacznie on tracić na wartości, gdy tylko wyjedziesz nim z salonu dilera. Jeśli kupisz jakikolwiek inny przedmiot fizyczny, stanie się podobnie: wartość twojego nabytku będzie się obniżać. Z umysłem jest inaczej. Wartość swojego umysłu możesz p o d n o s i ć, jeśli niestrudzenie będziesz karmić go nowymi informacjami, które będziesz mógł wykorzystać i dzięki temu osiągać lepsze rezultaty.

Podnieś swoją wartość. Każdy człowiek wchodzi w życie z ograniczoną wiedzą praktyczną, której może używać z korzyścią dla siebie lub innych ludzi. Nabierasz wartości w miarę uczenia się. Im większą posiądziesz wiedzę, którą będziesz mógł wykorzystać w praktyce, tym lepiej będziesz wynagradzany.

W miarę jak idziesz przez życie, zdobywasz dodatkowe doświadczenie, czytasz więcej książek i podnosisz kwalifikacje, twoja wiedza powiększa się, a uzyskiwane przez ciebie nagrody r o s n ą. Prawo przyczyny i skutku ma zastosowanie na twojej drodze życia i pomaga ci odnosić sukcesy, które są w twoim zasięgu.

W dążeniu do sukcesu prawo przyczyny i skutku sprowadza się do porady: „ucz się i działaj". Za każdym razem, kiedy uczysz się czegoś nowego i przekuwasz to na nowe działanie, posuwasz się naprzód na drodze życia. Kiedy przestajesz się uczyć i działać, stajesz w miejscu. Kiedy znowu zaczynasz się uczyć i stosować nową wiedzę w praktyce, ponownie wchodzisz na ścieżkę sukcesu. Im więcej się uczysz i im więcej działasz, tym szybciej zbliżasz się do odległej linii horyzontu przed tobą.

Napełniaj swoje wiaderko. Wyobraź sobie, że twój obecny poziom wiedzy i umiejętności jest jak woda w wiadrze. Poziom wody wyznacza twoje dochody. Kiedy wchodzisz w życie, w twoim wiaderku jest bardzo mało wiedzy i umiejętności. Osiągasz minimalne rezultaty i jesteś kiepsko wynagradzany. W miarę jak podnosisz poziom wiedzy i umiejętności, twoje wiaderko napełnia się. Rosną twoje dochody i rośnie twoje uznanie w oczach innych ludzi. Z biegiem lat wiaderko staje się coraz pełniejsze: podnosi się poziom wody i twoich dochodów.

Jest jednak problem. W twoim wiaderku jest dziura. W chwili, gdy przestajesz się uczyć i wykorzystywać nowe umiejętności lub poszerzać swoją wiedzę i tworzyć nowe pomysły, poziom wody nie pozostaje taki sam. Woda wycieka. Zaczynasz się cofać na ścieżce życia. Inni wyprzedzają cię. Jeśli nie poszerzasz nieustannie swojej wiedzy i umiejętności, tracisz przewagę. To, co już wiesz i potrafisz, staje się coraz mniej przydatne i traci na wartości.

Nigdy nie przestawaj się uczyć. Większość dorosłych ludzi nie rozumie tej zasady. Ludzie odbierają wykształcenie, a potem próbują torować sobie tą minimalną wiedzą drogę przez życie. Kiedy młodsi ich wyprzedzają, są zdumieni i rozgniewani. Stają się sfrustrowani. Nikt nigdy nie powiedział im, że ciągłe uczenie się jest czynnością tak podstawową jak codzienne branie prysznica i mycie zębów. Jeśli przestajesz się uczyć, ludzie dookoła ciebie natychmiast to dostrzegą.

Jeżeli nie uczysz się i nie rozwijasz nieustannie, twoja wiedza wychodzi z użytku. Niekompetentny człowiek jutro to ten, który dziś przestał się uczyć. Analfabetą jest każdy, kto się nie uczy, nie rozwija i nie podnosi codziennie swojej wartości. Człowiek, który nie czyta, nie jest lepszy od tego, który nie potrafi czytać.

Postanów, że codziennie będziesz się uczyć się czegoś nowego i to ćwiczyć. Każdego ranka czytaj. W samochodzie słuchaj audiobooków treningowych. Uczęszczaj na tyle szkoleń, na ile tylko możesz, i nieustannie wprowadzaj nową wiedzę w życie.

5. Dobrze wykorzystuj swój czas

Twój czas jest wszystkim, co masz do sprzedania. Jest czymś, co masz najcenniejszego. Od tego, jak go wykorzystujesz, zależy twoja stopa życiowa. Dlatego postanów robić dobry użytek ze swojego czasu.

Twój czas jest wszystkim, co masz do sprzedania. Jest czymś, co masz najcenniejszego.

Zasada 80/20 oznacza, że niektóre twoje działania są warte o wiele więcej niż inne, mimo że wymagają tyle samo minut albo godzin wysiłku. Koncentruj się na tych działaniach, które najbardziej powiększają wartość twojego życia i twojej pracy.

Zaczynaj każdy dzień od listy zadań. Najlepszym czasem, żeby ją ułożyć, jest wieczór poprzedniego dnia, kiedy robisz podsumowanie. Napisz wszystko, co masz do zrobienia na następny dzień, począwszy od umówionych spotkań, a skończywszy na wszystkim, co tylko przyjdzie ci do głowy. Nigdy nie pracuj bez listy.

Eksperci od zarządzania czasem mówią, że sama czynność planowania dnia z góry podnosi twoją produktywność o 25 procent. Inaczej mówiąc, dzięki planowaniu dnia z góry zyskujesz dodatkowe dwie godziny. Lista zadań jest kluczem do systemu zarządzania twoim czasem i życiem.

Wyznacz wyraźne cele

Kiedy już będziesz miał listę, ułóż zadania według ich ważności. Określ, co ma dla ciebie większe, a co mniejsze znaczenie. Zadaj sobie pytanie: „*Gdyby przyszło mi wyjechać na miesiąc i gdybym mógł zrobić tylko jedną rzecz z listy, to która by to była?*".

Najważniejsze działanie na liście, które wybierzesz, otocz kołem. Potem zadaj sobie drugie pytanie: „*Gdyby przyszło mi wyjechać na miesiąc i gdybym mógł zrobić tylko dwie rzeczy z listy, to która byłaby tą drugą?*".

Drugie działanie także otocz kołem. Następnie zadaj sobie pytanie o trzecią rzecz na liście.

To ćwiczenie zmusza cię do myślenia o tym, co jest naprawdę ważne, nie o tym, co jest po prostu pilne i „na wczoraj". Jeśli wybrałeś swoje najważniejsze zadanie, wiesz, od czego zacząć i nad czym pracować.

Wybierz swoje najważniejsze zadanie

Oto znakomite pytanie w zarządzaniu czasem: „*Jaka jedna rzecz, gdyby zrobić ją doskonale, miałaby największy pozytywny wpływ na moją pracę?*". Zawsze istnieje jakaś rzecz, która – jeśli zrobisz ją dobrze – może znakomicie podnieść twoje wyniki i wynagrodzenie.

A oto inny wariant tego pytania: „*Co mogę zrobić ja i tylko ja, aby znakomicie poprawić moją sytuację, pod warunkiem, że zrobię to dobrze?*".

O każdej godzinie każdego dnia jest na to pytanie tylko jedna odpowiedź. Istnieje coś, co wyniesie cię o wiele wyżej, niż jesteś teraz, a co możesz zrobić tylko ty. Jeśli tego nie zrobisz, nie zrobi tego za ciebie nikt inny. Lecz jeśli to zrobisz – i to dobrze – znakomicie poprawisz swoją sytuację. Powiedz: co to takiego?

Ostatnie pytanie, jakie sobie zadajesz przy układaniu listy zadań według ich ważności, to: „*Jak najlepiej mogę w tej chwili wykorzystać swój czas?*".

Zadawaj sobie to pytanie co godzinę. Zawsze istnieje na nie jedna odpowiedź. Twoim zadaniem jest najlepsze wykorzystanie twojego czasu w danym momencie.

Koncentruj się na najważniejszym

Jeśli masz już listę zadań według ich ważności, całkowicie skoncentruj się na tym zadaniu, które jest dla ciebie najważniejsze. Rób to tak długo, aż je wykonasz. Zdolność ogniskowania wysiłku na jednym najważniejszym zadaniu podwoi albo potroi twoją produktywność i pomoże ci poprawiać wyniki bardziej niż cokolwiek innego.

6. Podążaj za liderami

Rób to, co robią najlepsi. Podążaj za liderami, a nie za naśladowcami. Powtarzaj działania najlepszych ludzi w twoim obszarze. Idź za tymi, którzy do czegoś w życiu dążą. Bądź jak ludzie osiągający to, do czego zmierzasz.

Rozejrzyj się dookoła. Kim są ludzie, których najbardziej podziwiasz? Kto w twoim otoczeniu ma wyniki, jakie chcesz osiągać w nadchodzących miesiącach i latach? Wskaż najlepszych ludzi w swojej branży i wzoruj się na nich. Postanów, że b ę d z i e s z taki jak oni. Utożsamiaj się z nimi tak, jak to tylko możliwe.

Jeśli chcesz wiedzieć, jak stać się skutecznym handlowcem, idź do najlepszych ludzi w swojej branży i poproś ich o radę. Spytaj, jakie książki powinieneś przeczytać i jakich audiobooków treningowych powinieneś słuchać. Dowiedz się, jakie szkolenia powinieneś odbyć. Wysonduj, jaką filozofię i jakie podejście do pracy oraz do klientów mają najlepsi znani ci handlowcy.

Ucz się od najlepszych

Ludzie osiągający dobre rezultaty zawsze pomagają innym w dążeniu do sukcesu. Kiedy masz prawdziwą wolę sukcesu, ci ludzie znajdą czas, żeby ci pomóc, nawet jeśli są całkowicie pochłonięci własnym życiem i pracą.

Poproś człowieka osiągającego sukcesy o radę i przyjmij ją. Zrób to, do czego zachęci cię zwycięzca. Jeśli poleci ci książkę, kup ją i przeczytaj. Jeśli zarekomenduje ci audiobooka treningowego, zdobądź go i przesłuchaj. Jeśli powie ci o dobrym szkoleniu, zapisz się na nie i ćwicz to, czego się nauczysz. Potem wróć do człowieka, którego poprosiłeś o radę, i opowiedz o swoich postępach, a on jeszcze bardziej będzie chciał ci pomagać.

Wybierz ludzi, na których chcesz się wzorować

Nie tak dawno temu, w przerwie seminarium dla tysiąca profesjonalistów w sprzedaży, podszedł do mnie handlowiec i opowiedział mi interesującą historię. Po jego wyglądzie od razu poznałem, że jest dobry. Był gustownie ubrany i miał zadbaną fryzurę. Biła od niego pewność siebie. Był zrelaksowany, pogodny i nastawiony na „tak". Miał poczucie tego, że osiąga sukcesy.

Powiedział mi, że kiedy zaczynał, obracał się wśród młodych, niedoświadczonych handlowców. Po pierwszych sześciu miesiącach pracy zauważył, że w firmie jest czterech najlepszych handlowców, którzy zdają się przebywać głównie w swoim własnym gronie. Ci ludzie nie spędzali czasu z niedoświadczonymi współpracownikami.

Obserwował handlowców niedoświadczonych i doświadczonych. Patrzył na siebie. Szybko dostrzegł jedną ważną rzecz: najlepiej opłacani handlowcy byli ubrani o wiele lepiej niż handlowcy gorzej zarabiający. Wyglądali jak profesjonaliści: modnie i z klasą. Było widać, że są ludźmi sukcesu.

Poproś o radę

Któregoś dnia ten handlowiec spytał jednego z najlepszych ludzi w firmie, co może zrobić, żeby poprawić swoje wyniki. Ten spytał, czy handlowiec stosuje system zarządzania czasem. Okazało się, że młody kolega nie wiedział, na czym ten system polega. Doświadczony współpracownik opowiedział mu o systemie, z którego korzysta, i wskazał, skąd zdobyć informacje na ten temat. Handlowiec przyjął radę. Nauczył się systemu, wprowadził go w życie i zaczął wykorzystywać swój czas bardziej produktywnie.

Później młody handlowiec zaczął robić to, co najlepsi ludzie w firmie. Nie tylko pytał ich, co powinien przeczytać i co warto przesłuchać, ale też obserwował ich i starał się wyglądać tak jak oni. Codziennie rano, zanim wyszedł do pracy, stawał przed lustrem i zadawał sobie pytanie: „*Czy wyglądam jak któryś z najlepszych ludzi w moim oddziale?*".

Wyglądaj należycie

Ten handlowiec intensywnie pracował nad swoim wyglądem i wizerunkiem. Jeśli nie czuł, że wygląda jak jeden z najlepszych handlowców, zmieniał w swoim ubiorze wszystko co trzeba, aż do skutku, i dopiero wtedy wychodził do pracy.

W ciągu roku ten człowiek dołączył do grona najlepszych handlowców w swoim oddziale. Obracał się wyłącznie wśród innych najlepszych handlowców. Stał się taki jak oni.

Windą do góry

Szybko poprawiający wyniki młody człowiek został zaproszony na ogólnokrajowy zjazd handlowców swojej firmy. Podczas zjazdu rozmawiał z najlepszymi handlowcami z oddziałów w całym kraju i prosił ich o rady. Jak nietrudno się domyślić, tamci czuli się docenieni i chętnie opowiadali mu, w jaki sposób z przeciętnych stali się najlepszymi. Kiedy handlowiec wrócił do domu, napisał do nich listy z podziękowaniami i wprowadził zasłyszane pomysły w życie. Jego sprzedaż rosła i rosła.

Po krótkim czasie stał się najlepszym handlowcem w swoim oddziale, a potem najlepszym w całym stanie. Jego życie odmieniło się w ciągu pięciu lat. Na ogólnokrajowym zjeździe handlowców zaproszono go na podium i uhonorowano nagrodami. Po ośmiu latach pracy został najlepszym handlowcem w kraju.

Była to bardzo interesująca historia. Handlowiec powiedział, że cały swój sukces zawdzięcza pytaniu najlepszych handlowców o to, co robią, i wprowadzaniu ich porad w życie. Co zaskakujące, ten człowiek dowiedział się, że choć najlepsi handlowcy w jego otoczeniu co roku wychodzili na podium i otrzymywali nagrody za roczne wyniki w sprzedaży, on był p i e r w s z ą osobą, która zwróciła się do nich o radę.

Lataj z orłami

David McClelland z Uniwersytetu Harvarda, autor książki *The Achieving Society*, zauważył, że o życiowym sukcesie albo o porażce decyduje w dużej mierze to, jaką wybierzesz dla siebie grupę odniesienia.

McClelland skonkludował, że „z kim przestajesz, takim się stajesz". Od tego, jaką wybierzesz dla siebie grupę odniesienia – grupę ludzi, z którymi przebywasz przez większość czasu – w dużym stopniu zależy to, ile w życiu osiągniesz. W naturalny sposób przejmujesz wartości, nastawienie, sposób ubierania się i styl życia od ludzi wokół ciebie.

Jeśli obracasz się wśród ludzi osiągających sukcesy, udzielają ci się ich nastawienie, filozofia, sposób mówienia i ubierania się, nawyki w pracy i tak dalej. Bardzo szybko zaczynasz osiągać rezultaty takie jak oni.

Fatalny błąd

McClelland odkrył też, że wybór negatywnej lub słabo zmotywowanej grupy odniesienia sam w sobie wystarcza, abyś przez całe życie osiągał mniej, niż możesz, i szedł od porażki do porażki. Człowiek może studiować na najlepszym uniwersytecie, odebrać najlepsze wykształcenie i być najbardziej utalentowany, lecz jeśli utożsamia się z ludźmi nie osiągającymi sukcesów, będzie ponosił porażki tak jak oni.

Dlatego zmiana grupy odniesienia – kiedy przechodzisz z jednej firmy do innej albo zaczynasz się utożsamiać z ludźmi sukcesu – może zrewolucjonizować twoje życie i pomóc ci osiągać całkiem inne rezultaty. Jak powiedział Zig Ziglar: „Nie możesz latać z orłami, jeśli gdaczesz z kurami".

Ludzie bardzo przypominają kameleony. Przejmujemy nastawienie i zachowania od tych, z którymi się zadajemy. Stajemy się tacy jak oni. Ich opinie stają się naszymi opiniami. Siła sugestii, zwłaszcza poglądów wyznawanych przez innych ludzi, wywiera przemożny wpływ na nasze myślenie o nas samych i na nasze codzienne zachowanie.

7. Charakter jest wszystkim

Strzeż swojej uczciwości jak świętości. Uczciwość to najważniejsze, od czego zależy jakość życia w naszym społeczeństwie. W biznesie i w sprzedaży musisz być *wiarygodny*. Możesz osiągnąć sukces tylko wtedy, kiedy ludzie ci ufają i wierzą.

Strzeż swojej uczciwości jak świętości.

Badanie za badaniem wykazuje, że element zaufania jest najważniejszym, co odróżnia handlowców dobrych od kiepskich i firmy dobrze prosperujące od upadających.

Jak mówi Stephen Covey: „Jeśli chcesz, aby ci ufano, bądź *godny zaufania*". Uczciwość oznacza, że zawsze dotrzymujesz słowa i zawsze mówisz prawdę.

Bądź wobec siebie szczery

Jest jeszcze inny nie mniej ważny element uczciwości. Jak pisał Szekspir: „Samemu sobie wierny bądź, a za tym pójdzie, jak noc za dniem, że wobec drugich ufności również nigdy nie zawiedziesz".

Musisz być wobec siebie szczery, jak tylko potrafisz. Musisz żyć ze sobą w prawdzie i nie zwodzić siebie samego złudzeniami. Musisz być w stu procentach uczciwy i nie możesz wmawiać sobie ani nikomu innemu, że sprawy mają się inaczej niż w rzeczywistości. Postrzegaj świat takim, jaki jest, a nie takim, jakim chciałbyś go widzieć.

W większości ludzie są bardzo uczciwi. Nie kłamią, nie oszukują i nie kradną. Robią, co do nich należy, płacą podatki i rozmawiają z innymi wprost. Lecz czasami nawet ludzie najbardziej wspaniałomyślni chcieliby wierzyć w coś, co nie jest prawdą.

Przyjmij zasadę rzeczywistości

Jack Welch, prezes firmy General Electric, powiedział, że najważniejszą zasadą przywództwa jest zasada rzeczywistości. Odwołuje się ona do naszej potrzeby poszukiwania prawdy bez względu na to, jaka ona jest. Welch wyraził tę zasadę następująco: „Bierz świat takim, jaki jest, a nie takim, jakim chciałbyś go widzieć".

Ilekroć Welch stawał w General Electric przed problemem, jego pierwsze pytanie brzmiało: „Jaka jest rzeczywistość?".

Bądź ze sobą szczery. To absolutnie konieczne. Żyj ze sobą w prawdzie tak, jak tylko potrafisz. C o d z i e n n i e musisz robić to, co prowadzi cię do celów, które przed sobą stawiasz. Zmierz się z rzeczywistością swojego życia bez względu na to, jaka ona jest. Tak postępują ludzie hojni i wspaniałomyślni.

8. Odblokuj swoją wrodzoną kreatywność

Myśl o sobie jak o człowieku bardzo inteligentnym, nawet jak o g e n i u s z u. Uznaj, że masz potężne rezerwy kreatywności, których nigdy nie użyłeś. Powtarzaj na głos: „Jestem geniuszem! Jestem geniuszem! Jestem geniuszem!".

To może wydawać się przesadą, ale nią nie jest. Każdy człowiek jest w stanie osiągać wyniki na poziomie geniusza w jednym lub więcej obszarach. Już teraz jesteś zdolny osiągać dużo więcej niż kiedykolwiek wcześniej. Masz wrodzoną zdolność pobijania wszystkich swoich wcześniejszych rekordów. Masz potężne rezerwy kreatywności i inteligencji. Jak powiedział Dennis Waitley: „Masz tak wielki potencjał, że nie zdołałbyś go wykorzystać w stu życiach".

Korzystaj z wrodzonych talentów

Oto główny cel w twoim życiu: odkryj swoje w y j ą t k o w e t a l e n t y, a potem rozwijaj je aż do doskonałości. Wtedy objawi się twoja prawdziwa inteligencja. W testach na kreatywność i wyobraźnię aż 95 procent małych dzieci osiąga wyniki na poziomie geniuszy. Lecz gdy przeprowadza się te same testy wśród tych samych ludzi, ale w wieku dorosłym, okazuje się, że wyniki na poziomie geniuszy osiąga już tylko 5 procent z nich. Jest tak, ponieważ na drodze od dzieciństwa do dorosłości uczymy się „nie wychylać".

Dla ciebie najbardziej wartościowym obszarem geniuszu i talentu jest sztuka sprzedaży. Tylko o około dziesięciu procentach handlowców można powiedzieć, że są doskonali we wszystkich siedmiu kluczowych obszarach rezultatowych sprzedaży. Jeśli należysz do tej czołówki, wysokie dochody i wielki sukces w sprzedaży masz praktycznie gwarantowane.

Jak odkryjesz swoje wyjątkowe talenty?

W odkrywaniu swoich obszarów wyjątkowego talentu pomoże ci kilka wskazówek. Po pierwsze, to jest coś, co *lubisz* robić. Kiedy tego nie robisz, myślisz o tym i wyczekujesz chwili, kiedy będzie mógł się za to zabrać.

Po drugie, to jest coś, co całkowicie *absorbuje twoją uwagę*. Kiedy robisz to, do czego masz niezwykły talent, tracisz poczucie czasu. Kiedy robisz to, do czego jesteś stworzony, zapominasz o jedzeniu, piciu i odpoczynku.

Po trzecie, uwielbiasz się o tym *uczyć* i chcesz się w tym doskonalić przez całe życie. Jesteś głodny książek, audiobooków treningowych i kursów, które pomogłyby ci poprawiać wyniki w obszarze twojego wyjątkowego talentu.

Po czwarte, uwielbiasz o tym *rozmawiać*, dyskutować i słuchać. Utożsamiasz się z ludźmi, którzy się tym zajmują.

Czasami słyszysz, jak ludzie mówią: „Kiedy jestem w pracy, zajmuję się pracą. Ale po wyjściu z pracy nie myślę o niej wcale". Taka postawa nie wróży dobrej przyszłości w żadnym zawodzie. Człowiek, który poza miejscem pracy nie myśli o pracy, po prostu nie jest stworzony do tego, czym zajmuje się zawodowo. Jeśli robisz to, co ci odpowiada, twoja praca i życie osobiste splatają się w całość i tylko cienka linia oddziela jedno od drugiego.

Piąta i być może najlepsza wskazówka pokazująca, gdzie może być ukryty twój wyjątkowy talent, jest następująca: to coś, czego *łatwo się uczysz* i co *robisz bez trudu*. Wręcz zapomniałeś, jak się tego uczyłeś – to przyszło ci tak łatwo. Robienie tego wydaje ci się naturalną ekspresją twojej osobowości. Robisz to dobrze prawie bez wysiłku.

Jeden z powodów, dla których ludzie osiągają mniej niż mogą, jest taki, że często uważają się za przeciętnych, a nie za wyjątkowych. Patrzą na innych, którzy robią coś lepiej od nich, i wyciągają wniosek, że ci ludzie są od nich lepsi. Kiedy tak myślą, logiczna konkluzja nasuwa się sama: skoro ktoś inny jest ode mnie lepszy, to ja muszę być gorszy. Jeśli ktoś inny jest więcej wart, to inni muszą być *warci mniej* (czytaj: bezwartościowi). Poczucie, że jest się bezwartościowym i miernym prowadzi do tego, że ludzie akceptują swoje przeciętne wyniki, nawet jeśli w rzeczywistości są zdolni osiągać o wiele więcej.

9. Wprowadź w życie złotą zasadę

Ćwicz złotą zasadę we wszystkich swoich interakcjach z innymi ludźmi. Traktuj innych tak, jak chciałbyś być traktowany przez nich.

Myśl o sobie jak o kliencie. Jak chciałbyś być traktowany? Oczywiście chciałbyś, żeby handlowiec był z tobą szczery. Chcesz, żeby poświęcił ci czas i zrozumiał twój problem lub potrzebę, a potem krok po kroku przedstawił ci rozwiązanie, które pomogłoby ci poprawić twoje życie i pracę, zapewnić lepszy stosunek przychodów do kosztów.

Cenisz ludzi uczciwych i mówiących wprost. Chcesz, aby handlowiec wyjaśnił ci nie tylko mocne, ale również słabe strony produktu. Potem chcesz, żeby dotrzymał obietnicy i wykonał zobowiązanie, jakie wobec ciebie powziął. Jeśli ty jako kupujący oczekujesz tego od handlowca, ty jako handlowiec dawaj to wszystkim klientom, z jakimi rozmawiasz.

Uniwersalna maksyma

Wprowadź w życie uniwersalną maksymę duńskiego filozofa Immanuela Kanta. Kant powiedział: „Postępuj tylko według takich zasad, jakie chciałbyś uczynić prawem powszechnym".

Wyobraź sobie swój własny świat, w którym każdy zachowuje się i traktuje innych tak jak ty. Kiedy przyjmiesz to za standard swojego zachowania, wprowadzisz w życie złotą zasadę i będziesz traktować każdego człowieka jak klienta wartego milion dolarów.

Zadaj sobie pytanie: „*Jaka byłaby moja firma, gdyby wszyscy w niej byli tacy jak ja?*".

Wyobraź sobie, że każdy, kto się z tobą spotyka, zamierza ocenić całą twoją firmę, sposób zarządzania nią oraz jej produkty, gwarancje i usługi, w tym usługi posprzedażowe, w oparciu o to, jak potraktowałeś tę osobę podczas spotkania sam na sam.

Ludzie ponadprzeciętni różnią się od innych tym, że wyznaczają sobie wysokie standardy i nie zgadzają się na kompromisy, które mogłyby te standardy zaniżyć. Wyobrażają sobie, że wszyscy ich obserwują, nawet kiedy nikt nie patrzy. Charakter człowieka poznasz po jego zachowaniu i czynach, kiedy jest sam.

10. Zapłać cenę za sukces

Postanów, że będziesz ciężko pracować. Ciężka praca jest być może ważniejsza niż cokolwiek innego. To jeden z najważniejszych sposobów na osiągnięcie życiowego sukcesu. Doktorzy Stanley i Danko przeprowadzili badanie, którego wyniki opisali w książce *The Millionaire Next Door* (dosłownie: milioner z przeciwka). Zrobili wywiady z tysiącem amerykańskich milionerów, którzy dorobili się fortuny własnymi siłami. Pytali ich, czemu zawdzięczają sukces. Aż 85 procent respondentów odpowiadało, że nie są ani bardziej inteligentni, ani bardziej utalentowani niż inni, a wyróżnia ich to, że „pracowali o wiele ciężej" niż ktokolwiek inny i poświęcali pracy o wiele więcej czasu niż większość ludzi.

Oto twój klucz do sukcesu w sprzedaży: zacznij przychodzić do pracy trochę wcześniej, pracuj trochę ciężej i wychodź trochę później. Rób małe rzeczy, których przeciętni ludzie próbują unikać. Kiedy rozpoczynasz każdy dzień, postanawiaj pracować przez cały czas, kiedy jesteś w pracy. Nie marnotraw czasu. Nie stój w miejscu. Ruszaj się szybko. Miej poczucie, że praca jest pilna. Narzuć sobie przymus działania.

Oto twój klucz do sukcesu w sprzedaży: zacznij przychodzić do pracy trochę wcześniej, pracuj trochę ciężej i wychodź trochę później.

Włącz pełny ciąg i startuj

Ciężką pracę i życiowy sukces można porównać do startowania i latania samolotem. Kiedy siadasz za sterami samolotu i kołujesz na początek pasa startowego, wzywasz wieżę i prosisz o pozwolenie na start. Gdy tylko dostajesz zielone światło, włączasz pełny ciąg silników: sto procent mocy. Błyskawicznie przyspieszasz i odrywasz się od ziemi.

I w tym rzecz. Gdybyś włączył tylko osiemdziesiąt albo nawet dziewięćdziesiąt procent ciągu silników, nigdy nie rozwinąłbyś prędkości pozwalającej na oderwanie się od ziemi. Próbowałbyś się wznieść tak długo, aż wyjechałbyś poza pas startowy i rozbił się.

Żyj na pełnym ciągu

W życiu jest podobnie. Niejeden człowiek ciężko pracuje, ale większość nie jest zaangażowana w pracę w stu procentach. W efekcie większość nigdy nie osiąga prędkości startowej, która przeniosłaby ich do dziesięciu procent najlepszych w tym czy w innym obszarze. Większość nie odrywa się od ziemi i pozostaje w strefie przeciętności: wśród 80 procent handlowców, którzy zarabiają 20 procent tego, co mogą.

Lecz jeśli włączysz pełny ciąg, szybko nabierzesz prędkości i oderwiesz się od ziemi. Jeśli nadal będziesz utrzymywać pełny ciąg, będziesz się wznosić coraz wyżej i wyżej, aż w końcu znajdziesz się na wysokości przelotowej. Wtedy będziesz mógł zmniejszyć ciąg – trochę zwolnić – i pozostać na tym pułapie przez resztę podróży.

W swojej karierze w sprzedaży, zwłaszcza na początku, musisz pracować na pełnych obrotach, wkładać w to, co robisz, sto procent energii. Tylko wtedy pokonasz siłę grawitacji i wzniesiesz się ponad resztę. A kiedy osiągniesz wysokość przelotową i będziesz wśród dziesięciu procent najlepiej zarabiających ludzi w swojej branży, będziesz mógł zmniejszyć ciąg: spędzać więcej czasu z rodziną i przyjaciółmi, a przy tym wciąż utrzymywać wysokie dochody i osiągać nadzwyczajne rezultaty.

Twoja przyszłość jest nieograniczona

Już teraz stać cię na większe dokonania. Masz w sobie potencjał, by zdobyć więcej, niż miałeś kiedykolwiek wcześniej. Osiągnij absolutną doskonałość w sprzedawaniu tego, co sprzedajesz, a zrealizujesz wszystkie swoje cele i marzenia. Możesz zbudować wspaniałe życie dla siebie i swojej rodziny. Możesz stać się jednym z najbardziej cenionych ludzi w twojej firmie i branży. Możesz zdobyć szacunek i uznanie wszystkich ludzi dookoła. Możesz uświetnić przyszłość swojej firmy, klientów i całego społeczeństwa. Dzięki uczeniu się psychologii sprzedaży i wprowadzaniu tej nauki w życie możesz sięgnąć gwiazd. Nic cię nie ogranicza.

Działania do przećwiczenia

1. Już dziś postanów, że staniesz się jednym z najlepszych handlowców w swojej branży. Zapłać za to każdą cenę i poświęć się temu bez reszty. Nawet nie myśl o wycofaniu się, zanim tego dokonasz.
2. Zdecyduj, że będziesz się uczyć przez całe życie. Czytaj książki, słuchaj audiobooków treningowych i uczęszczaj na seminaria. Twoje życie zmieni się na lepsze tylko wtedy, kiedy będziesz robić postępy.
3. Dobrze zarządzaj swoim czasem. Planuj uważnie i z wyprzedzeniem. Postanów, że nie zmarnujesz ani jednej minuty.
4. Rób to, co uwielbiasz robić. Włóż w pracę całe swoje serce i nigdy nie przestawaj się doskonalić.
5. Postanów już teraz, że odniesiesz w życiu wielki sukces i nie poddasz się, dopóki nie osiągniesz swoich najważniejszych celów.
6. Natychmiast, w tym momencie, usiądź i ułóż listę dziesięciu celów, które chcesz osiągnąć w ciągu następnych dwunastu miesięcy. Wybierz najważniejsze cele na liście i codziennie nad nimi pracuj.
7. Rób coś przez cały czas, kiedy jesteś w pracy. Żyj na pełnym ciągu. Przychodź do pracy wcześnie, pracuj ciężko i wychodź późno. Zapłać z góry pełną cenę za sukces.

Natury nie możesz zwieść ani oszukać. Ona da ci przedmiot twoich starań tylko wtedy, kiedy zapłacisz jej cenę.

– Napoleon Hill

O autorze

Brian Tracy, jeden z najlepszych mówców, konsultantów i trenerów prowadzących seminaria.

Brian Tracy jest skutecznym przedsiębiorcą i jednym z najlepszych mówców na świecie. Założył i rozwinął lub uzdrowił dwadzieścia dwie różne firmy. Co roku w jego seminariach uczestniczy ponad 250 tysięcy ludzi z USA, Kanady, Europy, Australii i Azji.

Seminaria Tracy'ego są „szyte na miarę" – program każdego z nich jest dostosowywany do potrzeb konkretnego audytorium. Uczestnicy mówią, że spotkania z Brianem Tracy „inspirują, doładowują akumulatory życiowe, uczą i motywują". Tracy pracował dla ponad 500 korporacji, przeprowadził ponad dwa tysiące prezentacji i przeszkolił osobiście ponad dwa miliony ludzi.

Tematy niektórych z seminariów Briana Tracy to:

Przywództwo w nowym milenium – jak stać się skuteczniejszym liderem w każdej sferze biznesu i życia osobistego. Na tym seminarium Tracy uczy najpotężniejszych i najbardziej praktycznych strategii przywódczych, jakie kiedykolwiek odkryto, by lepiej zarządzać, motywować i osiągać lepsze wyniki.

Myślenie dwudziestego pierwszego wieku – jak myśleć, planować i podbijać rynek lepiej niż konkurenci. Na tym seminarium Tracy uczy, jak osiągać znakomite wyniki w gwałtownie zmieniającym się otoczeniu biznesowym.

Psychologia szczytowych osiągnięć – jak myślą i działają najlepsi, w biznesie i w życiu prywatnym. Uczestnicy tego seminarium poznają praktyczne, przetestowane metody i strategie osiągania najambitniejszych celów.

Najlepsze strategie sprzedaży – jak sprzedawać więcej, szybciej i łatwiej wymagającym klientom na szalenie konkurencyjnym rynku. Być handlowcem i mieć duszę handlowca to dwie całkiem różne rzeczy. Sukces w sprzedaży zależy od psychiki handlowca, od umiejętności nawiązywania i zacieśniania lojalnych więzi międzyludzkich.

A TERAZ… STWÓRZ WIELKĄ FIRMĘ!
7 sposobów maksymalizacji zysków na każdym rynku

BRIAN TRACY & MARK THOMPSON

ISBN: 978-83-7746-080-1
Format: 158/233, oprawa miękka ze skrzydełkami
Liczba stron: 212
Cena: 39,90 zł

Książka ta pełna jest przemyśleń zaczerpniętych z bezpośrednich – twarzą w twarz – wywiadów ze światowymi liderami biznesu. **Wśród rozmówców znaleźli się: Tony Hsieh z Zappos, Richard Branson z Virgin Brands, Ingvar Kamprad z IKEI, Charles Schwab i wielu innych**. Autorzy eksplorują bogactwo pomysłów i praktycznych rozwiązań, aby wyodrębnić podstawowe elementy tworzące świetnie prosperujące organizacje. Poprzez wskazówki „krok po kroku" oraz przekonujące przedstawienie omawianych zagadnień z szerszej perspektywy wyjaśniają, jak:

- **Zostać wielkim liderem** – i sprawić, by każdy w twoim otoczeniu osiągał nadzwyczajne rezultaty
- **Opracować doskonały biznesplan** – i nadać twojej firmie strukturę, która zmaksymalizuje wszystkie zasoby
- **Otaczać się wspaniałymi ludźmi**, zmotywowanymi, by dawać z siebie to, co najlepsze
- **Proponować świetne produkty lub usługi** – dzięki dokładnemu określeniu potrzeb na rynku
- **Obmyślić genialny plan marketingowy** – i zapewnić firmie pozycję wybitnego usługodawcy

Podczas gdy twoi konkurenci ratują skórę, tnąc koszty i redukując personel, warto pamiętać, że wielu znakomitych liderów i wiele najlepiej prosperujących firm działało w czasie spadku koniunktury i totalnego krachu. **Nadeszła idealna pora, by przekształcić twoje przedsiębiorstwo w kwitnącą, wielką spółkę, z którą inni będą chcieli nieustannie współpracować.**

MARK THOMPSON, współautor bestsellera *Jak osiągnąć trwały sukces*, to przedsiębiorca seryjny, który sprzedał swoją ostatnią spółkę za 100 milionów dolarów i dziś uczy kadry zarządzające, jak kierować rozwijającymi się przedsiębiorstwami. Thompson jest inwestorem spekulacyjnym, nazwanym przez magazyn „Forbes" współczesnym królem Midasem.

Przemiana
Jak sprawić, by reszta twojego życia była jeszcze lepsza

Brian Tracy

ISBN: 978-83-61732-38-9
Format 158/233, oprawa miękka ze skrzydełkami
Liczba stron: 176
Cena: 34,90 zł

Perspektywa zmian jest z jednej strony ekscytująca, z drugiej strony budzi pewne obawy. Ale to właśnie one stanowią klucz do sukcesu, bogactwa i prawdziwej satysfakcji w życiu osobistym i zawodowym. W ***Przemianie*** Brian Tracy pokazuje, jak dosłownie stworzyć siebie na nowo – odkreślić przeszłość grubą kreską i zacząć od nowa budować karierę i życie, o którym zawsze marzyłeś.

Ta książka podpowie ci, jak:

- zrozumieć, co jest dla ciebie naprawdę ważne,
- przejąć kontrolę nad swoją karierą – raz na zawsze!,
- znaleźć wymarzoną pracę,
- zmienić nieoczekiwane, pozornie negatywne zdarzenia w możliwości rozwoju,
- podnieść swoje zdolności zarobkowe
- nabrać pewności siebie i podejmować ryzyko oraz stanowcze kroki, które mogą przynieść prawdziwe korzyści.

Cieszący się międzynarodowym uznaniem ekspert psychologii sukcesu, Brian Tracy, pomógł tysiącom ludzi w stworzeniu nowego ja – tak jak sam ciągle tworzył siebie na nowo, dzięki czemu doszedł do olśniewających rezultatów w swoim życiu i karierze. Przedstawiona w książce siedmiostopniowa metoda Tracy'ego da ci przede wszystkim pewność siebie, potrzebną, by tak jak on spojrzeć śmiało w przyszłość, podejmować ryzyko i stworzyć dla siebie inspirujące nowe życie.

W naszym stale zmieniającym się świecie sukces i prawdziwe szczęście znajdą tylko ci, którzy nie tylko potrafią się zmienić, ale opanują tę umiejętność do perfekcji i staną się mistrzami

Droga do bogactwa
Rozpocznij podróż... do spełnienia przedsiębiorczych ambicji

Brian Tracy

ISBN: 978-83-62195-07-7
Format 158/233, oprawa miękka ze skrzydełkami
Liczba stron: 212
Cena: 39,90 zł

Czym tak naprawdę jest droga do bogactwa? Wynagrodzenie za pracę etatową ma tylko tę zaletę, że jest stałe. Wygrana na loterii to nierealne marzenie. Jest tylko jeden sposób na to, aby stać się niewyobrażalnie bogatym, aby zarabiać pieniądze szybciej, niż będziesz w stanie je wydawać. Tym sposobem jest przedsiębiorczość. **Zacznij podróż i osiągnij wymarzony cel finansowy.**

Droga do bogactwa w działaniu. Podróż trwa
Budowanie firmy o wysokiej rentowności

Brian Tracy

ISBN: 978-83-61732-10-5
Format 158/233, oprawa miękka ze skrzydełkami
Liczba stron: 218
Cena: 44,90 zł

Bycie właścicielem firmy to najpewniejszy sposób na osiągnięcie bogactwa. Legendarny guru biznesu, Brian Tracy, pisze i mówi o tym od wielu lat, a w tej książce ujawnia sekrety wykorzystania własnej firmy jako trampoliny do niezależności finansowej. Dowiedz się, jak założyć i rozwinąć firmę, korzystając z wiedzy i strategii sformułowanych przez niego w odniesieniu do takich obszarów działania jak:

- Marketing i sprzedaż – jak pozyskać serca i umysły klientów dzięki zrozumieniu ich sposobu myślenia.
- Organizacja firmy – jak zadbać o każdy szczegół składający się na wizerunek firmy.
- Ustalanie cen – jak obliczać każdy składnik kosztów produktu lub usługi na rynku.
- Zmniejszanie kosztów – jak zastosować zaawansowane strategie zwiększania zysków.
- Równowaga pomiędzy pracą i życiem osobistym – jak koncentrować się na działaniach przynoszących większą wartość i pozwalających zrobić więcej w krótszym czasie.

Jak przewodzą najlepsi liderzy
Sprawdzone sposoby i sekrety, jak wydobyć maksimum z siebie i innych

Brian Tracy

ISBN: 978-83-61732-46-4
Format 158/233, oprawa miękka ze skrzydełkami
Liczba stron: 208
cena: 39,90 zł

Czy w twojej piersi bije serce przywódcy? Lepiej, żeby tak było. Ponieważ nawet w zwykłych warunkach tylko najbardziej skupieni, skuteczni i inspirujący liderzy mają to, czego potrzeba, by zmotywować zespoły do osiągania wspaniałych sukcesów – a dziś, gdy nawigujemy po burzliwych wodach wymagających czasów, konkurencja jest ostrzejsza i bardziej zdeterminowana niż kiedykolwiek wcześniej. Niezależnie od tego, jaki cel postawisz przed sobą, osiągnięcie szczytu będzie zależało nie tylko od tego, czy dowiesz się, jak przewodzić… ale także od tego, czy będziesz jednym z najlepszych w praktycznym zastosowaniu tej wiedzy.

W niniejszej książce Tracy dzieli sztukę i naukę przywództwa w biznesie na siedem fundamentalnych obowiązków, które mistrzowsko opanowują najlepsi liderzy. Mają one podstawowe znaczenie dla sukcesu dowolnej organizacji i na dowolnym stanowisku przywódczym. A oto i one:

- Wyznaczanie i osiąganie celów.
- Pielęgnowanie innowacyjności.
- Rozwiązywanie problemów i podejmowanie decyzji.
- Ustalanie priorytetów.
- Wyznaczanie wysokich standardów – i przewodzenie własnym przykładem.
- Inspirowanie i motywowanie innych.
- Osiąganie najlepszej pracy i wyników.

Przywództwo to nauka ścisła, ale prosta, wywodząca się z klarownej wizji i odwagi, wiedzy o sobie samym i spójności, ze skupienia i pewności siebie. Dzięki przenikliwemu wglądowi i naprawdę przystępnym wskazówkom Briana Tracy'ego, zawartym w poradniku ***Jak przewodzą najlepsi liderzy***, okaże się, że możesz łatwo sięgnąć po te potężne atrybuty i osiągnąć wielkość jako lider.

Mów i zwyciężaj
Jak perswazyjnie prezentować w każdej sytuacji

Brian Tracy

ISBN: 978-83-61732-42-6
format 158/233, oprawa mękka ze skrzydełkami
liczba stron:184
cena: 39,90 zł

W ciągu wielu lat swej kariery Brian Tracy wygłosił tysiące prezentacji i przemawiał osobiście do ponad 5 000 000 osób w 46 krajach. Jego umiejętności wygłoszenia porywającego przemówienia i skutecznego zakomunikowania własnych koncepcji pomogły mu odmienić kształt życia osobistego i kariery zawodowej.

W książce *Mów i zwyciężaj* Brian Tracy pokazuje, jak po mistrzowsku opanować sztukę skutecznego przemawiania – i jak wykorzystać ją, by osiągnąć nawet pozornie najbardziej nierealne cele!

Umiejętność dobrego przemawiania to:

- zdobycie szacunku w innych i nowych kontaktach
- zwrócenie na siebie pozytywnej uwagi wpływowych osób które mogą otworzyć ważne drzwi na drodze rozwoju życia osobistego i zawodowego
- pewne prezentowanie siebie co może przyspieszyć wspinaczkę po szczeblach kariery dzięki
- wywieranie wrażenia osoby bardziej uzdolnionej i inteligentnej w porównaniu z osobami, które tego nie potrafią.

W poradniku ***Mów i zwyciężaj*** odsłania sprawdzone tajniki zawodu, które warto wykorzystać, by prezentować z mocą i mówić przekonująco, czy to na spotkaniu nieformalnym, czy to w obliczu dużej grupy ludzi. Dowiesz się i nauczysz jak:

- stać się pewnym siebie, pozytywnie nastawionym i rozluźnionym w obliczu dowolnej liczby słuchaczy,
- od pierwszej chwili przykuć uwagę publiczności,
- wykorzystać mowę ciała, pomoce i techniki głosowe, by utrzymać zaangażowanie słuchających,
- przechodzić płynnie od jednego punktu do następnego,
- zręcznie wykorzystać humor, anegdoty, opowieści, cytaty i pytania,
- radzić sobie ze sceptycyzmem publiczności,
- kończyć z mocą, autorytatywnie.